Boris Johnson

Du même auteur

La Corée dévoilée. 15 portraits pour comprendre, L'Harmattan, 2004
(avec Nathalie Tourret)

La collection « Figures » est dirigée par Fabien Perrier.

Couverture : Géraldine Lepoivre
Mise en page : Julie Bloemhof

Éditions François Bourin
21, rue Trousseau 75011 Paris
www.bourin-editeur.fr

Tristan de Bourbon-Parme

Boris Johnson

Un Européen contrarié

ÉDITIONS FRANÇOIS BOURIN
Des livres qui ont leurs mots à dire

À Talma, ta conscience politique innée et ta curiosité.

Prologue

«Ah, Boris!» Au Royaume-Uni, tout le monde a son anecdote sur Boris Johnson. Un signe de la main ou un hochement de tête lorsqu'on le croise sur son vélo, une plaisanterie lancée pendant une conférence plutôt rébarbative, un aplomb déstabilisant et une repartie hilarante lors d'une émission de télévision, une promesse hasardeuse proférée sans sourciller dans une usine... Si bien qu'il paraît presque normal qu'au cours d'un dîner entre amis l'on énumère le nombre de ses enfants – entre six, le chiffre officiel, et une dizaine, selon la rumeur.

Boris Johnson est une célébrité, la seule célébrité politique du Royaume-Uni. Depuis trente ans, il figure dans l'inconscient populaire. Il est parvenu à mêler divertissement, visibilité médiatique et carrière politique. Il déverse son opinion dans les journaux et les émissions d'actualité à la télévision, intervenant aussi bien sur la vie politique britannique et européenne que sur la qualité d'un nouveau modèle de voiture. Érudit, il a également présenté un documentaire sur la Rome antique et écrit de nombreux livres. Son incapacité à réprimer son humour lui a collé la réputation de n'être qu'un bouffon... jusqu'au résultat du référendum du 23 juin 2016 sur l'adhésion à l'Union européenne (UE).

Après avoir été député, maire de Londres et ministre, il n'a dû son élection à la tête du Parti conservateur et sa nomination comme Premier ministre en juillet 2019 qu'à la nécessité de concrétiser rapidement la sortie de l'UE. Le défi était considérable : même si l'on s'appelle Boris Johnson et que l'on a sa part de responsabilité dans la montée de l'euroscepticisme ayant mené au Brexit, on ne détricote pas aisément quarante-six années de cohabitation. Il y est parvenu, faisant taire les cassandres. Son succès a aussi fait de lui l'ennemi indéfectible des partisans les plus fervents d'un maintien dans l'UE.

Qui est donc cet homme ? Comment Alexander Johnson, son véritable nom, est-il devenu Boris Johnson, puis tout simplement Boris ? Mais aussi, comment Boris Johnson s'inscrit-il dans l'histoire des relations entre le Royaume-Uni et l'organisation européenne ? Les réponses sont à chercher dans les choix de ses deux héros politiques, Winston Churchill et Margaret Thatcher, dans ses points communs avec le plus pro-UE des Premiers ministres britanniques, Tony Blair, ou encore dans son amitié complexe avec David Cameron.

Afin de pouvoir creuser au-delà des clichés – alimentés par sa célébrité –, il fallait interroger des membres de sa famille, des amis, des ennemis, d'anciens collègues, des journalistes, des conseillers, des politiciens, des diplomates, des historiens et des chercheurs. Pour retracer, sous forme de récit-enquête, l'enchevêtrement de la carrière de Boris Johnson et l'évolution sinueuse des rapports entre le Royaume-Uni et l'organisation européenne. Un parcours plus nuancé et plus surprenant qu'il n'y paraît.

Chapitre 1

1940-1973
Roi du monde

De la lumière filtre par trois fenêtres, tandis qu'un lampadaire illumine l'entrée d'une maison de briques. La caméra descend lentement pour se concentrer sur la porte noire, puis se rapproche du numéro 10 blanc qui y est incrusté. Un nombre bien connu des Britanniques, celui du 10 Downing Street, la résidence officielle du Premier ministre, le centre du pouvoir au Royaume-Uni. Par un fondu enchaîné, le spectateur se retrouve devant Boris Johnson. Assis devant une cheminée éteinte et une lampe qui diffuse une lumière tamisée, celui-ci rompt le silence. « Ce soir, nous quittons l'Union européenne. » L'information est de taille. Mais la vidéo est diffusée uniquement sur Internet : les chaînes de télévision ont refusé de retransmettre un programme sans l'avoir supervisé.

Même pour cette importante étape, Boris Johnson est échevelé. Comment pourrait-il en être autrement ? Les cheveux en bataille sont l'une de ses marques de fabrique, ils ont vocation à rendre accessible cet homme issu de l'élite britannique, en costume sobre et visiblement d'excellente qualité.

Boris Johnson reconnaît que le Brexit représente aussi bien « un étonnant moment d'espoir », qu'un « sentiment d'anxiété et de perte » et un soulagement « pour un troisième groupe, sans doute le plus grand, qui avait commencé à s'inquiéter que toute cette dispute politique ne prenne jamais fin ».

Le Premier ministre poursuit du ton toujours énergique et haché qui lui est si particulier. Il est tellement emporté par ses propos que ses mains s'élèvent à la fin de chacune de ses phrases, l'empêchant de rester immobile sur son siège. Alors qu'il s'adresse aux Britanniques, il ressemblerait presque à un acteur déclamant du Shakespeare dans l'un des célèbres théâtres de l'ouest londonien.

En ce jour capital, il voit « un nouvel acte dans notre grande dramaturgie nationale » destiné à « récupérer de la souveraineté », « contrôler l'immigration ou créer des ports libres ou libérer notre industrie de la pêche ou faire des accords de libre-échange ou simplement établir nos lois et nos règles pour le bénéfice des gens de ce pays ». Il n'en doute pas : « C'est ce qu'il faut faire, c'est une décision saine et démocratique. » En effet, « malgré ses forces et ses qualités admirables, l'UE a évolué en plus de cinquante ans dans une direction qui ne convient plus à ce pays. Et c'est un jugement que vous, le peuple, vous avez confirmé dans les urnes, pas une mais deux fois ».

Ce 31 janvier 2020, voilà Boris Johnson devenu, pour la postérité, le Premier ministre qui a fait sortir le Royaume-Uni de l'Union européenne (UE). Une organisation dans laquelle le pays était entré quarante-sept ans plus tôt. Ce rôle lui sied parfaitement. Pendant les quatre années précédentes, il a mené les Britanniques vers cette issue.

Le voir dans cette position est pourtant déroutant, car Boris Johnson s'avère être un politicien britannique aux attaches profondément européennes.

Son arrière-grand-mère, Winifred Brun, anglaise par sa mère, née Johnson, et suisse par son père, avait épousé Ali Kemal, qui était turc. Elle mourut quelques jours après la naissance d'Osman, le grand-père de Boris Johnson. Élevé par sa grand-mère maternelle, Osman prit son nom de jeune fille, Johnson. Il épousa Yvonne dont la mère, Marie-Louise de Pfeffel, était française. « Ma mère était très fière de ses ancêtres français, je le suis aussi », raconte Stanley, le père de Boris Johnson, dans *Stanley I Presume*, le premier tome de son autobiographie.

Dès le début de la Seconde Guerre mondiale, Osman et Yvonne Johnson quittent Bromley, une ville appartenant alors au Kent mais désormais intégrée à la lointaine banlieue sud de Londres. Au risque des bombes ils préfèrent le charme de Carbis Bay, ce hameau dont la baie à l'eau translucide émerveille les visiteurs et où la famille dispose d'une maison de vacances. Stanley naît le 18 août 1940 à Penzance, principale ville de l'extrémité des Cornouailles, région jumelle de la Bretagne française.

Alors que la famille Johnson se réfugie en Cornouailles, la guerre bouleverse le Royaume-Uni. Depuis les années 1870, « le Royaume-Uni était le seul pays véritablement mondial, indique l'historien David Edgerton, auteur notamment de l'ouvrage *The Rise and Fall of the British Nation.* Il disposait d'investissements dans le monde entier, il possédait les marines militaire et marchande les plus importantes du monde. Et, contrairement aux États-Unis, à la France, à l'Allemagne, qui mettaient en place des barrières douanières, il était le champion du libre-échange avec des barrières douanières à 0 % ». À l'heure où ses voisins européens ferment leurs frontières, protègent leurs productions nationales, lui, chantre du libre-échange unilatéral, ouvre les siennes aux produits venus du monde entier sans les taxer – en dehors d'un nombre limité de secteurs où la production nationale est également taxée.

Le pays est intimement connecté avec l'Europe de l'Ouest, notamment à travers le commerce. Sa priorité, les produits agricoles : le Royaume-Uni importe près de la moitié de sa nourriture. « Le petit déjeuner anglais n'avait alors pas grand-chose de britannique, sourit David Edgerton. Le bacon et le beurre venaient du Danemark, les œufs des Pays-Bas, le pain du Canada ou d'Argentine. La plupart des produits alimentaires ne provenaient pas de l'Empire. » Cette singularité s'explique aisément : ayant choisi d'être une puissance industrielle, le pays ne peut en même temps disposer d'une vaste production agricole. Cette production industrielle est évidemment exportée par monts et par vaux. D'où le double titre de premier importateur et exportateur mondial.

La guerre dévoile pourtant les dangers liés à la dépendance internationale. Le modèle passé est d'autant plus remis en question que le développement de nombreux pays commence à limiter sérieusement leur capacité d'exportation vers le Royaume-Uni, notamment en matière de biens agricoles et alimentaires. Surtout que, parallèlement, l'Empire s'émiette.

Les responsables politiques britanniques perçoivent les bouleversements à venir. L'heure est venue d'un rapprochement formel avec le continent. Dès juin 1940, Winston Churchill, alors Premier ministre, envisage la fusion de la France et du Royaume-Uni pour former « un super-État franco-britannique ». En octobre 1942, celui qui deviendra l'un des héros politiques de Boris Johnson discute avec son ministre des Affaires étrangères, Anthony Eden, de sa volonté de voir advenir « des États-Unis d'Europe dans lesquels les barrières entre les nations seraient grandement diminuées et le voyage sans restriction serait possible ».

Malgré la victoire des Alliés en Europe en mai 1945, Winston Churchill est renvoyé sur les bancs de l'opposition lors de l'élection générale du 5 juillet de la même année : le Parti travailliste décroche la majorité à la Chambre des communes avec l'élection de 393 députés ; son chef, Clement Atlee, est alors nommé Premier ministre par la reine. Qu'importe, le « Vieux Lion » prononce le 19 septembre 1946 à Zurich un discours fondateur lors duquel il officialise cette idée : « Nous devons construire une sorte d'États-Unis d'Europe. Pourquoi ne devrait-il pas y avoir un groupe européen qui pourrait donner un sens patriotique élargi et une citoyenneté commune aux peuples distraits de ce turbulent et formidable continent ? »

Pourtant, la fin de son discours laisse entendre que son projet ne doit pas inclure son propre pays. Il insiste en effet : « La France et l'Allemagne doivent prendre les devants. Le Royaume-Uni, le Commonwealth, la grande Amérique et, j'imagine, la Russie soviétique doivent être les amis et les sponsors de cette nouvelle Europe et doivent encourager son droit à vivre et à briller. Alors, je vous le dis : laissons l'Europe surgir ! »

Pendant des décennies, ce dernier passage a permis aux détracteurs d'une Europe fédérale d'associer l'illustre politicien conservateur à leur opposition à la présence du Royaume-Uni dans l'organisation européenne. Boris Johnson, qui a publié en 2014 une biographie de son maître politique, *The Churchill Factor*, fait partie de ceux-là.

Une tout autre réalité apparaît à la suite de récentes recherches dans les archives de la famille Churchill et dans les archives nationales suisses. La veille de son discours à Zurich, Winston Churchill a organisé un dîner en petit comité avec sa fille et deux responsables suisses, un épisode raconté par l'historien Felix Klos dans son livre *Churchill on Europe*. Il leur lit alors la quasi-intégralité du texte qu'il entend prononcer le lendemain. Lorsque l'un de ses interlocuteurs l'interroge sur le rôle du Royaume-Uni dans cette Europe, il répond: «J'ai préféré ne pas mettre ce point en évidence pour laisser la possibilité aux autres de nous inviter. Il ne faut pas donner l'impression que nous voulons contrôler l'Europe, même s'il est clair que seule la Grande-Bretagne est aujourd'hui capable de la guider proprement.» Dans cet immédiat après-guerre, et malgré son discours prononcé le 5 mars 1946 à propos de la descente d'un «rideau de fer» sur l'Est de l'Europe, il veut encore garder la porte entrouverte pour une coopération avec l'Union soviétique.

À partir de Zurich, Winston Churchill consacre toute son énergie à cette idée. Il entend bien voir le Royaume-Uni mener cette création européenne. Dans deux articles consécutifs publiés les 30 et 31 décembre 1946 par le quotidien conservateur *The Telegraph*, où Boris Johnson sera embauché quarante-deux ans plus tard, le Vieux Lion élabore la création du Conseil de l'Europe évoqué dans son discours de septembre. Il donne quatre objectifs: «l'abolition ou au moins la diminution des taxes et barrières douanières», «s'efforcer d'aboutir à une harmonie économique, comme base d'une unité économique», «atteindre une sorte de défense commune» et une monnaie commune. Il imagine, et détaille même, la concrétisation de l'euro: «Heureusement, les pièces ont deux côtés, pour que l'une puisse porter une inscription nationale et l'autre l'européenne. » Des intuitions géniales.

Huit mois plus tard, le 14 mai 1947, Winston Churchill profite des tensions avec l'URSS de Joseph Staline pour être bien plus explicite sur le rôle moteur de son pays dans son projet d'Europe. « Le devoir et la possibilité de réaliser cette réunion essentielle nous appartiennent à nous et à nos amis français, de l'autre côté de la Manche », annonce-t-il dans un discours prononcé au Royal Albert Hall de Londres. Le discours est diffusé sur les ondes courtes et longues de la BBC, atteignant ainsi les auditeurs européens de la radio britannique. « Si l'unité européenne doit devenir une réalité avant qu'il ne soit trop tard, les efforts sans réserve de la France et de la Grande-Bretagne seront nécessaire dès le départ. Elles doivent avancer main dans la main. Elles doivent en fait être partenaires fondatrices de ce mouvement. »

Son initiative est soutenue par des politiciens de tous bords et elle est lourdement financée par de nombreuses grandes entreprises britanniques et américaines. Elle ne prendra pourtant pas son envol au Royaume-Uni. Dès son retour au pouvoir en 1951, Winston Churchill renonce officiellement à faire entrer son pays dans une entité fédérale. Quelques années après avoir laissé le pouvoir en 1955, il expliquera la raison de ce renoncement : l'opposition catégorique de son ministre des Affaires étrangères et successeur annoncé, Anthony Eden, soutenu par la majorité du Parti conservateur.

Entre-temps, le nationalisme économique est en effet devenu la nouvelle lubie des deux principaux partis britanniques. Ce changement de stratégie politique et économique est favorisé par la perte de nombreux actifs britanniques à l'étranger pendant la Seconde Guerre mondiale. Le conflit terminé, l'État enclenche cette mutation en nationalisant des pans entiers de l'économie (industrie, énergie, transport, manufacture, etc.) et en réduisant les importations. Le rationnement imposé à partir du 8 janvier 1940 a duré pour certains produits jusqu'au 4 juillet 1954 en raison de ce seul objectif. L'État veut faire produire et faire acheter du « *made in Britain* ».

Concrètement, la proportion de nourriture produite dans le pays progresse rapidement. Les données gouvernementales sont formelles : le pays produit 47 % de toute sa nourriture consommée en 1956, 62 % en 1972 et atteint le pic de 78 % en 1984. Il en est de même pour la manufacture. La proportion d'employés dans le secteur décolle dans les années 1950 et leur nombre continue de croître dans les années 1960. Boris Johnson grandit ainsi dans un Royaume-Uni qui vit « le plus grand développement économique jamais connu par le pays, bien loin devant la première et la seconde révolution industrielle », selon le professeur David Edgerton.

La conséquence de cette politique est évidente : la part du commerce mondial réalisée par le Royaume-Uni diminue, et ce d'autant plus que les pays européens se relèvent rapidement de la guerre. L'historien du King's College London explique que « ces économies croissent plus rapidement que le Royaume-Uni parce qu'elles partent d'une base moins élevée. Une convergence a donc lieu. Une croissance ralentie pour un pays comme le Royaume-Uni n'est pas un signe de retard mais au contraire de richesse ».

À l'époque, ces données économiques ne sont pourtant pas vécues et analysées comme telles. Un sentiment de déclin s'empare de l'élite britannique, consciente que l'influence nationale s'amenuise. Cette impression précipite le Royaume-Uni vers l'Europe. La convergence économique avec les pays du continent européen correspond en effet à une période géopolitique charnière pour le pays. L'Empire britannique est en train de se déliter et la relation d'égal à égal tant espérée avec le pays de l'Oncle Sam révèle son véritable visage : les États-Unis sont devenus la première puissance mondiale, avec laquelle le Royaume-Uni ne peut plus rivaliser. La crise de Suez en 1956, durant laquelle Washington vilipende Londres pour avoir osé attaquer sans son accord l'Égypte du président Gamal Abdel Nasser, est révélatrice de ce basculement.

Cet événement ainsi que les maladies chroniques dont Anthony Eden est atteint mettent rapidement fin à son mandat. Harold Macmillan lui succède dès janvier 1957. Le changement ne peut être plus radical sur la question européenne. Le nouveau Premier ministre avait rallié dès mars 1947 la petite équipe de fidèles de Winston Churchill attelée à la promotion du dossier européen. Il est lui-même favorable à l'idée d'une unité européenne depuis une vingtaine d'années, initialement pour des motifs industriels.

Également affecté par l'impression de déclin national, il reprend donc avec assiduité le flambeau abandonné par son prédécesseur. La création en 1951 de la Communauté européenne du charbon et de l'acier (CECA) par six nations continentales (l'Allemagne de l'Ouest, la Belgique, la France, l'Italie, le Luxembourg et les Pays-Bas), puis en 1957 de la Communauté économique européenne (CEE) à la suite de la signature du traité de Rome, l'incite à réagir au plus vite. L'enjeu est double. Les populations européennes se sont enrichies et leurs marchés dépassent ceux du Commonwealth ; le Parti conservateur doit se renouveler, après deux victoires successives lors des élections générales de 1951 et de 1955. Pour Harold Macmillan, l'Europe permet de cocher les deux cases.

En 1960, alors que Stanley Johnson termine sa première année universitaire à Oxford, le Royaume-Uni réplique à la CEE par la création de l'Association européenne de libre-échange, qui comprend initialement le Portugal, l'Autriche, la Suisse et les monarchies scandinaves. Cette solution ne remplit pourtant pas les objectifs émis par le Parti conservateur lors de son programme pour l'élection de 1959: « Notre but demeure un marché libre industriel embrassant toute l'Europe de l'Ouest. » Une preuve supplémentaire que le Royaume-Uni veut, dès la fin des années 1950, coopérer étroitement avec ses partenaires continentaux.

En 1962, le gouvernement britannique demande à intégrer la CEE. C'est le grand saut. Le président français Charles de Gaulle s'applique à lui couper les ailes : lors d'une conférence de presse organisée le 14 janvier 1963, il rejette la possibilité que le Royaume-Uni puisse d'ores et déjà rejoindre la CEE. Opposant féroce à ce qu'il voit comme de l'entrisme américain, il perçoit avant tout une différence structurelle entre le Royaume-Uni et les six: « [La Grande Bretagne] exerce une activité essentiellement industrielle et commerciale, et très peu agricole. Elle a dans tout son travail des habitudes et des traditions très marquées, très originales. » Lui non plus n'a alors pas perçu les changements économiques initiés au Royaume-Uni, qui devient de plus en plus européen.

Cette même année, Stanley Johnson épouse la jeune Charlotte Fawcett, rencontrée sur les bancs d'Oxford. L'ouverture de la famille à l'international et ses liens avec l'Europe se renforcent : le père de son épouse a été en poste au siège des Nations unies à New York pour le compte du ministère britannique des Affaires étrangères, puis à Washington pour le Fonds monétaire international, et a travaillé comme avocat à la Commission européenne des droits de l'homme.

Avides d'aventures, les jeunes mariés déménagent aux États-Unis après que Stanley a reçu une généreuse bourse pour étudier l'écriture créative dans l'Iowa. Il change radicalement de cap pour suivre des cours d'économie à l'université new-yorkaise de Columbia. Leur premier enfant voit ainsi le jour sur le sol américain : quelques semaines avant la retraite politique de Winston Churchill, Alexander Boris de Pfeffel Johnson naît le 19 juin 1964 à New York. Alexander Boris de Pfeffel Johnson que le grand public appelle aujourd'hui Boris, ou BoJo. Pourquoi cet étonnant deuxième prénom ? En souvenir de Boris Litwin, un Russe rencontré à Mexico par Stanley et Charlotte, et qui leur avait offert leur billet d'avion de retour de Mexico à New York. « Si le bébé est un garçon, nous l'appellerons Boris ! » avait promis Charlotte.

À son retour des États-Unis, le couple s'installe dans une ferme du Somerset, un comté rural du sud-ouest de l'Angleterre, propriété de la famille Johnson. Ils n'y restent pas longtemps : les ambitions du jeune père sont bien trop pressantes. Ils se rendent alors à Londres, où ils louent une maison d'amis derrière la station de train Paddington, dans le quartier de Maida Vale. Après un nouvel aller-retour dans le Somerset, Stanley achète une maison dans le quartier chic de Primrose Hill pour stabiliser sa famille. Celle-ci s'est vite agrandie : Rachel, Leo et Jo sont nés entre 1965 et 1971.

L'ambition est une valeur que Stanley Johnson a transmise à ses enfants. Même s'il n'en parle pas, son rôle a été majeur dans leur développement personnel. « C'est un père incroyablement positif et qui nous a permis de réaliser beaucoup de choses, assure sa fille, Rachel, les yeux débordants de tendresse. Dès qu'on lui disait "j'ai fait ça", il répondait "bravo, j'adore !". C'est d'ailleurs encore le cas. Il vous rend capable de tout réaliser et vous fait croire au pouvoir de la pensée positive. Et je ne suis pas moi-même une personne très positive. » Cette qualité paternelle se retrouve indéniablement chez son frère, toujours prêt à viser plus haut, à aspirer à plus et à croire en des jours meilleurs. Cela s'est d'ailleurs révélé capital pour lui permettre de rebondir après chacun de ses échecs.

Leur mère, Charlotte, apporte un pendant plus réfléchi à la famille. Plus subtil aussi. À eux deux, Stanley et Charlotte décident de pousser leur progéniture autant que possible. La lecture est obligatoire. La télévision n'est tolérée que pour regarder des programmes d'histoire et d'art pour enfants. Cette bulle a sans doute bénéficié au jeune Alexander : jusqu'à huit ou neuf ans, il est en effet presque sourd et doit subir plusieurs opérations aux oreilles, ce qui l'aurait à l'époque rendu « silencieux », selon sa mère[1].

Une deuxième personne a attisé le sens de la compétition d'Alexander Boris : sa grand-mère. « Elle est à l'origine de ma rivalité avec Al, rit Rachel. Un jour, alors que nous étions tous assis dans la ferme du Somerset où nous avons grandi, elle me tendit *The Times* et me dit : "Lis l'article principal." Je n'avais que quatre ans, mais puisque nous avions tous appris à lire très tôt, je le lus. Mon frère, qui avait un an de plus, n'y parvint pas. Il vit que notre grand-mère pensait que je lisais mieux que lui. Il nous a raconté plus tard que c'était le moment qui avait défini sa vie : à partir de ce jour, il s'est senti obligé de prouver à tout le monde ce dont il était capable. » À

1. Andrew Gimson, *Boris. The Rise of Boris Johnson*, Simon & Schuster, 2006.

tel point qu'interrogé par un ami de leur famille sur ce qu'il voudra faire « quand il sera grand », Alexander répond sans hésiter : « Roi du monde. » Sous le regard satisfait de son père.

En attendant de trouver couronne à sa tête, Alexander approche le monde de la musique. Tenté par le trombone, il avouera plus tard n'être parvenu à en extraire que quelques sons peu audibles. Il se fait renvoyer d'un groupe de rock en raison de ses médiocres talents de bassiste. Lorsqu'il se lance à dix-sept ans dans la pratique du piano, cela ne dure que quelques mois. Il finit par abandonner l'idée de jouer d'un instrument, ce qui ne l'empêche pas d'apprécier la musique. Parmi ses compositeurs classiques favoris, on trouve Jean-Sébastien Bach, Ludwig van Beethoven et Johannes Brahms, tandis que The Clash et The Rolling Stones sont ses groupes préférés.

Les dirigeants britanniques se révèlent plus persévérants que le jeune Alexander. Malgré l'échec de leur première tentative d'adhésion à la CEE, ils sont déterminés à intégrer l'organisation européenne. Signe du consensus national sur cette question, le travailliste Harold Wilson, successeur de Harold Macmillan au 10 Downing Street, relance la candidature britannique en 1967. Las, le président français réitère les arguments avancés quatre ans plus tôt, en y ajoutant ses doutes sur la stabilité de la livre sterling. L'avenir lui donnera partiellement raison : six mois plus tard, Harold Wilson est obligé de dévaluer la devise nationale de 14 %.

Il faudra attendre le départ de Charles de Gaulle pour que la voie s'éclaircisse. Le jour des six ans d'Alexander Johnson, le 19 juin 1970, les conservateurs sont déclarés, à la surprise générale, vainqueurs de l'élection et reprennent le pouvoir après six ans de travaillisme.

C'est une bonne nouvelle pour Stanley Johnson, qui a collaboré avec le parti tory pendant la campagne sur les questions environnementales. D'autant que le Premier ministre, Edward Heath, est un proeuropéen passionné. Vingt ans plus tôt, son discours inaugural à la Chambre des communes portait déjà sur l'Europe. En 1962, il a sillonné le continent pour promouvoir la première candidature d'entrée du pays dans la CEE. Dès son arrivée au pouvoir, il place donc l'intégration à l'organisation européenne au centre de ses priorités. Signe que la situation lui paraît urgente, les négociations débutent le 30 juin 1970, soit douze jours après son arrivée à Downing Street.

Après un an et demi de tractations intenses, notamment liées aux désaccords sur la politique agricole commune, Edward Heath signe le traité d'adhésion à l'organisation européenne le 22 janvier 1972. Le Royaume-Uni intègre la CEE le 1er janvier 1973. Le négociateur en chef britannique, Con O'Neill, expliquera dans son rapport sur les pourparlers: «Ce qui importait était d'entrer dans la Communauté et ainsi de restaurer notre position au centre des affaires européennes, que nous avions perdue depuis 1958. Les négociations furent menées avec la volonté d'atteindre cet objectif à un prix acceptable.»

En position de demandeur, donc de faiblesse, le Royaume-Uni est forcé d'accepter des conditions d'entrée défavorables. Il n'est déjà pas sur un pied d'égalité avec ses partenaires. Cette situation hantera leurs relations pour la décennie à venir. Et même au-delà: selon de nombreux conservateurs, les formalités de cet accord prouvent que le club des Européens n'était pas véritablement ouvert aux Britanniques.

Chapitre 2

1973-1986
Hé, hé, A. B. J., combien d'Oppidans as-tu tués aujourd'hui ?

Alexander Boris Johnson s'installe à Bruxelles au mois d'avril 1973. Lorsqu'il débarque à huit ans dans la capitale belge, le jeune blondinet est déjà très reconnaissable à son visage joufflu et à son épaisse chevelure blonde désordonnée, legs génétique direct de son père. À ses côtés, sa sœur, Rachel, et ses frères, Leo et Joseph. Tous arrivent dans les valises de leurs parents.

L'aventure belge a commencé par un coup de fil trois mois plus tôt. Le Royaume-Uni vient de rejoindre le « club CEE » . La Commission du service civil, chargée de la supervision de l'embauche des fonctionnaires, contacte immédiatement Stanley Johnson, alors officier de liaison de l'ONG britannique International Planned Parenthood Federation, en charge de la promotion du planning familial : « Êtes-vous au courant, M. Johnson, que depuis quelques jours le Royaume-Uni a rejoint la Communauté économique européenne ? » lui demande un certain M. Kirkness, qui lui propose ensuite de « mettre son nom en avant en tant que candidat britannique pour une haute position à la Commission européenne à Bruxelles», et plus précisément à un poste en charge de la politique environnementale, «un nouveau domaine de priorité pour la CEE». Stanley Johnson est ainsi approché en raison de sa récente publication d'un livre intitulé *The Politics of Environment*, mais aussi grâce à son entregent : il sait profiter et entretenir à bon escient son vaste réseau.

Il intègre ainsi la première vague de représentants britanniques nommés à Bruxelles. Il se perçoit d'ailleurs comme un des membres de «l'avant-garde des troupes arrivantes[1]». Il y est nommé chef de la division de prévention des nuisances et de la pollution, un poste de niveau A3, à deux rangs du directeur général.

La famille Johnson s'installe alors à Uccle, que Stanley décrit comme «l'un des quartiers boisés de Bruxelles». Les enfants «pourront aller à l'école européenne et devenir de bons petits Européens», assure-t-il à son épouse.

L'expérience bruxelloise est pourtant mal embarquée. En effet, le travailliste Harold Wilson, de nouveau Premier ministre à partir de 1974, fait face à des désaccords au sein de son parti quant à la participation du Royaume-Uni à la CEE. «La direction du Parti travailliste était composée de nombreux hommes, comme Denis Healey et Roy Jenkins, qui avaient été engagés dans la campagne militaire britannique sur le continent européen pendant la guerre», se souvient Neil Kinnock, alors député de la Chambre des communes. Il devient en 1983 le chef des travaillistes et le leader de l'opposition, puis, une décennie plus tard, commissaire européen. Il vit depuis 2007 dans une charmante maison mitoyenne de l'époque victorienne en brique rouge située à Tufnell Park,

1. Stanley Johnson, *Stanley I Presume*, Fourth Estate, 2009.

un quartier résidentiel du nord de Londres. Pendant que son épouse Glenys, elle-même ancienne députée européenne et membre de la Chambre des lords, s'affaire dans leur jardin, il poursuit : « Ils étaient donc résolus, comme Harold Wilson, à saisir cette opportunité de coopération internationale. »

Mais Harold Wilson doit affronter toute l'aile gauche du Labour, menée par Tony Benn et Michael Foot, fermement opposée à la CEE. Son influence est considérable. Décidé à régler une fois pour toutes ce conflit interne à son parti, le Premier ministre réclame la tenue d'un référendum national. Le 5 juin 1975, le pays sera appelé à se prononcer sur la question : « Pensez-vous que le Royaume-Uni devrait rester dans la Communauté européenne (le marché commun) ? » Preuve des tensions, plus de la moitié des députés travaillistes se prononcent contre le gouvernement lors d'un vote à la Chambre des communes sur la CEE. À l'occasion d'une conférence exceptionnelle du parti organisée le 26 avril 1975, les deux tiers des adhérents s'opposent au maintien dans l'organisation européenne et trente-neuf des quarante-six syndicats présents rejettent la CEE.

« Parmi mes camarades, certains faisaient campagne sur la question de la souveraineté britannique », poursuit Neil Kinnock, en citant notamment son ami Michael Foot, qui allait tenir les rênes du parti de 1979 à 1983. À cette époque, Neil Kinnock craint que le « triangle d'or », comme on l'appelait alors, qui englobe la zone autour de Bruxelles et inclut le nord de l'Italie, attire les investissements et donc les emplois depuis la périphérie. Réticent à prendre ce risque alors que sa région connaît des changements industriels majeurs, il fait donc campagne en faveur du « non ».

La famille de Boris Johnson doit en grande partie son maintien à Bruxelles à… Margaret Thatcher. Celle-ci a été élue deux mois plus tôt à la tête du Parti conservateur après avoir écarté, contre toute attente mais sans ménagement, l'ancien Premier ministre Edward Heath, coupable d'avoir perdu deux élections générales successives en février et en octobre 1974. C'est elle qui lance le 16 avril 1975 la campagne du parti tory en faveur du maintien dans la CEE, dans une salle de l'hôtel St Ermin's, à deux pas du Parlement. Le fascicule «*Britain in Europe*» («La Grande-Bretagne dans l'Europe») à la main, elle se dresse devant les journalistes et les membres du parti venus l'écouter.

«Il n'est pas surprenant qu'en tant que cheffe du Parti conservateur je souhaite accorder tout mon soutien à cette campagne, puisque le Parti conservateur promeut une vision européenne depuis que nous existons en tant que parti», débute-t-elle, après avoir été présentée par Edward Heath. Sans doute pour atténuer la colère de celui qui était encore Premier ministre un an plus tôt, Margaret Thatcher lui rend hommage et l'associe à ses prédécesseurs Winston Churchill et Harold Macmillan. Elle s'appuie sur une récente déclaration de ce dernier: «On nous demande maintenant de déchirer un traité dans lequel nous sommes solennellement entrés.» Or, assure-t-elle, «le Royaume-Uni ne brise pas les traités. Ce serait mauvais pour le Royaume-Uni, mauvais pour les relations avec le reste du monde et mauvais pour tout futur traité que nous pourrions avoir à négocier». Margaret Thatcher paraît n'avancer là qu'une évidence: le Royaume-Uni n'est pas un État voyou. Pourtant, quarante-cinq ans plus tard, c'est précisément ce que Boris Johnson fait lors de ses négociations de l'été 2020 avec l'UE en menaçant de rompre unilatéralement un accord international négocié et signé par le Royaume-Uni.

Margaret Thatcher juge nécessaire que le pays soit arrimé à la locomotive européenne et intégré au marché commun, qui a permis de faire tomber de nombreux droits de douanes. En quittant la CEE, « nous perdrions notre droit d'influencer ce qu'il se passe dans la Communauté. Mais ce qui arrivera dans la Communauté nous affectera inévitablement », rappelle-t-elle. Cet élément est d'autant plus important qu'elle estime que « la Communauté européenne est un puissant groupe de nations. Avec le Royaume-Uni parmi ses membres, elle est plus puissante ; sans le Royaume-Uni, elle restera puissante ».

Enfin, Margaret Thatcher, qui apparaîtra pendant la campagne vêtue d'un pull brodé avec les drapeaux des pays membres de la CEE, rejette fermement l'idée que l'esprit britannique puisse être dissous par son intégration à l'organisation européenne. « Les Allemands sont-ils moins allemands en étant dans la Communauté, ou les Français moins français ? Bien sûr que non. Penser que le Royaume-Uni perdra une partie de son caractère national en étant dans la Communauté, alors qu'aucune autre nation n'a subi une telle évolution, semble montrer un incroyable manque de confiance dans le Royaume-Uni. » Avec le recul, et à l'heure du Royaume-Uni post-Brexit, ces propos résonnent singulièrement. D'autant qu'ils ont été prononcés par la figure politique britannique qui, avec Winston Churchill, a le plus inspiré Boris Johnson et l'immense majorité des Brexiters, alors qu'ils vont totalement à l'encontre de leurs arguments.

Le Parti conservateur est largement uni sur la question européenne et les eurosceptiques, comme on les nomme déjà, se comptent sur les doigts d'une main. Le Labour, quant à lui, est divisé et ne parvient pas véritablement à faire campagne. Le Premier ministre Harold Wilson et les conservateurs menés par Margaret Thatcher emportent donc aisément la mise : 67,2 % des Britanniques votent pour demeurer dans la CEE, avec un taux de participation à 64,7 %. Harold Wilson se félicite que « quatorze années de débats nationaux [soient] terminées », tandis que l'un des principaux leaders du « non », Tony Benn, accepte ce verdict : « J'ai toujours dit que le référendum serait contraignant. Il n'y pas de retour en arrière possible. » Les perdants se montrent bons joueurs et ce résultat inscrit ainsi durablement le pays au sein de la CEE. Le Royaume-Uni va rapidement s'intégrer au système mis en place entre les six membres originels de la communauté.

Le père de Boris Johnson a joué un rôle indirect dans la campagne. La veille du vote, un film sur le travail de la Commission européenne, et plus particulièrement sur sa division, est diffusé sur la chaîne Granada TV, à l'époque retransmise dans tout le nord de l'Angleterre. « Le film de Granada a-t-il eu une quelconque influence sur le résultat ? Y aurait-il eu un plus grand soutien de l'Europe si l'électorat britannique n'avait pas été exposé à la dernière minute aux entrailles à vif de la bureaucratie de Bruxelles ? » se demande-t-il.

Quoi qu'il en soit, le résultat du référendum est une bénédiction pour la famille Johnson. Stanley Johnson le certifie : « Bien sûr, cela me réjouissait. J'étais principalement venu à Bruxelles en tant qu'environnementaliste. Après deux années à mon poste, j'avais fini par comprendre et apprécier l'étendue formidable de ce que l'on pouvait réaliser en tant qu'administrateur. » Il raconte que dans son domaine, il était possible de « se lever le matin avec une idée » et de « découvrir qu'en quelques semaines vous aviez un projet d'instrument juridique [...] qui pouvait être envoyé au Conseil pour adoption ». Tout cela était « renversant », reconnaît-il à propos du processus et du volume de législation engendré. Le recueil qu'il a lui-même rédigé sur la réglementation adoptée par la CEE concernant la pollution prend la forme d'un livre de 100 pages en 1976, 150 pages en 1978, 300 pages en 1987 et 400 pages en 1995.

Ce qui pourrait être considéré comme un tsunami réglementaire n'en reste pas moins positif à ses yeux. Il estime que les États membres n'auraient jamais introduit de leur propre initiative une législation nationale aussi pointue sur l'air, le bruit, l'eau, les produits chimiques, les déchets, la protection de la nature, etc. Et même s'il concède que certains pays auraient pu en développer une, elle n'aurait jamais été « si cohérente ni si étendue ».

Stanley Johnson reste fonctionnaire à Bruxelles jusqu'en 1979. Il y retourne dans la foulée après avoir été élu député européen pour la circonscription de l'île de Wight et de Hampshire East. Entre-temps, la famille s'est disloquée : les enfants sont partis un à un étudier dans une pension privée au Royaume-Uni, tandis que Charlotte et lui se sont séparés en décembre 1978.

Stanley avait décidé d'envoyer ses enfants à Ashdown House, pensionnat privé de l'East Sussex, un comté à mi-distance entre Londres et la Manche. Il se justifiera plus tard : « L'éducation est bien trop importante pour être laissée aux parents ! » Surtout que cet établissement, qui couvre le primaire et le collège, est renommé pour l'intégration, chaque année, d'un certain nombre de ses élèves à Eton, le lycée le plus réputé du pays.

Grande demeure carrée achevée à la fin du XVIIIe siècle, construite en pierres de taille grisées par les années, Ashdown House est entourée de douze hectares de jardin. De quoi accueillir des dizaines de garçons. « Ah, léger souci, Stanley, nous ne prenons pas de filles », lui lance le directeur de l'établissement. Stanley Johnson n'en démord pas: «C'est les quatre enfants ou aucun!» En septembre 1975, Rachel effectue sa rentrée en même temps qu'Alexander et devient la première fille à intégrer l'école.

Dans cet environnement sérieux, pour ne pas dire spartiate, le jeune garçon ne passe pas inaperçu avec sa coupe au bol et sa chevelure que l'on pourrait croire peroxydée. Il étudie pourtant d'arrache-pied et décroche même en 1977 un King's Scholar, une bourse pour étudier à Eton. Selon Stanley, l'argent n'était pas la motivation première de son fils: «Obtenir une bourse est une question d'honneur, ce n'était pas parce que nous ne pouvions pas payer les frais de scolarité», affirme-t-il en 2008 dans *The Sunday Times*. L'avantage financier est néanmoins considérable: les cinq premiers boursiers voient alors l'intégralité de leur scolarité payée; les neuf suivants, dont fait partie Alexander, en paient la moitié. «Il fallait être vraiment très intelligent pour obtenir cette bourse, mais cela permettait à des élèves de familles non riches d'y accéder», estime Hugo Dixon, lui aussi King's Scholar et arrivé à Eton en même temps qu'Alexander, avec qui il deviendra ami.

Dans ce gigantesque établissement de briques rouges accueillant mille trois cents élèves, les soixante-dix boursiers, répartis sur les cinq années du cursus, sont logés dans un dortoir séparé des autres étudiants, appelés les Oppidans. Ils se démarquent aussi par leur tenue: ils portent une cape noire au-dessus de l'uniforme traditionnel noir et blanc. «Les Oppidans étaient vingt fois plus nombreux que nous, donc ils façonnaient la culture de l'école, poursuit Hugo Dixon. Et comme ils ne voulaient pas être inférieurs à nous, ils tentaient de nous rabaisser. En fin de compte, être boursier signifiait presque faire partie d'un ghetto.»

C'est à cette époque qu'Alexander devient Boris. Selon le récit de sa sœur Rachel dans son livre *Rake's Progress*, ce choix ne fut initialement pas le sien : « Des garçons de l'école, saccageant sa chambre lorsqu'il avait treize ans, ont découvert son passeport et ont corrigé son nom entier en "Alexander Boris de Pee-Pee Johnson". » Johnson semble avoir ensuite gardé son deuxième prénom en raison de son excentricité, surtout comparé au très traditionnel Alexander. Et ce, même si ses amis proches et sa famille continuent, encore aujourd'hui, de l'appeler « Al » ou « Alexander ».

Sa personnalité se construit également. Il explique, dans une de ses chroniques publiées en 1990 dans *The Telegraph*, avoir été un enfant « extrêmement boutonneux et intello », ce que les photos confirment, et que « l'idée [qu'il se faisait] d'un bon moment, c'était de traverser Londres en métro pour aller au British Museum ». Il façonne pourtant à cette époque son image d'homme extravagant, exubérant et drôle, à la diction théâtrale et décalée, aujourd'hui caractéristique de son personnage public. L'un de ses camarades raconte ainsi qu'il avait lu lors d'un concours de poésie un vers débutant par « Mr. Sniggs ». « La façon dont il a prononcé "Sniggs" a fait rire les gens. Alors il s'est tourné vers le souffleur et lui a demandé : "Comment s'appelle-t-il déjà ?" Et toute la salle a explosé de rire, y compris le proviseur[2]. »

Cette façade lui permet de se faire accepter par l'élite sociale de l'école et de s'extraire du ghetto intello des boursiers. Pour étoffer sa verve, il devient le président du club des débats, où il excelle. Preuve de sa réputation, il est accepté à Pop, le club des élèves les plus cools d'Eton. De quoi faire de lui un personnage

2. Andrew Grimson, *Boris. The Rise of Boris Johnson*, *op. cit.*

imbuvable ? Pas du tout. Nombre de ses camarades le trouvent « drôle », mais surtout « humain ». Tout comme le responsable de la scolarité de l'école, qui estime qu'« il est beaucoup plus généreux que la plupart des Etoniens. [Il n'a] jamais entendu dire qu'il ait été méchant avec quiconque ».

Sa notoriété, sa personnalité exubérante et sa compétitivité le mènent naturellement vers les épreuves sportives. Il dirige ainsi la sélection des boursiers dans leur match annuel de Wall Game contre les Oppidans. Ce sport unique à Eton est un mélange de rugby et de basketball, où tous les coups sont autorisés sauf les coups de poing au visage. Alexander Boris y est connu pour sa ténacité et son engagement total mais désordonné. *The Chronicle*, le journal de l'école, décrit plusieurs fois ses apparitions : « Il joue au Wall Game comme un échidné en chaleur » ; « Si ça bouge, grogne dessus. Si ça bouge encore, tue-le puis grogne dessus. » Avant de demander : « Hé, hé, A. B. J., combien d'Oppidans as-tu tués aujourd'hui ? » Sa participation aux rencontres de rugby se révèle tout aussi fantasque. Ses études ne s'en ressentent pas : il fait partie des vingt meilleurs élèves de sa promotion et obtient en 1982 une nouvelle bourse, qui lui permet cette fois-ci de rejoindre le très réputé Balliol College, à l'université d'Oxford, pour étudier les lettres classiques.

Pendant les années Eton d'Alexander Boris Johnson, les relations entre le Royaume-Uni et la Communauté européenne se tendent. Malgré leur large défaite lors du référendum de 1975, les eurosceptiques ont gardé un réel poids au sein du Parti travailliste au pouvoir ; ils influent donc sur la politique du gouvernement, dirigé à partir d'avril 1976 par James Callaghan. La nomination en 1977 du travailliste Roy Jenkins à la présidence de la Commission européenne – il sera d'ailleurs le seul Britannique à jamais atteindre ce poste – tempère à peine ces opposants.

Les responsables travaillistes voient d'un mauvais œil le choix des pays membres de se diriger vers la création d'un mécanisme de taux de change européen (MCE). À la recherche d'un compromis pour ne pas froisser ses voisins, James Callaghan accepte néanmoins en coulisses d'intégrer le système monétaire européen. En contrepartie, le Premier ministre veut bénéficier d'une diminution de la contribution britannique au budget communautaire, qui fera bientôt du pays « le plus important contributeur net[3] aux ressources financières de la Communauté », selon ses déclarations lors du sommet du Conseil européen des 12 et 13 mars 1979.

Comme on l'a déjà vu avec le rapport publié en 1973 par le négociateur britannique Con O'Neill, le différend qui va empoisonner les relations européennes pendant de longues années trouve son origine lors de l'accession du Royaume-Uni à la CEE. « Les six pays membres avaient signé un traité en 1970 établissant les contributions financières de chacun », raconte de sa voix grave David Hannay, qui était alors membre de l'équipe de négociation du ministère des Affaires étrangères. Il grimpera un à un les échelons de ce ministère pour être nommé représentant permanent du Royaume-Uni auprès de la CEE entre 1985 et 1990. « Lors de la négociation de notre entrée en 1971, nous n'avons pas voulu remettre en question [ce traité], craignant tout simplement que les six posent leur veto à notre accession. Nous avons donc mis nos calculs sur la table, ils prévoyaient une situation catastrophique pour le Royaume-Uni : nous fournirions une grande

3. Un pays contributeur net verse plus d'argent à l'UE qu'il n'en reçoit.

partie des revenus liés aux droits douaniers d'importation et, comme notre secteur agricole n'exportait quasiment pas, nous recevrions peu en retour. »

Ces calculs sont raillés par les six. La Commission estime que les Britanniques sont trop pessimistes. Elle précise alors officiellement que, « si une situation inacceptable devait se concrétiser, la survie même de la Communauté requerrait que les institutions trouvent des solutions équitables ». Même si les Européens ne voulaient pas y croire, en 1979, la situation s'est révélée proche de ce que David Hannay et l'équipe de négociations britannique avaient imaginé huit ans auparavant.

L'arrivée quelques semaines plus tard des conservateurs au pouvoir ne bouleverse pas fondamentalement le point de vue britannique. Si Margaret Thatcher avait mené la campagne en faveur du maintien dans la CEE lors du référendum de 1975, le programme de son parti pour l'élection générale de 1979 a laissé poindre l'inquiétude des conservateurs à propos du coût de la CEE pour le pays.

Une fois installée au 10 Downing Street, Margaret Thatcher reprend globalement les arguments européens de celui qu'elle vient d'écarter du pouvoir. Elle avoue être peu convaincue de l'intérêt d'un système monétaire commun. Elle concentre surtout son attention sur le budget européen.

Charles Powell a été l'un de ses plus proches conseillers. Il travaille à la représentation britannique à Bruxelles à partir de 1980, avant de devenir le secrétaire privé des Affaires étrangères de la « Dame de fer » de 1983 à 1990, puis pendant un an celui de son successeur, John Major. Assis dans l'un des confortables sièges en cuir de son lumineux bureau de Mayfair, le cœur de Londres, il témoigne : « Elle s'est battue à propos de la contribution budgétaire britannique dès son accession au poste de Première ministre. Elle était déterminée à ce que notre adhésion à la CEE soit juste. » Dès le Conseil européen de Dublin du 30 novembre 1979, elle met les points sur les « i » : « *We are not asking for a penny piece of Community money for Britain. What we are asking is for a very large amount of our own money back.* » (« Nous ne demandons pas un sou d'argent communautaire pour la Grande-Bretagne. Ce que nous demandons, c'est de récupérer une très grande quantité de notre propre argent. »)

David Hannay assure qu'« aucun des membres n'a contesté le manque d'équité de [la] contribution [britannique] ». En effet, le Royaume-Uni est alors le seul contributeur net avec l'Allemagne et l'État membre le plus pauvre en termes de revenu par habitant avec l'Italie et l'Irlande. Son témoignage remet en cause la postérité de la déclaration de Margaret Thatcher, dont la version erronée « *I want my money back* », bien plus égoïste et agressive, est restée dans les mémoires : la Première ministre ne voulait pas réaliser un hold-up et sa requête était considérée comme légitime par ses collègues européens. Elle n'a pas pu être réglée rapidement en raison de « la difficulté pour Londres de faire accepter un nouveau mode de calcul, car la baisse de la contribution britannique devait être compensée par une hausse de celle des autres États membres », rappelle David Hannay.

Plutôt que de se faire rembourser des sommes différentes chaque année, les Britanniques veulent trouver un arrangement systémique. En parallèle, ils posent sur la table le coût de la politique agricole commune (PAC), qui absorbe les trois quarts du budget de la Communauté. Il faudra attendre cinq ans pour qu'une solution soit trouvée. « Ce combat n'a pris fin que lorsque nous avons obtenu un rabais de deux tiers sur toutes nos contributions, entériné lors du Conseil européen de Fontainebleau des 25 et 26 juin 1984 », se souvient Charles Powell.

Malgré cet affrontement, Margaret Thatcher ne doute pas de l'adhésion du Royaume-Uni à la CEE. Comme elle le fait savoir au chancelier allemand Helmut Schmidt, en visite à Londres quelques jours après son élection, « la principale raison pour laquelle Margaret Thatcher était alors favorable à la présence du pays au sein de la CEE, c'était la coopération politique et internationale que le Royaume-Uni pouvait en tirer », appuie son ancien conseiller. « Elle insistait sur le fait que le meilleur moyen de garder notre influence mondiale était de faire partie d'une entité plus grande pour contrer la domination des États-Unis et de l'URSS. » Elle n'a donc pas changé de point de vue sur cet aspect depuis le référendum de 1975.

Une fois la question budgétaire réglée, elle redirige sa priorité vers le développement du marché unique européen. « Le concept du marché unique était présent dans le traité de Rome mais, entre 1957 et 1984, personne n'en avait rien fait, rappelle Charles Powell. Margaret Thatcher a donc lancé une campagne pour en faire une réalité. Elle est parvenue, quasiment à elle seule, à élever la question du marché unique au sommet de l'agenda de la Communauté européenne. » Ses priorités : l'ouverture des marchés et la fin des restrictions, des règles non nécessaires et des barrières au commerce.

Et pour cause, cette politique colle parfaitement au libéralisme à tout crin qu'elle tente de développer au niveau national. Une politique qui plaît autant au jeune Boris, qui a alors vingt et un ans, qu'à toute la famille Johnson, conservatrice et libérale dans l'âme. La Première ministre veut rompre avec les trente années précédentes, durant lesquelles l'État est petit à petit devenu omniprésent par le biais d'innombrables nationalisations. Parmi celles-ci : les constructeurs automobiles Rolls-Royce et British Leyland, ainsi que l'ensemble des secteurs de la construction navale et aérienne. Par conséquent, les stratégies économiques primordiales de la CEE et de Londres ne se contredisent pas, elles sont au contraire devenues complémentaires.

Preuve en est donnée dans le document de travail « Europe – l'avenir », rédigé par le ministère des Affaires étrangères et remis par les équipes de Margaret Thatcher aux dirigeants européens au début du Conseil de Fontainebleau. Le Royaume-Uni y présente un idéal européen très étendu. Une attention particulière est portée au marché commun, destiné à « renforcer la communauté ». Les projets industriels communs sont mis en avant. Point capital, Londres reconnaît que « le progrès qui a été réalisé vers une union toujours plus proche des peuples d'Europe [...] ne sera probablement pas renversé ». Le Royaume-Uni insiste donc sur la nécessité d'une meilleure connaissance culturelle réciproque des différentes nations et d'une meilleure coopération politique sur les affaires externes.

La découverte cahoteuse de la CEE par les dirigeants britanniques se juxtapose aux premiers pas compliqués de Boris Johnson en politique. À son arrivée à Oxford, en 1983, il découvre l'amour du latin et du grec, et développe celui du rugby. Il effectue surtout ses premiers pas dans l'arène politique. Il entend bien profiter de sa provenance d'Eton et de son look déjà très reconnaissable qui, à son arrivée à Oxford, font d'emblée de lui une petite célébrité. Il fait immédiatement connaître son intention d'être élu trésorier du comité de la réputée Oxford Union, l'association des débats de l'université. Il espère ainsi franchir le seuil de cette machine à créer des personnages illustres : plusieurs futurs Premiers ministres et responsables politiques de premier plan en furent présidents, parmi lesquels William Ewart Gladstone, ou plus récemment Edward Heath, Michael Foot, Michael Heseltine et la Pakistanaise Benazir Bhutto.

Sa tentative se solde par un échec. Alors que les candidatures doivent être déposées avant 21 h 30, Boris Johnson gagne les bureaux de l'organisation à 22 heures. À sa grande surprise, selon les témoins de l'époque, aucune largesse ne lui est accordée et il ne peut donc postuler. Qu'à cela ne tienne, le trimestre suivant – chacune des responsabilités de l'Union n'est attribuée que pour un trimestre –, il brigue le poste de secrétaire, qu'il obtient, largement en tête du scrutin.

Dans la foulée, il se lance dans la course à la présidence. Il estime visiblement n'avoir pas besoin de faire campagne : il compte sur le soutien des étudiants de première année et sur sa réputation auprès de tous les anciens élèves d'Eton pour battre son concurrent, alors trésorier de l'Union. « Boris croyait la victoire assurée, raconte un partisan de son adversaire. Il pensait qu'il serait un candidat évident pour les nouveaux, alors qu'en fait les opinions étaient divisées à son sujet. Surtout chez les gens venus de lycées publics comme moi[4]. » Même s'il est dépeint par son adversaire comme le représentant de l'élite hautaine venue d'Eton, il n'imagine pas que cela aura la moindre répercussion sur le résultat final. Il a tort. Le jour des résultats, sa surprise est totale : Boris Johnson est battu par 661 voix contre 558.

Le temps de se remettre de cette défaite et de se fiancer avec l'une des étudiantes vedettes de son année, Allegra Mostyn-Owen, qui venait de faire la une du magazine *Tatler*, il se présente à nouveau un an plus tard. Le laxisme de sa première campagne laisse place à une opération semi-professionnelle. Il

---

4. Sonia Purnell, *Just Boris. The Irresistible Rise of a Political Celebrity*, Aurum, 2011.

reçoit notamment l'aide de l'un de ses amis, chargé de réaliser un sondage parmi les électeurs. Conscient d'avoir perdu en raison de son image élitiste, il se rapproche au fil des mois des étudiants considérés comme plus communs, qu'il avait jusqu'alors négligés.

Enfin, il suit à la lettre le conseil qu'il donnera trois ans plus tard dans un recueil sur Oxford compilé par sa sœur Rachel : les candidats comme lui doivent absolument « ne pas paraître trop liés à des partis politiques ». Lors de son discours de candidature, il se présente ainsi comme le défenseur d'une réforme électorale qui mettrait fin au bipartisme historique. Cette tactique est très adaptée à l'environnement politique de l'époque : le Parti social-démocrate, formé en 1981 par des travaillistes mécontents de la mainmise de l'aile gauche sur leur parti, a alors le vent en poupe. Grâce à cette organisation, Boris Johnson remporte une victoire sans appel, par 809 voix contre 466.

Malgré sa nonchalance et sa bonhommie apparentes, il a beaucoup appris de son échec initial et s'est révélé être un candidat impitoyable, prêt à s'entourer et à faire confiance à des personnes qu'il estime qualifiées. Deux composantes peu connues de sa personnalité qui reviendront tout au long de sa carrière. Une fois la victoire en poche, il peut se permettre d'arborer de nouveau ses vraies couleurs politiques, celles du Parti conservateur de Margaret Thatcher. La fin a justifié les moyens.

Chapitre 3

1987-1991
Comme si quelqu'un avait tiré sur ma mère

« Je me souviens de m'être senti agacé pendant cette soirée. J'avais pris conscience que ce novice empoté en tenue de soirée formelle charmait bien mieux l'auditoire que moi[1]. » Max Hastings, le directeur de la rédaction du *Telegraph*, est invité le 21 mai 1986 à débattre à l'Oxford Union. À ses côtés, son hôte, « le novice empoté », n'est autre que le président de l'Oxford Union, Boris Johnson. Lorsque ce dernier le contacte deux ans plus tard pour lui demander une place au sein de son quotidien, Max Hastings lui donne sa chance. « Approché par de nombreux parents, Max ne cachait pas qu'il donnait toujours leur chance aux jeunes du type brillant diplômé d'Oxford, assure son ancien bras droit. Mais si leurs enfants n'avaient pas de talent, ils étaient rapidement virés[2]. »

Boris Johnson peut remercier sa bonne étoile et sa persévérance, car sa carrière de journaliste a failli être de courte

1. *The Observer*, 30 mars 2008.
2. Sonia Purnell, *Just Boris. The Irresistible Rise of a Political Celebrity*, *op. cit.*

durée. À la fin de ses études à Oxford, en 1987, il est embauché par l'illustre quotidien *The Times*. En mai 1988, il est dénoncé par son propre parrain, Colin Lucas, un historien de renom, dont il a falsifié une citation. Interrogé par le directeur de la rédaction du *Times*, il n'exprime aucun remords et refuse de s'excuser – une autre de ses marques de fabrique. Il est licencié sur-le-champ.

Grâce à Max Hastings, il obtient ensuite cette place au *Telegraph*, et s'y accroche. Outre que l'excentricité y est encouragée, il parvient à convaincre les membres de la direction de ses capacités. Il les fait rire, c'est son arme fatale de longue date, et il les impressionne aussi par sa capacité à produire rapidement de longs articles complexes et remarquablement rédigés. Ainsi, lorsque moins d'un an après son arrivée au journal le poste de correspondant à Bruxelles se libère, sa fiabilité professionnelle et sa connaissance de la ville et des institutions européennes en font le candidat évident.

Au printemps 1989, quatorze ans après avoir quitté la capitale européenne, Boris Johnson y effectue son grand retour. Il se forge rapidement une réputation auprès de ses collègues journalistes : il dévale les rues embouteillées de Bruxelles au volant de son Alfa Romeo rouge, les chansons du groupe de métal AC/DC s'échappant de l'habitacle. L'état de délabrement de sa voiture – sans rétroviseurs et dont les portes sont maintenues fermées à l'aide de ficelles – sied parfaitement à sa garde-robe et à sa coiffure. Cette apparence tranche forcément dans le cadre si institutionnel de la Communauté européenne. Il entretient également son image d'homme loufoque, peu attaché aux détails du quotidien. À ses côtés se tient pourtant Allegra Mostyn-Owen, élégante et toujours bien habillée, qu'il a épousée à sa sortie de l'université en septembre 1987.

Ce couple détonnant loue un petit appartement au-dessus d'un cabinet de dentiste dans Woluwe-Saint-Pierre, un quartier résidentiel de la capitale.

« Lorsque Boris Johnson et moi sommes arrivés à Bruxelles, l'Europe n'était pas vraiment un sujet politique important, se souvient Charles Grant, envoyé pour le compte du magazine *The Economist* en même temps que son jeune homologue. La couverture de l'organisation européenne semblait surtout très technique. Tout a changé en avril 1989, lors de notre premier mois sur place, avec la publication du rapport Delors, une feuille de route sur l'établissement de la monnaie unique. D'autant que le président de la Commission européenne a commencé à traiter plus régulièrement de la charte sociale. L'Europe est alors devenue un sujet hautement politique, et donc intéressant. Boris et moi étions chanceux. »

C'est l'heure des premières désillusions pour les Britanniques ; par conséquent, l'Europe redevient matière à polémique. Après avoir défendu bec et ongles le maintien du Royaume-Uni dans la CEE et fortement promu le marché unique, Margaret Thatcher commence à prendre ses distances avec l'organisation européenne. Elle s'aperçoit en effet que les Européens ne jouent pas toujours franc-jeu. Ainsi, pendant les négociations de 1985 sur l'Acte unique européen, le ministère britannique des Affaires étrangères produit avant le Conseil européen de Milan du mois de juin un rapport destiné à établir pour la première fois des bases législatives pour la coopération européenne en matière de politique étrangère. « Le document a été rédigé avec l'accord absolu de Margaret Thatcher, qui l'a d'ailleurs donné au chancelier allemand Helmut Kohl lors de sa visite à Chequers, la résidence officielle de la Première ministre, en lui disant : "S'il vous plaît, donnez-moi votre avis avant qu'on le fasse circuler plus largement, j'en donnerai aussi une copie au président français, François Mitterrand" », témoigne Stephen Wall. De la fin des années 1960 au milieu des années 2000, ce diplomate a multiplié les postes majeurs. À cette époque, il fait partie de la direction du département chargé de la Communauté européenne au sein du ministère des Affaires étrangères, dont il sera le secrétaire privé du ministre de 1988 à 1991. Stephen Wall assure que Margaret Thatcher « n'a jamais obtenu de réponse, et ce malgré les rappels à leurs interlocuteurs de nos ambassadeurs à Paris et Bonn ».

Pourtant, à la veille du sommet européen, Français et Allemands publient un document intitulé « Traité de l'Union européenne », « qui est en fait le document britannique mais avec un autre titre », assure le diplomate. « Margaret Thatcher a alors dit que ce genre de comportement aurait été un motif d'exclusion pour un club privé londonien. Cet événement lui est vraiment resté en travers de la gorge. D'autant que l'ambassadeur allemand aux Pays-Bas a expliqué à son collègue britannique : "Vous rendez-vous compte que la France et l'Allemagne ne permettront jamais au Royaume-Uni d'être sous les projecteurs ?" » Le couple franco-allemand donne le *la* au sein de l'organisation européenne et, malgré son apparente ouverture, il n'entend pas perdre sa primauté. Les successeurs de Margaret Thatcher s'en rendront également compte, à leurs dépens.

La Dame de fer a beaucoup de mal à s'adapter au processus décisionnel européen. « Elle aimait l'affrontement et elle avait créé une atmosphère où c'était en quelque sorte "nous" contre "eux", c'était une question de victoire ou de défaite », assure Stephen Wall. Margaret Thatcher est un pur produit de Westminster. La différence du design de la Chambre des communes par rapport aux parlements européens en dit long sur les différences de fonctionnement et de mentalité des Britanniques et de leurs voisins : l'hémicycle en vogue en Europe apparaît propice aux compromis et à la formation d'alliances de circonstance parfois durables ; aux Communes, les deux partis se font face, les attaques sont constantes, le compromis impossible. Outre qu'elle n'était pas très au point sur les manières de procéder de la CEE, souligne son ancien conseiller diplomatique Charles Powell, sa culture typiquement britannique se répercute sur ses relations avec ses homologues européens, plus habitués au consensus et à des gouvernements nationaux de coalition parfois formés au bout de mois de négociation.

David Hannay en sourit. Il la côtoie très régulièrement lors de ses cinq années en tant que représentant britannique à la CEE, entre 1985 et 1990. « Margaret Thatcher était probablement plus désagréable avec ses collègues du gouvernement qu'elle l'a jamais été avec ses collègues du Conseil européen, mais je doute que les Européens l'aient jamais ressenti ainsi, tant ils la trouvaient agressive ! »

Un dernier élément modifie sa communication vis-à-vis de la CEE. « Pendant longtemps, la nouvelle politique économique du gouvernement ne semblait pas fonctionner et le chômage était élevé, se souvient le diplomate Stephen Wall. Il était donc très utile, du point de vue de la politique intérieure, de pouvoir taper sur les étrangers, et en particulier les Européens, pour détourner l'attention. Elle n'a pas hésité à le faire. » Et voilà comment a débuté un rituel qui allait être repris par l'ensemble de ses successeurs, conservateurs comme travaillistes : pour des motivations de politique intérieure, la Première ministre se présente comme la défenseure du Royaume-Uni contre la tentation hégémonique de Bruxelles. Son admirateur Boris Johnson a d'ailleurs utilisé cette tactique plus que de raison.

Arrive alors un moment considéré comme charnière dans l'histoire du Royaume-Uni au sein de l'organisation européenne : le discours prononcé le 20 septembre 1988 par Margaret Thatcher au Collège d'Europe de Bruges, en Belgique. Les eurosceptiques voient dans ce discours le premier pas du Royaume-Uni vers le Brexit, et plus particulièrement contre « la notion d'union toujours plus proche en Europe », contre « une nouvelle intégration », contre « l'implication britannique dans un État unique européen » et en faveur d'« une structure européenne moins centralisée », comme l'indique aujourd'hui encore sur son site internet le Bruges Group, un centre de réflexion influent pro-Brexit. Ces idéologues retiennent surtout de ce discours la phrase suivante : « Nous n'avons pas repoussé avec succès les frontières de l'État au Royaume-Uni pour nous les voir réimposées au niveau européen, avec un super-État européen imposant sa domination depuis Bruxelles. »

Charles Powell sourit amèrement. « Ce discours n'a pas été écrit comme un discours antieuropéen, et, l'ayant rédigé moi-même, je suis bien placé pour savoir quel était son message et son objectif, assène-t-il, visiblement encore agacé de sa récupération par les eurosceptiques. Il visait à établir différentes approches que l'Europe devait embrasser pour son propre intérêt. » Le véritable objet de la colère de l'ancien conseiller de la Dame de fer est ailleurs : « Son inimitable responsable de la presse, Bernard Ingham, a vendu ce discours à la presse britannique comme une attaque contre l'Europe. Il aimait présenter Margaret Thatcher attaquant les Russes et les terroristes, il aimait la présenter sous un mode agressif alors que ce n'était pas un discours agressif. »

Outre cette communication malheureuse, tout semble s'être ligué contre la vision voulue par Charles Powell et Margaret Thatcher. « Le lieu où Margaret Thatcher a prononcé son discours a beaucoup joué, se souvient Charles Powell. C'est une salle très étendue et très étroite. Margaret Thatcher était installée au milieu et l'audience était répartie sur les côtés. Elle n'a jamais pu établir de lien humain avec les personnes présentes. » Ce témoignage est confirmé par la vidéo du discours. Vêtue d'une robe bleu électrique aux couleurs de l'Europe, un signe clair de son engagement européen, l'expérimentée politicienne semble un peu désarçonnée. Elle ne parvient pas à stabiliser son attention, jette de rapides coups d'œil à droite, à gauche, et lit son texte d'une voix très robotique. « Son ton et ses manières ont ainsi paru hostiles et agressifs, ce qui n'était pas sa volonté. »

Preuve en est qu'au cours de ces vingt-sept minutes la Première ministre rejette fermement la possibilité que le Royaume-Uni puisse vouloir « une existence tranquille et isolée à la bordure de la Communauté européenne ». Elle insiste : « Notre destinée est en Europe, partie intégrante de la Communauté. » Pour David Hannay, alors à la tête de la représentation britannique à Bruxelles, « la partie la plus importante du discours est son indication que "nous devons toujours regarder Varsovie, Budapest et Prague comme des grandes villes européennes". Cela s'est révélé visionnaire. »

Les eurosceptiques se déclarent néanmoins heureux. « Ils étaient tout simplement ravis que nous n'ayons pas rédigé un discours au culte idolâtre de la Communauté européenne, que nous ayons présenté des critiques et des voies alternatives, analyse Charles Powell. Aucun de ces eurosceptiques n'imaginait alors quitter l'organisation européenne. » Il le réaffirme d'ailleurs : « Du temps où elle était Première ministre, Margaret Thatcher n'a jamais envisagé de quitter l'organisation européenne. Jamais. Pendant son mandat, puis ceux de ses successeurs immédiats, John Major et Tony Blair, il n'y a jamais eu de sérieuses discussions sur notre éventuel départ de l'UE. »

Après Bruges, les tensions se cristallisent. Si « des gouvernements européens se sont initialement montrés intéressés par certains éléments du discours, l'esprit de meute a rapidement pris le dessus », regrette Charles Powell. D'autant que l'hypothèse de la création d'une monnaie unique européenne devient concrète. Or, si de nombreux Britanniques auraient pu accepter un partage de souveraineté dans l'optique d'améliorer la coopération entre pays européens, Margaret Thatcher perçoit l'abandon de la livre sterling en faveur d'une devise européenne comme le pas de trop, assure son conseiller diplomatique. « Les gens voient la livre comme un symbole de notre indépendance, au même titre que le drapeau ou l'hymne national. »

Récemment arrivé à Bruxelles, Boris Johnson se saisit de ces discordes, témoigne Charles Grant. Je rencontre ce dernier dans les bureaux du think-tank qu'il a cofondé en 1996 et qu'il dirige depuis 1998, The Center for European Reform, dans l'une des rues à l'aspect encore médiéval situées à proximité du parlement de Westminster. L'ancien journaliste rapporte que « lors de ses six premiers mois, [Johnson] était resté dans le rang en termes de couverture. Petit à petit, il a développé sa propre personnalité d'eurosceptique, de dissident, de membre bizarre du corps médiatique ».

Depuis cette époque, les doutes demeurent sur la sincérité de son euroscepticisme. Peter Guilford, alors porte-parole du commissaire européen Leon Brittan, échange régulièrement avec Boris Johnson à l'époque, lors de parties de squash ultra-compétitives. « Boris percevait son travail comme un moyen de divertir et de renforcer les préjugés de ses rédacteurs en chef, et ainsi de faire avancer sa carrière, témoigne-t-il. Il a placé ces considérations avant son appréciation des informations et était assez intelligent pour s'en sortir[3]. »

Charles Moore, le rédacteur en chef du *Telegraph*, est du même avis. Il lève un voile sur la vision de son jeune et talentueux journaliste : « Boris n'était vraiment pas un partisan du retrait de l'UE. Il n'était même pas ce que l'on pourrait appeler un antieuropéen. D'une manière générale, il croyait au projet. Je me souviens même d'une discussion que nous avons eue, au cours de laquelle il m'a dit : "Allez, Charles, vous ne pensez pas véritablement que [l'UE] soit une idée entièrement mauvaise et que nous ne devrions pas y être intégrés ?"[4] »

Sur le terrain, Charles Grant et ses collègues ont une perception similaire. Ils estiment que Boris Johnson « avait compris que le meilleur moyen de pousser son article en une du *Telegraph* et de se faire voir était de battre le fer en faveur de l'euroscepticisme ». Ils n'arrivent alors pas à concevoir que l'on puisse ne pas « aller dans le sens de l'histoire » : « Personne ne prenait les eurosceptiques au sérieux car ils ne semblaient pas comprendre que l'histoire bougeait inextricablement vers une Europe intégrée, que l'État-nation allait disparaître, que la gouvernance mondiale approchait et que, de plus en plus, la souveraineté allait être érodée. Cela semblait inévitable. Moi, j'aimais cette idée. Boris Johnson ne l'aimait pas. » Charles Grant ne le lui reproche pas. Au contraire, il admet que « le comportement de Boris était alors en partie nécessaire parce

3. Sonia Purnell, *Just Boris. The Irresistible Rise of a Political Celebrity*, *op. cit.*
4. *The Telegraph*, 31 janvier 2020.

que tous les journalistes étaient proeuropéens. Nous ne questionnions pas grand-chose».

Boris Johnson a d'ailleurs sous-entendu dans son recueil d'articles *Lend Me Your Ears*, publié en 2003, que son choix de se faire passer pour un eurosceptique était avant tout opportuniste, plus que lié à ses convictions profondes. «Parce que c'est un marché libre, il y aura toujours quelqu'un pour ruer contre l'opinion conventionnelle, prêt à acheter quand le marché est bas, écrit-il dans sa postface. Si quelqu'un perçoit cet espace et commence à miser sur une autre action, il y aura une sorte de basculement. Soudain, tout le monde arrêtera de vendre et commencera à acheter.»

Malgré tout, ses doutes sur le fonctionnement de l'organisation européenne grandissent au contact de celle-ci. Cette évolution est-elle aussi une conséquence de ses discussions avec son père? Dans *Stanley I Presume*, Stanley Johnson indique avoir eu ses premiers doutes «sur toute l'affaire» européenne dès 1979. La suppression du veto national sur la plupart des questions marque à ses yeux une perte de souveraineté des pays. Ses appréhensions se sont accrues au fil de ses années bruxelloises, au sein de la Commission et en tant que député européen.

Les extrapolations et les inventions de son fils influencent progressivement la politique britannique. Les archives ont révélé qu'un article publié par Boris Johnson le 24 octobre 1990 a été envoyé par le directeur de cabinet du ministre des Affaires étrangères à Charles Powell pour aider Margaret Thatcher à préparer le Conseil européen prévu dans les jours suivants à Rome. Le correspondant du *Telegraph* y annonce la fin du «droit de veto britannique» et la mise en place par Jacques Delors des premiers pas vers «une fédération de l'Europe, dont la Commission bruxelloise serait le gouvernement exécutif et le Conseil des ministres un Sénat». Le diplomate assure à Charles Powell que l'opinion de la Commission ne correspond pas aux «suggestions de l'article» mais qu'elle «contient de nombreuses autres horreurs».

À son retour de Rome, où elle s'est retrouvée totalement isolée, Margaret Thatcher se présente le 30 octobre devant les députés de la Chambre des communes pour résumer la réunion européenne, comme il est de coutume au Royaume-Uni. Elle y reprend très précisément les propos de Boris Johnson: «Le président de la Commission, M. Delors, a dit en conférence de presse l'autre jour qu'il voulait que le Parlement européen soit le corps démocratique de la Communauté, que la Commission soit l'exécutif, que le Conseil des ministres soit le Sénat.» À quoi elle ajoute son célèbre: «*No. No. No.*» Le tabloïd eurosceptique *The Sun* titre le lendemain: «*Up Yours Delors*», ce qui pourrait se traduire poliment par: «Va te faire voir Delors.»

Ce sera le dernier moment de gloire de Margaret Thatcher. Son vice-Premier ministre, Geoffrey Howe, le dernier membre de son cabinet gouvernemental de 1979, démissionne le lendemain en raison de l'hostilité de la Première ministre à l'union monétaire européenne. Ses adversaires internes se passent le mot: le moment est venu de la renverser. Le 14 novembre, l'ancien ministre Michael Heseltine la défie. Le 22 novembre, au lendemain du premier tour de scrutin, qu'elle mène d'une courte tête, elle annonce sa démission.

La rumeur assure aujourd'hui que Boris Johnson était devenu le journaliste préféré de Margaret Thatcher. Cette suggestion fait sourire Charles Powell. «C'est un mythe, Margaret Thatcher ne lisait quasiment jamais le journal, assure-t-il. Elle partait du principe qu'elle n'avait pas de temps à perdre avec ça et que le meilleur moyen de gérer les journalistes et de ne pas être influencée par eux était de ne pas lire ce qu'ils écrivaient. Elle lisait parfois le journal le dimanche, dans sa résidence officielle de Chequers. Je devais souvent y rester le week-end car elle insistait pour y travailler. Elle descendait prendre le petit déjeuner, s'emparait d'un journal et me disait : "Mon Dieu, regardez ce qu'ils ont écrit !" Ce à quoi je lui répondais : "Oui, madame la Première ministre, ils le font depuis le début de la semaine, mais vous ne vous en êtes pas rendu compte." Donc, honnêtement, elle n'était pas particulièrement au courant de l'existence de Boris. »

Cela n'empêche pas Boris Johnson d'être affecté par la démission forcée de son héroïne politique. Comme il le racontera lui-même bien plus tard dans une de ses chroniques pour *The Telegraph*, il croise « par hasard dans une rue de Bruxelles » Marina Wheeler, qui deviendra plus tard son épouse. Les yeux pleins de larmes, trébuchant, il lui dit : « C'est comme si quelqu'un avait tiré sur ma mère. » Son acharnement contre l'organisation européenne se trouve renforcé par le renvoi de Maggie par les proeuropéens du parti.

Chapitre 4

1992-1997
Je lançais des cailloux au-dessus du mur du jardin

« Boris Johnson a créé une trame narrative : tout ce qui sort de l'organisation européenne est délirant, la CEE devenue l'UE entame la liberté des gens et se révèle être une sorte de dictature. » Attablée dans un club privé branché de l'ouest de la capitale, la journaliste Sonia Purnell, qui a publié en 2011 *Just Boris*, une biographie de son ancien collègue, secoue la tête en prononçant ces mots. « Ce discours n'ayant jamais été remis en question, les Britanniques l'ont cru. Ils se sont dit : si c'est en une du *Telegraph*, c'est que c'est vrai. Mais pour la première fois, ce n'était pas forcément le cas ! »

En 1992, Sonia Purnell est envoyée dans la capitale européenne par *The Telegraph* en récompense de son traitement de grosses affaires à la City de Londres. Le quotidien désire accroître sa couverture européenne, l'intérêt pour cette thématique ayant pris une ampleur considérable. La journaliste se retrouve donc à partager un bureau avec Boris Johnson. Pour son premier jour, elle doit suivre la visite du Premier ministre, John Major. Son expérimenté collègue lui indique le trajet à emprunter pour rejoindre le lieu de la conférence de presse. « Il pleuvait des cordes, se souvient-elle. Lorsque je suis arrivée, l'immeuble qu'il m'avait décrit était fermé. L'agent de sécurité s'est étonné de me voir là. » En fait, la conférence de presse avait lieu à deux pas du bureau du *Telegraph*. « Je suis arrivée en retard, trempée et éreintée après avoir porté mon énorme ordinateur. J'ai trouvé ce comportement très étrange de sa part, car il ne pouvait pas ne pas savoir… »

Au fil des jours et des mois, la situation ne s'améliore pas. « J'ai vite compris qu'il me percevait comme une menace car j'étais arrivée avec un statut de star montante, même si je ne connaissais rien à l'Europe, explique-t-elle. Il voulait toujours être au premier plan. » En guise d'exemple, son ancienne collègue raconte qu'il attendait que tous les autres journalistes soient assis pour le point presse quotidien de la Commission, à midi précise, pour effectuer son entrée. « Il arrivait parfois habillé en chemise hawaïenne, souvent avec une veste et un pantalon sales et élimés. Une journaliste française a un jour demandé à un de ses collègues britanniques : "Qui est ce monstre ?" »

Elle reconnaît qu'« en public il était jovial, sympa, rieur », ce que confirme Charles Grant, qui à l'instar de ses collègues voit en Boris Johnson « quelqu'un de divertissant, drôle et de bonne compagnie ». Et avec qui il a partagé de nombreuses soirées alcoolisées et tardives. En revanche, « dans le travail, seul à seul, il était agressif, à la limite du harcèlement moral, déloyal, secret », assure la journaliste. « Il ne m'a jamais donné le moindre contact ou la moindre information. Il ne m'a jamais dit sur quels articles il enquêtait, alors que notre travail était censé être complémentaire. J'étais obligée de deviner ! »

Le ton de la couverture de l'actualité bruxelloise développée par Boris Johnson est peu à peu devenu la norme. « J'essayais d'écrire pour différentes sections du journal, mais on ne me prenait rien, grince Sonia Purnell. La direction s'était rendu compte que les articles de Boris plaisaient à une certaine partie de notre lectorat, qu'ils étaient remarqués et qu'on en parlait. Il était donc difficile pour moi de faire autre chose… »

Visiblement, Boris Johnson a mal vécu l'arrivée de Sonia Purnell, qui correspond au naufrage de sa vie de couple. Sa relation avec son épouse Allegra a commencé à se dégrader fortement dès la fin de l'année 1990. Leurs séparations récurrentes – elle étudie à Londres – et leurs forts tempéraments respectifs ont sérieusement entamé les bases de leur mariage. La jeune aristocrate quitte définitivement Bruxelles au début de l'année 1992. Boris Johnson retrouve alors une connaissance de sa famille, Marina Wheeler. Dès le mois d'octobre 1992, celle-ci annonce à la fois leurs fiançailles et sa grossesse. Le temps d'officialiser le divorce de Boris et Allegra le 26 avril 1993, les deux tourtereaux se marient le 8 mai. Leur premier enfant, Lara Lettice, naît le 12 juin.

Boris Johnson est également très occupé professionnellement. L'actualité politique européenne est extrêmement agitée. Au moment de sa défaite, Margaret Thatcher a soutenu John Major pour la remplacer. Pourtant, celui-ci est élu le 27 novembre 1990 et, nommé Premier ministre le lendemain, ne maintient pas la ligne de conduite de sa prédécesseure sur l'Europe. Un an plus tard, il négocie le traité de Maastricht, qu'il signe le 7 février 1992. Acculé par les eurosceptiques, qui profitent de sa courte majorité parlementaire, il est parvenu à obtenir le soutien de la plupart d'entre eux grâce à la mise en place d'« opt-outs », ces options de retrait accordées à certains États membres sur des points précis. « J'ai inventé le principe de ces opt-outs avant mon départ de

Bruxelles et je l'avais d'ailleurs présenté lors de mon déjeuner d'adieu avec le président de la Commission européenne, Jacques Delors, en 1990, révèle le diplomate David Hannay. Les différents ministères estimaient en effet que nous ne pouvions pas empêcher la création de la monnaie unique.» Deux options s'offrent alors aux Britanniques: permettre à la monnaie unique d'être intégrée au traité de Maastricht ou forcer les pays désireux de prendre part à la monnaie unique à la créer en dehors des institutions européennes. La première option pose le risque que l'organisation européenne soit gangrenée de l'intérieur par les pays membres de la zone euro; la seconde que le Royaume-Uni n'ait aucune influence sur le développement et l'avenir de cette nouvelle devise. John Major pense alors que la monnaie unique ne verra jamais le jour, il opte donc pour la première option.

Le Royaume-Uni obtient deux autres opt-outs: ne pas signer le volet social du traité, qui l'aurait obligé à suivre les normes européennes en matière de droit du travail, bien plus favorables aux employés, et ne pas rejoindre l'espace Schengen, qui met fin au contrôle des frontières entre les pays de l'UE. Londres n'est pas la seule à réclamer de telles différenciations: Dublin et Copenhague font de même. «Cette géométrie variable, cette Europe à plusieurs vitesses, est peut-être un peu inconfortable, pas désirable d'un point de vue idéologique et compliquée à opérer, mais elle fonctionne!» assure avec véhémence David Hannay.

Ces choix permettent à John Major d'accepter le traité de Maastricht tout en se déclarant victorieux: à l'instar de Margaret Thatcher, il se présente comme le protecteur des intérêts britanniques face à l'ogre européen afin d'accroître sa popularité. «Lorsque John Major est entré dans la salle de presse, il a annoncé que le Royaume-Uni avait triomphé en obtenant des opt-outs pour éviter de prendre part à la création de la monnaie unique, se souvient le journaliste Paul Taylor, alors en poste à Paris pour l'agence de presse britannique Reuters. "Jeu, set et match, Grande-Bretagne!" lance Major. Je l'interroge pourtant sur le fait que s'abstenir de participer à ce qui va probablement devenir le principal projet de l'Europe risque de placer le Royaume-Uni en marge et en seconde division. Évidemment, ce n'est pas le discours du gouvernement... »

Boris Johnson reconnaît le succès de l'initiative du Premier ministre. « Dans presque tous les sens, c'était un triomphe exemplaire pour M. Major, le rêve du ministère des Affaires étrangères », écrit-il dans *The Telegraph*. Il estime les concessions du Premier ministre nécessaires et valables. C'est l'un des seuls moments où il soutient John Major : le reste du temps, dans ses articles, il facilite la tâche des eurosceptiques en leur servant sur un plateau des exemples concrets pour justifier leur opposition doctrinale.

Charles Grant décrit sa manière de travailler : « Il exagérait un fait, transformait une toute petite info en quelque chose d'énorme et parfois en inventait complètement. » Comme dans ses envolées lyriques sur la volonté des Européens de bannir les chips aux arômes de crevettes, sur la « menace sur les saucisses britanniques roses » ou sur l'embauche de renifleurs pour s'assurer que tous les fumiers européens présentent la même odeur.

Les articles de Boris Johnson deviennent rapidement problématiques pour les autres correspondants britanniques : « Boris n'arrêtait pas d'avoir des scoops avant eux, sourit Charles Grant. Leur rédaction à Londres les appelait, par exemple, à propos de cet horrible coup monté par l'UE pour raidir les bananes, l'un des articles les plus célèbres de Boris Johnson, et leur demandait : "Pourquoi n'avez-vous pas couvert cette information ?" Bien souvent, les correspondants leur répondaient : "Parce que ce n'est pas vrai." »

Boris Johnson lui-même reconnaît s'être joué de ses collègues à plusieurs reprises. Dans la préface de *Lend Me Your Ears*, il révèle sa rivalité avec le correspondant du *Times*, George Brock : « Un de mes plus grands plaisirs était de chercher des scoops, des histoires exclusives qui pousseraient *The Times* à appeler George Brock bien après l'heure de son coucher. "Reste près de ton téléphone, George", me disais-je en me tapotant le nez. J'aime à penser que M. et Mme Brock ont eu plusieurs nuits interrompues à cause de moi ; au moins une fois, j'ai été appelé par *The Telegraph* pour suivre l'un de ses scoops. »

Plus grave, la couverture de l'actualité européenne de Boris Johnson impacte le gouvernement britannique de manière disproportionnée. Le correspondant du *Telegraph* est tout à fait au courant de l'influence de ses écrits sur la politique nationale. Il explique quelques années plus tard dans l'une de ses chroniques : « Je lançais des cailloux au-dessus du mur du jardin. J'écoutais l'incroyable explosion de la verrière située en Angleterre, puisque tout ce que j'écrivais depuis Bruxelles avait cet incroyable et explosif effet sur le parti tory. Cela m'a donné un étrange sentiment de pouvoir. »

Un de ses articles va perturber la course en avant de l'UE. Le 3 mai 1992, il annonce que Jacques Delors envisage de mettre fin à la rotation tournante de la présidence de l'UE pour concentrer les pouvoirs à Bruxelles. *The Telegraph* titre en une : « Delors prévoit de diriger l'Europe. » La campagne danoise du « non » à la ratification du traité de Maastricht récupère son article, l'imprime et le photocopie par centaines d'exemplaires. Ses organisateurs l'utilisent comme la preuve de la volonté hégémonique de Bruxelles. Le 2 juin, les Danois rejettent le traité par 50,7 %.

De nombreux diplomates et chercheurs assurent aujourd'hui que l'article a eu un rôle prépondérant dans ce résultat. La plupart trouvent honteux les mensonges mis en avant par Boris Johnson tout au long de son séjour bruxellois. Pourtant, Sonia Purnell, qui a fui Bruxelles à peine un an après son arrivée en raison de l'impossibilité de collaborer avec Boris Johnson, reconnaît qu'il « présentait dans ses articles des idées qui circulaient au sein de l'organisation européenne comme des plans machiavéliques, tels que l'idée d'accorder plus de pouvoir au Parlement européen, d'élire le président du Conseil européen. Reste que nombre d'entre elles se sont depuis concrétisées. L'instinct de Boris était donc tout à fait juste ».

Trois mois après le référendum danois, un événement torpille John Major et modifie totalement l'équilibre des forces au sein du Parti conservateur. À 19 h 30, le mercredi 16 septembre 1992, Norman Lamont, le chancelier de l'Échiquier, s'extrait d'une des portes adjacentes du ministère des Finances. Le visage éclairé par les lumières des caméras et des flashs qui retentissent devant lui, il lance, après s'être passé la main dans les cheveux pour redresser sa frange : « Aujourd'hui a été un jour extrêmement difficile et turbulent. D'énormes flux spéculatifs ont perturbé le fonctionnement du mécanisme de taux de change européen. En tant que président du Conseil des ministres des Finances européens, j'ai réclamé la tenue d'une réunion urgente du comité monétaire à Bruxelles ce soir pour réfléchir à la manière de rétablir la stabilité du marché des taux de change. » Il explique d'une voix posée qu'« en attendant le gouvernement a conclu que le meilleur moyen de servir les intérêts du Royaume-Uni est de suspendre sa participation au mécanisme de taux de change européen ».

La bombe est tombée. Alors que le responsable des finances retourne vers ses bureaux en lançant un sourire embarrassé aux journalistes amassés devant lui, la crise s'empare du Royaume-Uni. Deux ans plus tôt, le 8 octobre 1990, Margaret Thatcher avait accepté d'intégrer le mécanisme de taux de change européen. C'est John Major, alors chancelier de l'Échiquier, qui l'en avait convaincue. Le futur Premier ministre avait établi la livre sterling à 2,95 Deutsche Marks. « Notre sort était scellé d'entrée, assure Neil Kinnock. Le taux auquel nous étions entrés était bien trop élevé. Pourquoi un tel taux ? Parce que, pour la presse et le public, le taux de change n'était alors pas une arme politique mais un symbole fort de la puissance du pays, semblable au drapeau britannique. » Ce choix initial pénalise l'économie tout entière car le gouvernement est alors obligé de garder des taux d'intérêts très élevés pour maintenir la livre à flot. À la tête du principal parti de l'opposition, Neil Kinnock assure ne rien avoir pu dire : « Après les dévaluations de la livre sterling de 1948 et de 1968, décidées par les gouvernements travaillistes, la presse et les conservateurs auraient clamé : "Le Labour est le parti de la dévaluation !" Nous étions coincés. »

La secousse provoquée par la sortie du mécanisme de taux de change européen est si sévère que le Premier ministre, John Major, rédige une lettre de démission, qu'il ne remettra finalement pas à la reine Élisabeth II.

L'humiliation ressentie par les Britanniques profite au Labour, mais également à un autre groupe d'élus : les eurosceptiques. Le député conservateur William (Bill) Cash, alors considéré comme leur meneur, s'en félicite : « Cela fait des mois et des mois que je demande notre retrait du mécanisme de taux de change européen ! » Quatre jours plus tard, le petit « oui » (50,8 % contre 49,2 %) du référendum français sur le traité de Maastricht confirme le tournant. L'équilibre des forces est renversé. « Les gens se sont rendu compte que l'euroscepticisme était une vraie force, analyse l'ancien journaliste Charles Grant. C'est alors que les eurosceptiques britanniques sont devenus des figures centrales de la politique britannique. Ils ont compris que la victoire était possible, d'une manière ou d'une autre. »

Pour enfoncer le clou, la légitimité des eurosceptiques est renforcée par le soutien inattendu de Margaret Thatcher : une fois loin du pouvoir, la Dame de fer se déclare à plusieurs reprises favorable à un retrait de l'UE. C'est à ce moment qu'elle commence à lire avec intérêt les articles de Boris Johnson, qu'elle rencontre à plusieurs reprises lors d'événements publics. « Les propos qu'elle a tenus après 1990 n'ont rien à voir avec ce qu'elle a fait et dit lorsqu'elle était Première ministre, avertit David Hannay. C'est triste, mais elle a choisi de réécrire l'histoire, comme le font souvent les gens qui quittent un poste dans des circonstances peu plaisantes, ce qui a été son cas puisqu'elle a été rejetée par ses pairs. »

Le gouvernement doit affronter des années de pressions toujours plus fortes à cause de la question européenne. Le 23 juillet 1993, à l'occasion de la ratification finale du traité de Maastricht, John Major est à deux doigts de perdre un vote de confiance. Le parti ne se rallie à lui qu'à la dernière minute, uniquement par peur de provoquer une élection anticipée qui favoriserait une probable victoire travailliste.

Deux jours plus tard, John Major est enregistré sur un plateau de télévision avant la prise d'antenne. Il discute avec le présentateur de sa stratégie interne et des difficultés que lui posent les eurosceptiques, dont certains sont membres de son gouvernement. « Le vrai problème ne concerne qu'un nombre infime de personnes, n'oubliez pas ça », explique-t-il. Il refuse pourtant de les expulser de son gouvernement, par peur de se prendre un couteau dans le dos : « D'où pensez-vous que la plupart des attaques viendraient ? Des dépossédés et de ceux qui n'ont jamais possédé. Et, par exemple, d'anciens ministres. Nous ne voulons pas de trois salopards supplémentaires à l'extérieur du gouvernement. » Cette séquence fuite le jour même dans la presse. La guerre est déclarée.

Elle se révèle d'autant plus vive que Boris Johnson continue d'empoisonner depuis Bruxelles la vie du gouvernement. À tel point que le Premier ministre finit par le considérer comme un élément nuisible. « Nous travaillons sur le cas Boris », fait savoir lors d'un déjeuner privé John Kerr, le représentant britannique à Bruxelles entre 1990 et 1995. Preuve de sa rancœur tenace, John Major tente d'empêcher Boris Johnson d'être sélectionné comme candidat conservateur pour l'élection européenne de 1994. Avant d'être raisonné par son entourage. Un fait guère étonnant, aux dires de Stephen Wall, devenu en 1991 le successeur de Charles Powell en tant que secrétaire privé des Affaires étrangères auprès de John Major. « Je n'ai jamais travaillé avec un politicien aussi fragile et même pathologiquement inquiet vis-à-vis de la presse que John Major. Nous cachions les journaux de l'après-midi. S'il lisait un article qui l'énervait, il pouvait être paralysé pendant des heures. » Les conseillers de John Major ont eu raison de l'empêcher d'intervenir : Boris Johnson ne se présente finalement pas à l'élection européenne.

L'idée d'un référendum voit alors le jour au sein du Parti conservateur. Les eurosceptiques n'envisagent pas de sortir de l'UE mais veulent que les électeurs se prononcent sur l'intégration à la monnaie unique, certains que le peuple britannique refusera de laisser tomber la livre sterling. Face au refus de John Major d'organiser un vote populaire sur cette question, le millionnaire franco-britannique James Goldsmith lance en 1994 le Referendum Party.

Boris Johnson fait partie des journalistes qui intensifient la pression sur les épaules du Premier ministre. Après cinq ans à Bruxelles, il a quitté son poste de correspondant en mars 1994. De retour dans les bureaux du *Telegraph* à Londres, il ne mollit pas dans ses critiques de l'UE et de la stratégie du gouvernement britannique, même si la récurrence de ses attaques ralentit, étant donné qu'il doit désormais traiter d'autres sujets. Il n'hésite pas à se moquer directement de John Major et de son aversion pour un référendum : « Quel est le problème, John ? Craignez-vous que les gens disent non et offensent M. Kohl [le chancelier allemand][1] ? »

Au Parlement, les révoltes se multiplient. À la suite d'un vote, le 28 novembre 1994, en faveur de la ratification et la législation de l'entrée de l'Autriche, de la Finlande et de la Suède dans l'UE, dix députés sont expulsés du Parti conservateur pour s'être prononcés contre le projet de loi et ne pas avoir suivi la ligne imposée par la direction.

Finalement, le gouvernement cède. Le 3 avril 1996, le Premier ministre s'engage à organiser un référendum sur la monnaie unique si son gouvernement devait décider d'intégrer l'euro au cours des cinq années à venir. La question posée serait : « Le Royaume-Uni devrait-il participer à la monnaie unique européenne à partir de [la date choisie] ? »

Dès lors, la machine s'emballe. Le 11 juin, le député Bill Cash présente un projet de loi pour un référendum « afin que les électeurs britanniques puissent avoir leur mot à dire avant qu'il ne soit trop tard ». Bien plus explicitement, la députée

1. *The Spectator*, 13 août 1994.

Teresa Gorman propose le 21 janvier 1997 un projet de loi pour un référendum destiné à « renégocier [l'adhésion du Royaume uni] à l'UE». «Un référendum n'est peut-être pas idéal, mais c'est la seule manière de savoir ce que les gens veulent et de leur donner un moyen d'expression», conclut-elle. La boîte de Pandore est ouverte.

Malgré ces agitations référendaires, John Major réussit à garder la situation sous contrôle avec ses partenaires européens. L'irruption de la crise de la vache folle rompt ce difficile équilibre. Lors de la révélation de la maladie en mars 1996, les pays européens bloquent l'exportation de bœuf britannique. «Lorsque l'interdiction des exportations vers l'Europe a été annoncée, j'ai reçu un appel de John Major qui m'a dit: "Nous allons perdre un vote aux Communes, donc je vais annoncer une politique de non-coopération"», se souvient Stephen Wall, qui allait être nommé quelques mois plus tard représentant du Royaume-Uni auprès de l'UE.

À partir de ce 21 mai 1996, le gouvernement britannique bloque le fonctionnement de l'UE. «Ce n'était pas véritablement une politique de la chaise vide, puisque nous étions là, mais nous posions notre veto à toutes les décisions qui requéraient l'unanimité», explique Stephen Wall. Une politique qu'il qualifie lui-même de «ridicule». Ainsi, «Michael Howard était à une réunion des ministres européens de l'Intérieur. Il en était sorti et il avait posé son veto à une idée fondée sur une proposition... britannique»! En deux mois, le Royaume-Uni bloque ainsi soixante-quatorze décisions européennes, comme l'indique presque fièrement John Major lors d'un discours aux Communes le 24 juin 1996. Deux jours plus tôt, lors du Conseil européen à Florence, il a obtenu une levée partielle de l'interdiction des exportations bovines vers l'Europe. « J'avais prévenu Londres qu'il fallait trouver une solution car nos partenaires européens allaient commencer à lancer des représailles à notre égard », raconte Stephen Wall.

Un temps, les relations s'améliorent. Mais l'embellie est de courte durée. « John Major était apprécié de ses collègues européens, mais la situation n'était pas tenable, assure le diplomate. Je me rappelle avoir dit au ministre des Affaires étrangères qu'au lieu de me faire parvenir des pages et des pages d'instructions pour les négociations du traité d'Amsterdam, il pouvait se contenter de m'envoyer une seule phrase "Dites non", car en fait nous disions non à tout ! »

Le 1er mai 1997, Tony Blair met fin à dix-huit années consécutives de pouvoir conservateur – en grande partie grâce aux eurosceptiques, qui ont ridiculisé et immobilisé pendant presque cinq ans le gouvernement dirigé par leur propre parti. Pour Boris Johnson, ce changement de régime s'avère bénéfique : il perd le statut de paria qu'il avait auprès d'une partie de la direction tory. Écartés du pouvoir, les conservateurs ont besoin de toutes leurs forces pour faire face à un Labour régénéré. Il n'est plus question de faire la fine bouche, surtout vis-à-vis d'intéressantes recrues potentielles. Aussi tempétueuses et incontrôlables soient-elles.

Chapitre 5

1997-2000
Je n'ai pas la moindre opinion politique

« J'ai combattu Clwyd South… et Clwyd South a contre-attaqué ! » Dans la voiture qui le ramène vers Londres avec son épouse, Boris Johnson tente de détendre l'atmosphère. Quelques heures plus tôt, ses premiers pas dans l'arène politique britannique se sont mal terminés : il a été submergé par le raz-de-marée travailliste de l'élection générale du 1er mai 1997.

Cette épopée politique a commencé l'été précédent. Afin de prouver sa bonne volonté et redorer son blason auprès de la direction du Parti conservateur à la suite de ses accrochages professionnels avec le Premier ministre John Major, Boris Johnson a en effet postulé pour être candidat à la circonscription galloise de Clwyd South, un bastion travailliste ingagnable. Cette étape politique est, au sein des partis britanniques, indispensable pour montrer sa dévotion à la cause mais aussi pour se former.

Pour avoir le privilège de faire campagne pendant un mois au Pays de Galles, le jeune homme – il a alors trente-deux ans – a dû bénéficier d'un coup de main de la direction de son parti. Il a d'abord envoyé sa candidature à l'association du Parti conservateur de la circonscription londonienne de Holborn and St Pancras, chargée de dresser sa liste des finalistes, mais elle est rejetée car son CV est mal tapé. Il change son fusil d'épaule et postule auprès de l'association conservatrice de Clwyd South. Il ne fournit pas de CV et sa lettre est jugée illisible par les décideurs locaux. Ils ne daignent intégrer Boris Johnson aux oraux finaux qu'après l'intervention de la direction centrale du parti, qui voit en lui l'un de ses poulains les plus prometteurs. Pour le journaliste du *Telegraph*, le plus dur est fait : il a beau partir dans tous les sens pendant son oral de sélection, son évidente intelligence, son bagou et la réputation de son employeur, surnommé *The Torygraph* (« la voix du parti tory »), lui permettent d'être sélectionné.

Durant ses six semaines de campagne, il surprend son équipe par son sens du détail sur les questions agricoles, étudiées avec sérieux. Il circule en permanence avec, dans sa voiture, trois cassettes audio *Le gallois pour les débutants*. Rapidement, il peut ainsi trinquer (« *iechyd da!* », « santé ! »), commander à manger (« *pysgod a sglodion, os gwelwch yn dda* », « un *fish and chips*, s'il vous plaît ») et entonner le début de l'hymne gallois. Utile pour faire bonne impression auprès des locaux…

Son enthousiasme le pousse même, lors d'une sortie, à donner un discours entièrement en gallois. À la fin de son intervention, grand silence. « Eh, mec, personne n'a compris un mot de ce que tu as dit, lui lance un homme au fond de la salle. Personne ne parle gallois au Pays de Galles ! » Il avouera plus tard : « Je me suis vraiment ridiculisé… » Son sens du contact et son humour lui ont pourtant permis de s'attirer les faveurs d'électeurs de tous bords. Il est même convié par un fermier à aller traire ses vaches au lever du jour. Sans qu'il se sente obligé de répondre positivement à l'invitation.

Un regard las, une moue cynique, des épaules tombantes. Les photos de l'époque l'expriment pourtant assez clairement : le jeune journaliste sait l'élection perdue d'avance. D'une part, le pays se détourne massivement des conservateurs, au pouvoir depuis dix-huit ans. D'autre part, la présence dans la campagne galloise d'un pur produit d'Eton et Oxford détonne. Pour suivre le décompte des résultats organisé dans le centre sportif de l'agglomération, il délaisse donc le traditionnel costume deux pièces des candidats tories pour une cravate rayée bleue (la couleur du parti), une veste et un jean. Son épouse Marina l'a rejoint, laissant à Londres leurs trois premiers enfants. Le verdict des urnes est sans appel : Boris Johnson s'incline face à son opposant travailliste, recueillant 9 091 voix contre 22 901 pour le député sortant (soit 23,1 % contre 58,1 %). Quelques jours plus tard, il organise une soirée chez lui pour remercier ceux qui l'ont aidé pendant ces derniers mois. Son beau-père lui a préparé des lasagnes maison pour le réconforter.

Au-delà même de cette large défaite, la situation politique ne lui donne guère de raisons d'espérer. Face à un Parti conservateur décimé par la perte de 171 de ses 343 sièges de députés se dresse un adversaire impitoyable : le New Labour, un parti travailliste mutant aux faux airs de Parti conservateur. Leurs ressemblances sont réelles : ils sont tous les deux libéraux et favorables au monde des affaires. Outre la jeunesse et l'optimisme qu'exaltent les dirigeants travaillistes, leur principal point de divergence apparent concerne l'Europe. Les Tories s'enferment dans leur euroscepticisme, sans doute pour trouver une prise face à leurs adversaires désormais au pouvoir. Le Labour est en effet devenu résolument proeuropéen. C'est une transformation radicale pour un parti dont les membres ont été opposés à l'idée de l'intégration dans une structure supranationale européenne depuis les années 1950.

Un homme, Neil Kinnock, a initié ce changement. Après la déroute du Labour lors de l'élection générale de 1983, qui réalise avec 27,6 % des votes sa pire performance au cours d'une élection générale depuis 1918, il se lance dans la course à la succession de son ami Michael Foot en promouvant « un accord carré pour la Grande-Bretagne, un accord juste pour l'Europe ». À ses yeux, l'Europe est devenue un outil capable d'atténuer, voire de contrer, la politique ultralibérale déployée par Margaret Thatcher, à savoir « l'arrêt des investissements publics et des vagues de privatisations tombées aux mains de fonds de pension et d'investisseurs professionnels, une finalité très éloignée de son slogan, "le capitalisme du peuple" ».

Populaire, Neil Kinnock est élu dès le premier tour de scrutin avec 71,3 % des votes des militants. Il faudra toutefois « six ans pour que le parti arrive à prononcer le mot "Europe" sans cracher par terre et qu'il devienne proeuropéen ». Pour ce faire, Neil Kinnock supplie l'aile gauche de son parti : « Laissons l'idéologie à Thatcher. Battons-nous pour les emplois et les conditions de travail, et attirons les investissements. »

Afin de convaincre les syndicats, très influents, qui se découvrent un goût pour l'Europe à la suite du renouveau de leurs contacts avec leurs homologues continentaux, le responsable du Labour s'appuie sur un personnage omniprésent sur la scène européenne : le Français Jacques Delors. À partir de 1983, alors que ce dernier est ministre de l'Économie avant de présider en 1985 la Commission européenne, les deux hommes se rencontrent trois ou quatre fois par an.

Le 8 septembre 1988, Jacques Delors est invité pour intervenir au congrès annuel du Trade Union Congress (TUC), la principale plateforme syndicale britannique, qui se tient à Bournemouth, sur la côte sud de l'Angleterre. En anglais mais avec un accent français à couper au couteau, il développe sa vision de la dimension sociale du projet européen. « Il serait inacceptable pour l'Europe de devenir une source de régression sociale », clame-t-il. Il fait miroiter « la participation des employés ou de leurs représentants » dans la direction des entreprises européennes, « un dialogue social productif et concret au niveau européen » et non plus seulement au niveau national, mais aussi des levées de fonds importantes pour « les régions en déclin industriel ».

Les congressistes sont conquis. Le secrétaire général du Transport and General Workers' Union (TGWU), le premier syndicat du pays, le reconnaît : « À court terme, nous n'avons aucune chance d'obtenir ces avancées à Westminster. La seule option sur la table se situe dans une ville nommée Bruxelles. » Ils chantent même « Frère Jacques » en l'honneur de leur nouveau héros.

Le changement de ton des travaillistes à propos de l'Europe ne leur suffit pas pour gagner la confiance des Britanniques. Après une défaite en 1987 face à Margaret Thatcher, Neil Kinnock est une nouvelle fois battu en 1992, cette fois-ci par John Major. John Smith lui succède à la tête du parti, mais il décède subitement en 1994, et c'est l'un de ses protégés, Tony Blair, qui reprend le flambeau. Lui aussi a oscillé sur la question européenne. Lors de la campagne pour l'élection générale de 1983, il avait soutenu la volonté de son parti de négocier « le retrait de la CEE, qui a épuisé nos ressources naturelles et détruit des emplois ». Et même s'il assure encore en 1995 qu'il n'acceptera pas « tout ce qui provient de Bruxelles », le mirage de l'Europe sociale l'a fait changer d'avis dès 1989.

Cinq ans plus tard, Tony Blair est ainsi devenu l'un des principaux partisans de l'UE au sein du Labour. Pour son premier discours en tant que chef du parti, il affirme au congrès annuel que « l'intérêt de la Grande-Bretagne est d'être à la pointe du développement de la nouvelle Europe ». « Tant qu'il est sous ma direction, je ne laisserai jamais ce pays être isolé ou maintenu en retrait de l'Europe », promet-il encore. Il prend le contrepied de la politique énoncée par son prédécesseur conservateur, John Major.

Seulement quatre jours après le raz-de-marée électoral du 1er mai 1997, le ministre des Affaires étrangères, Robin Cook, confirme que « la Grande-Bretagne fera le premier pas pour adopter le chapitre social », comme le Labour s'y était engagé dès 1991. « Nous n'acceptons pas que les Britanniques soient des citoyens de seconde classe avec moins de droits que les employés du continent. » Il se félicite d'un « nouveau départ en Europe pour la Grande-Bretagne, qui travaille avec les autres États membres en tant que partenaire, pas en tant qu'adversaire ».

Boris Johnson a senti le vent tourner sur la question européenne. S'il est devenu célèbre grâce à sa critique de la CEE puis de l'UE, il se détache peu à peu de cette image d'eurosceptique. Jusqu'à présent, il n'avait fait part de son appréciation positive de l'organisation européenne que dans des cercles privés, comme avec son patron du *Telegraph*, Charles Moore. Il profite donc de sa campagne galloise pour commencer à se défaire de sa réputation. Lors d'une discussion avec des fermiers à propos des subventions européennes, il lance ainsi avec nonchalance : « Écoutez, je suis plutôt proeuropéen en fait. Je veux assurément une communauté européenne où chacun puisse sortir et consommer des croissants, boire un délicieux café, apprendre des langues étrangères et faire l'amour avec des femmes étrangères. »

Prononcée par quelqu'un d'autre, cette phrase serait considérée comme une boutade. Mais Boris Johnson n'est pas n'importe qui. Depuis des années déjà, il a compris que l'humour est un moyen de faire passer des messages forts tout en permettant de se rétracter et de nier avoir été sérieux en cas de ruée dans les brancards de l'opinion. Ici encore, cette clownerie lui a permis de tester son auditoire gallois. Et sans doute de comprendre que l'UE est peut-être plus appréciée en dehors des cercles de Westminster qu'il ne l'imaginait, et ce, même par des fermiers, électeurs traditionnels de son parti.

Très au fait des affaires européennes, Boris Johnson sait que l'arrivée au pouvoir des travaillistes marquera la fin de sept années de relations tendues entre Londres et Bruxelles. Le changement d'équipe au 10 Downing Street est en effet accueilli avec soulagement par les Européens. Jonathan Powell, le frère du secrétaire privé des Affaires étrangères de Margaret Thatcher, a été nommé chef de cabinet de Tony Blair dès son élection à la tête du Labour en 1994. Il se souvient d'une anecdote marquante : « À la fin d'une cérémonie, le chancelier allemand Helmut Kohl s'est approché de moi. Il m'a serré la main en me disant : "Ah, voilà le gentil Powell, pas le méchant Powell." Parce qu'évidemment il connaissait mon frère Charles… Il y avait un sentiment de soulagement et même de célébration au sein de l'UE après l'élection de Tony. »

Si la situation se présente bien pour le Labour, la thématique soulevée par Boris Johnson tout au long de ses cinq années bruxelloises va se dresser devant le Royaume-Uni et dominer la décennie à venir : l'adoption ou non de la monnaie unique. Stephen Wall, nommé en 1995 représentant britannique permanent auprès de l'Union européenne, prévient le nouveau gouvernement : « Les Européens étaient assurément contents de voir les conservateurs quitter le pouvoir. » Cela ne suffit pourtant pas, insiste-t-il. « Au-delà de la rhétorique du changement, nos partenaires attendaient d'en voir la substance. Ils observaient notre réaction vis-à-vis de l'euro, qui était à leurs yeux le grand test. »

Les diplomates ont probablement encore en tête l'entretien publié par le tabloïd *The Sun* le 17 avril 1997, soit deux semaines avant l'élection générale, intitulé : « Tony Blair, mon amour de la livre sterling. » Le leader travailliste y explique : « Je sais exactement ce que les gens ressentent quand ils voient la tête de la reine sur un billet de 10 livres. Je le sens moi aussi. Il y a un lien très émotionnel à la livre sterling que je comprends totalement. [...] Ce n'est pas seulement une question d'économie. Cela concerne aussi la souveraineté de la Grande-Bretagne et des questions constitutionnelles. » Il répète ainsi sa promesse d'organiser un référendum si, en tant que Premier ministre, il décidait de rejoindre la monnaie unique. Cette prise de position, qui pourrait très bien avoir été écrite par Boris Johnson, a été directement motivée par le propriétaire du quotidien, le célèbre Rupert Murdoch. Celui-ci lui a dit quelques jours plus tôt : « La seule chose qui m'inquiète, Tony, c'est votre position sur l'Europe et la monnaie unique. Ce projet ne fonctionnera pas et ce sera mauvais pour le Royaume-Uni. » Un de leurs proches collaborateurs confirme la rumeur qu'« un pacte faustien, non écrit et non oral, entre Murdoch et Blair a bien eu lieu ». Pour preuve : le lendemain, *The Sun* annonce en une son soutien à Tony Blair contre John Major lors de l'élection générale prévue deux semaines plus tard.

Malgré leurs doutes, les cercles européens s'emballent vite pour les nouveaux venus. John Peet, correspondant à Bruxelles pour *The Economist* entre 1996 et 2000, se souvient ainsi que, lors du premier sommet européen auquel Tony Blair a participé, aux Pays-Bas, on leur disait : « Vous allez rejoindre la monnaie unique ! » Selon lui, « il y avait une véritable certitude mêlée à de l'enthousiasme ».

Cet enthousiasme est sévèrement douché le 27 octobre 1997. Cinq mois après l'arrivée du Labour au pouvoir, le chancelier de l'Échiquier, Gordon Brown, réclame que le Royaume-Uni passe cinq tests pour vérifier la pertinence de son intégration à l'euro, probablement le chantier le plus important qui guette le pays.

« Peut-il y avoir une convergence durable entre le Royaume-Uni et les économies de la monnaie unique ? Y a-t-il suffisamment de flexibilité pour supporter un changement économique ? L'effet sur l'investissement, l'impact sur notre industrie des services financiers. Est-ce bon pour l'emploi ? » se demande le responsable des finances. Même si Gordon Brown assure que le gouvernement travailliste soutient par principe l'entrée dans l'euro, jugée positive pour le pays, il n'estime donc pas le moment venu. Il prévient la Chambre des communes : « Nous notifierons à nos partenaires européens, en accord avec le traité de Maastricht, que nous ne demanderons pas à adhérer à la monnaie unique le 1er janvier 1999. » Il se justifie dans ses mémoires : « Les Britanniques avaient besoin de savoir que nous avions véritablement testé la viabilité de l'euro pour la Grande-Bretagne avant de décider. »

Stewart Wood appuie ces assertions. Aujourd'hui membre de la Chambre des lords sous l'étiquette du Labour, il travaillait alors au Trésor, avant de devenir l'un des conseillers de Gordon Brown. « La mise en place des cinq tests en 1997, puis leur suivi, faisait partie de l'obsession de Gordon de rassurer les Britanniques. Il ne voulait pas donner l'impression de trahir l'intérêt du pays en rejoignant l'euro par simple idéologie. » Surtout que l'erreur de 1990, lorsque les conservateurs avaient fait entrer le pays dans le mécanisme de taux de change européen à un taux catastrophique, reste ancrée dans les esprits. Le doute sur l'objectivité de Gordon Brown persiste néanmoins. Certains l'accusent d'avoir créé les cinq tests pour légitimer un choix éminemment politique et personnel, qui lui permettait avant tout de marquer sa différence avec Tony Blair, grand partisan de l'euro.

Boris Johnson fait partie des dubitatifs. Au début du mois de janvier 2000, il se dirige vers le 1 Carlton House Terrace, la résidence du ministre des Affaires étrangères, située en bord de Tamise, à quelques encablures de Trafalgar Square et de Piccadilly Circus. Il s'y rend en tant que rédacteur en chef du *Spectator*, l'hebdomadaire politique conservateur le plus lu. Il a en effet été nommé six mois plus tôt à ce poste couru.

Cette promotion n'est pas particulièrement étonnante. À son retour de Bruxelles en 1994, il est devenu directeur adjoint de la rédaction et chef des commentateurs politiques du *Telegraph*. Et ce, malgré une discussion un peu surréaliste avec Richard Ehrman, l'un des principaux éditorialistes du journal. « Bienvenue à la maison ! C'est génial, tu vas être chargé d'éditoriaux politiques », le félicite celui-ci. L'ancien correspondant bruxellois n'en mène pourtant pas large :

« Je suis un peu inquiet, je n'ai pas la moindre opinion politique.

— Tu dois bien en avoir.

— Je suis contre l'Europe et contre la peine de mort.

— Oh, je suis sûr que tu en feras quelque chose[1]. »

1. Andrew Gimson, *Boris. The Rise of Boris Johnson*, *op. cit.*

Sa progression se poursuit malgré l'irruption régulière d'obstacles qui auraient stoppé net nombre de personnes moins persévérantes. Et moins habiles. L'affaire Darius Guppy en est l'exemple le plus marquant. En 1995, une discussion téléphonique de Boris Johnson avec l'un de ses plus proches amis d'Eton et Oxford, enregistrée par un enquêteur privé en 1990, est rendue publique. Lors de leur échange, Darius Guppy lui demande l'adresse d'un journaliste de *News of the World* qui enquête sur lui. Afin de l'éloigner, il entend s'organiser pour que des gens « lui filent une raclée ». Boris Johnson lui demande alors à quel point il sera blessé.

« Il n'aura pas de membre cassé ou de bras cassé, il ne sera pas envoyé en soins intensifs ou quelque chose comme ça, lui promet Darius Guppy. Il aura probablement un œil au beurre noir et une côte cassée, ou quelque chose comme ça.

— Une côte cassée ? Si tu foires tout et s'il suspecte que je suis impliqué… OK, je le ferai, Darry, j'ai dit que je le ferai et je le ferai. Ne t'inquiète pas. »

Lorsque l'enregistrement est rendu public – la direction du *Telegraph* avait déjà été mise au courant de manière anonyme en 1993 –, Boris Johnson se défend : il n'a jamais fourni l'adresse à Darius Guppy, le journaliste en question n'a jamais été tabassé et tout cela n'était qu'« une sorte de blague ». Cette ligne de défense, à laquelle il aura souvent recours, lui permet de se sortir d'affaire. Une affaire dans laquelle il s'est embourbé tout seul à cause de son incapacité chronique à dire non, qui deviendra de plus en plus évidente les années suivantes.

C'est grâce à la télévision que Boris Johnson se fait connaître du grand public. Il est invité à partir de 1998 à l'émission de divertissement *Have I Got News For You*. Durant chacune de ses huit participations, il n'hésite pas à jouer le rôle de punching-ball des chroniqueurs, s'excuse constamment, baisse la tête en guise de remords en murmurant « non, non, non ». Le public adore sa repartie, sa bonne humeur, son mélange d'humilité et d'aplomb. Son succès est tel que d'autres programmes le réclament. Le voilà devenu une vedette du petit écran.

Dès lors, Boris Johnson laisse la place à Boris. Boris, comme l'ami de toujours, comme le voisin à qui l'on fait confiance, comme le compagnon de pub à qui l'on raconte sa vie. Par son naturel, son imprévisibilité, son humour, il fait voler en éclats la barrière qui séparait l'élite politique de Westminster du reste de la population. Il séduit des gens de toutes les classes sociales, de tous les recoins de l'Angleterre, de tous bords politiques. L'effet est particulièrement visible à l'heure où le politiquement correct s'empare du Royaume-Uni. Aux yeux des Britanniques, il y avait Diana, décédée quelques mois plus tôt à Paris ; voilà désormais Boris.

Ainsi, lorsque le propriétaire du *Spectator*, Conrad Black, s'arrête sur son nom lors de l'été 1999 pour lui confier la direction de son magazine, il lui pose une condition : qu'il mette fin à ses ambitions politiques. L'occasion est trop belle pour être refusée, Boris Johnson accepte. Même s'il n'en pense sans doute pas un mot.

C'est donc dans ses nouveaux habits de « rédacteur en chef » qu'il rend visite au début du mois de janvier 2000 au ministre des Affaires étrangères, Robin Cook. L'objet de leur entretien : la monnaie unique européenne. Ce sujet lui est cher. Depuis dix ans, Boris Johnson s'oppose à la création de cette monnaie unique. Comme ses contemporains britanniques, dont le Premier ministre John Major, il n'a initialement pas cru le projet réalisable. Confronté à son inéluctabilité, il n'a ensuite cessé d'en attaquer la viabilité.

L'entretien permet à Boris Johnson d'ironiser, dans un article écrit à la suite de cette rencontre, sur ce qu'il estime être un double discours du gouvernement : « Un jour nous apprenons que Gordon Brown s'est écarté de l'euro et découvre les joies de gérer une économie britannique solide et indépendante. Le jour suivant, Robin Cook apparaît à Lisbonne et nous dit que nous devrions prendre notre courage à deux mains et mettre fin à la livre sterling ; et le jour d'après, Alastair Campbell [le stratège de Tony Blair] assure qu'il n'existe aucun projet d'envoyer le pays dans l'euro aussi peu de temps après l'élection. » Le journaliste insiste : « Mon Dieu, mais que fait le gouvernement à propos de la monnaie unique ? Voilà la plus importante décision à laquelle devra faire face un gouvernement de l'après-guerre ; le Labour a une majorité de 180 sièges au Parlement ; nous savons qu'ils aimeraient l'intégrer ; et qu'avons-nous ? Dérive, tremblement, imprécision, indécision et flux. »

Au regard du compte-rendu de son entrevue avec Robin Cook, il est évident que Boris Johnson ne croit pas en l'objectivité du gouvernement sur cette question. Il redemande inlassablement à son interlocuteur les raisons du frein posé à l'adoption de la monnaie unique. Non qu'il soit favorable à l'euro, bien au contraire. Il entend uniquement dénoncer la politisation de ce choix majeur. Robin Cook lui répond sobrement : « Ce serait un défi d'harmoniser les taux d'intérêt avec l'Europe, à l'heure actuelle. » Ce qui a le don d'énerver Boris Johnson : « Foutaises ! Le vrai problème, c'est que les gens ne veulent pas de l'euro et qu'ils y sont de plus en plus hostiles. »

Boris Johnson ne le sait pas encore, mais trois ans plus tard le chancelier de l'Échiquier Gordon Brown et le Trésor entérineront leur point de vue initial. Une cravate rutilante autour du cou, les cheveux déjà grisonnants et bouclés, Gordon

Brown dévoile le 9 juin 2003, de sa voix grave aux sonorités tout écossaises, le rapport rédigé par son ministère. Même si d'énormes avancées ont été réalisées depuis 1997, trois des cinq tests ne sont pas concluants. Conséquence : le Royaume-Uni n'intégrera pas la zone euro.

Cette issue ne surprend pas grand-monde. Depuis 1995, l'économie britannique affiche de meilleurs résultats que celle des États continentaux. La croissance enregistrée par le Royaume-Uni est chaque année supérieure à celle de l'UE – à l'exception de l'année du millénaire. La comparaison est encore plus avantageuse vis-à-vis de l'Allemagne et de la France, les deux grandes économies européennes. Pourquoi le responsable des finances prendrait-il le risque d'inverser cette tendance ?

Le jeu en vaut d'autant moins la chandelle qu'il sait que tous les tabloïds, férocement eurosceptiques, sont prêts à dégainer contre le gouvernement. Et puis, l'arrivée attendue, moins d'un an plus tard, de dix nouveaux pays au sein de l'organisation européenne – l'une des priorités de Londres depuis quinze ans – ouvre des perspectives commerciales très prometteuses. Il ne semble vraiment pas nécessaire de trop s'engager.

Boris Johnson avait pourtant sûrement raison de douter de la sincérité et de l'objectivité de Gordon Brown. À la fin de son discours aux Communes du 9 juin 2003, le responsable travailliste des finances assure qu'« une fois que ces tests cruciaux seront remplis [...] ce gouvernement estime qu'il est de l'intérêt national de recommander aux Britanniques de voter “oui” dans un référendum pour rejoindre la monnaie unique ». Il annonce des mesures pour s'assurer que les trois tests manquants seront rapidement accomplis et prévoit surtout la publication d'un projet de loi en vue de l'organisation d'un référendum.

Aux côtés de Tony Blair, il confirme ce projet dès le lendemain en conférence de presse. Les deux hommes prévoient un tour du pays « pour parler de l'Europe et préparer le référendum », se souvient Stephen Wall, alors de retour de Bruxelles et à la tête du secrétariat européen au sein gouvernement. « J'étais totalement paniqué. Je suis allé voir Jonathan Powell en le prévenant que nous n'avions jamais entendu parler de ce projet et n'avions rien de prêt. Il m'a répondu : "Ne sois pas idiot, il n'y aura pas de tournée." Et, effectivement, le tour n'a jamais eu lieu. »

Le couperet est donc tombé : le Royaume-Uni n'abandonnera pas la livre sterling. Cette décision se révélera lourde de conséquences. S'il avait rejoint l'euro, le pays aurait été irrémédiablement accroché à l'UE, sans réelle possibilité de s'extraire de l'organisation européenne. Le Brexit n'aurait donc sans doute jamais eu lieu.

Pour les conservateurs, cette décision est dure à encaisser politiquement : ils n'ont toujours pas de prise sur Tony Blair. Néanmoins, sur le fond, la plupart d'entre eux s'en réjouissent. Au premier rang desquels, Boris Johnson. Pourtant, il n'en fait pas publiquement état. Ni dans son magazine, où il préfère attaquer le Premier ministre travailliste sur sa participation et sa gestion de la guerre en Irak à partir de mars 2003, ni à la Chambre des communes, qu'il a rejointe deux ans auparavant. Eh oui, malgré sa promesse au propriétaire du *Spectator*, Conrad Black…

Chapitre 6

2000-2004
Je suis en quelque sorte un peu fan de l'UE

« Nous nous sommes progressivement faits à l'idée que le Premier ministre est un menteur : il ne s'enquiquine pas à s'assurer de la véracité de ce qu'il énonce lors de ses apparitions dans les émissions d'actualité. » Boris Johnson ne fait pas dans la dentelle et profite de sa récente promotion en tant que nouveau rédacteur en chef du *Spectator* pour égratigner l'intouchable Tony Blair. Ce jugement peu amène apparaît dans l'une de ses premières chroniques, publiée le 2 octobre 1999.

Comme si cette première accusation n'avait pas suffi, il reproche de nouveau à Tony Blair de trahir la vérité quelques semaines plus tard : « Ce qui [le] rend si intéressant et si engageant, c'est que son mensonge semble avoir peu d'importance ; et comme cela compte si peu pour lui, cela ne semble pas compter beaucoup pour nous, l'électorat au sens large. » Il insiste sur le fait que la plupart des politiciens sont souvent prêts à tout pour ne pas être déclarés coupables d'avoir menti. Le leader travailliste, lui, n'est à ses yeux pas animé des mêmes sentiments. « Ce qui est fascinant avec Blair, c'est qu'il ne cherche même pas à couvrir ses mensonges, il les répète.

[...] Blair a découvert une chose: plutôt que de chercher à savoir si quelque chose est vrai ou faux, les gens ont tendance à croire ce qu'ils pensent au fond d'eux.»

Ces chroniques sont captivantes. À première vue, ce sont des écrits à charge contre Tony Blair. Rétrospectivement, elles apparaissent comme une tentative d'analyse du succès de celui qui domine à l'époque de la tête et des épaules la politique britannique. Une analyse que leur auteur entend bien utiliser pour l'appliquer lui-même. En effet, Boris Johnson dirige son magazine de manière assez anarchique – ou laxiste, selon les points de vue –, laissant ses journalistes très libres, faisant intervenir des éditorialistes de différents bords politiques, notamment sa sœur Rachel, devenue journaliste, et son père Stanley. Malgré la promesse faite à son patron, Conrad Black, il ne peut écarter de son esprit l'idée d'entrer en politique. Avant sa première campagne de 1997, il s'était ainsi justifié de son tournant politique auprès de Nick Robinson, son ancien camarade d'Oxford qui était alors journaliste à la BBC: «Regarde, en tant que journaliste, tu ne fais rien changer. Les mecs [au Parlement], eux, font bouger les choses.»

Boris Johnson postule notamment pour devenir le successeur de l'ancien ministre Michael Heseltine, jeune retraité, dans la circonscription londonienne de Henley-on-Thames. «Nous avons découvert moins de deux mois [après l'avoir nommé en juillet 1999] qu'il avait cherché à être sélectionné dans deux circonscriptions, confiera plus tard Conrad Black. Nous avons pensé que Boris faisait du Boris. Autrement dit, qu'il faisait ce qu'il voulait, tout en partant du principe que, grâce à sa personnalité désarmante, il n'aurait pas à en subir les conséquences[1].»

---

1. Sonia Purnell, *Just Boris. The Irresistible Rise of a Political Celebrity*, *op. cit.*

Le pari de Boris Johnson est couronné de succès, comme en témoigne sa rencontre, quelques jours plus tard, avec Conrad Black. Il admet que son comportement est «scandaleux». Il reconnaît même que la direction du journal est en droit de le licencier. Mais il affirme que les occasions d'être candidat se sont présentées après qu'il a donné sa promesse, qu'il veut «plus que tout» être député. Selon Conrad Black, son employé vise à le convaincre qu'il peut jouer sur les deux tableaux.

Mission accomplie. Le patron du *Spectator* accepte de le voir cumuler les deux fonctions. Il n'est pas dupe, mais il espère que la progression de la carrière politique de Boris Johnson donnera plus de visibilité à son magazine. Surtout que Boris Johnson est devenu l'homme incontournable du journal: depuis son arrivée à la tête de la rédaction quelques mois plus tôt, les ventes ont progressé de 10 % et le journal dégage des bénéfices. Cette réussite n'est toutefois pas uniquement liée à ses décisions. Boris Johnson est encadré par une responsable des ventes, un responsable opérationnel et une secrétaire. Expérimentés et efficaces, ceux-ci compensent ses absences souvent inexpliquées, toujours imprévisibles, comme en témoignent d'anciens collègues.

En attendant, le rédacteur en chef a l'occasion de faire ses armes en politique. Grâce à son bagage sur l'Europe, il est sélectionné parmi 202 postulants pour être le candidat officiel du Parti conservateur pour la circonscription de Henley-on-Thames. C'est la circonscription idéale: elle est restée aux mains des conservateurs depuis sa création en 1885, en dehors d'un intermède libéral entre 1906 et 1910. Quasi certain d'être élu, Boris Johnson appelle Charles Moore, alors rédacteur en chef du *Daily Telegraph*, pour lui demander conseil sur la manière de gérer Conrad Black. À la question de Charles

Moore « Que veux-tu, Boris ? », il répond honnêtement, de la façon la plus imagée et la plus claire qui soit : « *I want to have my cake and eat it.* » Ce que l'on pourrait traduire par : « Je veux le beurre et l'argent du beurre. » Cette phrase est symptomatique de son ambition, mais surtout de son sentiment d'impunité : rien ne lui est interdit, aucune règle ne s'applique à lui et tout est contournable.

Lorsque Tony Blair officialise début mai la date de l'élection générale, Boris Johnson délègue la direction du magazine à son adjoint. Le 7 juin 2001, après une campagne où son statut de star du petit écran lui attire les sourires des électeurs, il est élu assez facilement, même si le vote conservateur a légèrement diminué par rapport à l'élection précédente.

Voilà donc Boris Johnson projeté à la Chambre des communes, scène de débats et d'affrontements politiques mythiques. Il est d'ailleurs, et de loin, le visage le plus connu de la nouvelle promotion de députés conservateurs. Le novice est, sous de nombreux aspects, le pendant conservateur du Premier ministre, Tony Blair. Il est jeune, charmant et extrêmement charismatique. Comme lui, il parvient à convaincre des électeurs qui ne voteraient pas forcément pour ses couleurs en temps normal. Ces deux animaux politiques possèdent un autre point commun : l'Europe. Leur capacité à jouer de multiples variations sur la question européenne est tout à fait remarquable.

S'il a résolument opté pour la carte proeuropéenne à son arrivée à la tête du Labour, Tony Blair veut être certain de passer la ligne d'arrivée qui mène au 10 Downing Street. Le traumatisme de la défaite surprise de Neil Kinnock en 1992 demeure vif. Or il connaît le poids des journaux à grand tirage, quasiment tous résolument eurosceptiques. L'héritage de Boris Johnson est plus que jamais présent. Le chef travailliste redoute particulièrement *The Sun*, détenu par le magnat Rupert Murdoch, capable de faire tourner presque à lui tout seul une élection. C'est pourquoi en juillet 1995 Blair se rend en Australie, à la conférence annuelle de sa firme, News Corporation.

En échange du soutien de ses médias, Tony Blair s'est montré très mesuré dans ses promesses vis-à-vis de l'UE, la bête noire de Rupert Mordoch. Dans son programme officiel pour l'élection du 1er mai 1997, le Labour s'engage à « signer le chapitre social », dont la perspective avait fait enrager la Dame de fer et à propos duquel John Major avait obtenu le droit d'opt-out, mais il annonce aussi sa volonté de « donner à la Grande-Bretagne le leadership dont l'Europe et la Grande-Bretagne ont besoin » grâce à une réforme de l'UE. Enfin, le document reprend les trois priorités établies depuis Margaret Thatcher : « une rapide réalisation du marché unique », « une priorité haute en faveur de l'élargissement » et « une réforme urgente de la politique agricole commune ». Preuve, s'il en est, de l'inquiétude des stratèges travaillistes et de la suspicion générale des Britanniques vis-à-vis de l'organisation européenne : le centre de réflexion cofondé par Charles Grant, l'ancien correspondant de *The Economist* à Bruxelles et proeuropéen notoire, est nommé « Centre pour la réforme européenne ».

La victoire en poche, le dirigeant travailliste se présente ensuite comme « le plus proeuropéen des Premiers ministres britanniques », selon les mots de son stratège et porte-parole de 1994 à 2003, Alastair Campbell. Et il le fait avec talent. Le diplomate Stephen Wall, à l'époque ambassadeur britannique auprès de l'UE, témoigne : « Blair savait qu'il devait devenir ami avec les autres chefs de gouvernement ou d'État. Et il était bon à cela, il avait un instinct naturel. À ses débuts, il s'impliquait ainsi beaucoup dans le travail de l'ombre lors des sommets. Alors que la tendance avant lui était d'arriver le jour de la réunion et d'être content de prendre l'avion ou le train du retour. »

Ce changement n'est évidemment pas innocent. « Tony Blair avait la volonté de jouer un plus grand rôle au sein de l'Europe », se souvient Jonathan Powell. Plus largement, la nouvelle direction britannique espère changer la dynamique européenne. « Jusqu'à présent, le Royaume-Uni avait été exclu de l'équipe de direction. » À ses yeux, cette situation avait influé sur l'opinion publique nationale. « L'une des raisons pour lesquelles les Britanniques étaient négatifs vis-à-vis de l'Europe est que l'Europe était quelque chose qui leur était imposé plus que quelque chose qu'ils contrôlaient. L'objectif de Tony était donc de s'installer à la principale table de décision de l'UE. »

Cette nouvelle conjoncture confirme à Boris Johnson qu'il est temps d'évoluer. Il avait déjà émis de premiers commentaires positifs sur l'UE lors de sa campagne galloise, sans qu'ils soient remarqués à l'époque. Sa première action de député de la Chambre des communes va ainsi surprendre ses plus fervents soutiens. Elle concerne l'élection du chef de parti. En effet, William Hague, à la tête des Tories depuis 1997, a été balayé par Tony Blair. Il démissionne donc. Deux candidats sont en lice pour lui succéder : Kenneth Clarke et Iain Duncan Smith. Kenneth Clarke a été un ministre europhile, tandis que Iain Duncan Smith est, lui, bien plus en accord avec la base de son parti. Pourtant, Boris Johnson décide d'apporter un double soutien à Kenneth Clarke : le sien et celui du *Spectator*. Son favori obtient les suffrages de la majorité des députés tories, mais pas des militants. Iain Duncan Smith est élu avec 60,7 % des votes des adhérents.

Il ne fait guère de doute que Boris Johnson a profité de cette opération de communication pour changer d'image. Il veut se départir de celle qui lui colle alors à la peau : un Tory beaucoup trop eurosceptique et idéologue. Il est temps pour lui de devenir plus consensuel. C'est la raison pour laquelle il écrit peu après dans son livre *Friends, Voters, Countrymen* que les intérêts du pays « sont dans l'ensemble bien servis par [son] adhésion » à l'UE et qu'un départ de l'organisation signifierait « une perte d'influence ». Ou qu'il affirme lors d'un débat aux Communes le 21 mai 2003 : « Je ne suis en rien un eurosceptique. Je suis en quelque sorte un peu fan de l'UE. Si nous n'en avions pas déjà une, il faudrait inventer quelque chose de semblable. »

Ces ondes optimistes vis-à-vis de l'UE ne vont pourtant pas durer longtemps. Comme d'habitude au Royaume-Uni. Le Premier ministre, Tony Blair, essaie tout d'abord de s'insérer dans la relation franco-allemande. Sans succès. « Français et Allemands pensaient que nous voulions rompre la relation franco-allemande », explique Jonathan Powell. Face à ces réticences initiales, le responsable britannique ne persévère pas. Il est déjà très occupé par d'autres sujets diplomatiques. Au menu : la conférence des chefs d'États et de gouvernement du Commonwealth en octobre 1997, la conférence de l'OTAN un mois plus tard, la présidence de l'UE lors des six premiers mois en 1998 et celle du G7 en 1998, et les accords de paix avec l'Irlande en 1998 et avec le Kosovo en 1999.

Les attentats du 11 septembre 2001 changent la donne. Le 20 octobre, un mois après la chute des tours jumelles new-yorkaises, le président français, Jacques Chirac, accompagné de son Premier ministre, Lionel Jospin, organise une rencontre avec Gerhard Schröder et Tony Blair en marge du sommet européen de Gand, en Belgique. La discussion se tient à l'abri des regards, dans les soubassements d'une chapelle. « C'était cacophonique, car tous les trois parlaient en même temps, avec trois interprètes différents, dans une petite pièce surchauffée, se souvient Jonathan Powell. Malgré ces conditions, c'était pour nous un moment absolument majeur : pour la première fois, un directoire à trois avait lieu et, après de nombreuses tentatives, nous étions enfin intégrés à la direction de l'UE. »

Désireux de profiter de cette ouverture, Tony Blair convie dans la foulée ses deux partenaires à dîner au 10 Downing Street, provoquant la colère de Silvio Berlusconi, qu'il est donc obligé d'inviter aussi. « Dès que cela a été officiel, Aznar [le président espagnol] a appelé pour être inclus », poursuit Jonathan Powell. Le président de la Commission européenne, Javier Barroso, et le Premier ministre belge, qui occupe la présidence tournante de l'UE, Guy Verhofstadt, s'invitent à leur tour. « Le Premier ministre néerlandais, Wim Kok, a appelé alors que le dîner avait déjà débuté, si bien que n'ayant plus d'options, les cuisiniers lui ont donné une version végétarienne du repas. Cela n'a pas du tout fait rire Chirac : il a abandonné l'idée du directoire. » La guerre en Irak enfonce un dernier clou dans le cercueil de ce projet : Tony Blair, « le plus proeuropéen des Premiers ministres britanniques », soutient les États-Unis face à l'Europe. La messe est dite.

Aux yeux de Jonathan Powell, cet échec a considérablement influencé la politique nationale. « Si le directoire à trois avait fonctionné, l'attitude des Britanniques envers l'UE aurait changé. Les gens nous auraient vus aux commandes, ce qui nous aurait rendu la vie beaucoup plus simple pour valoriser l'Europe en Grande-Bretagne. On nous reproche en effet de ne pas y être parvenus, et je pense que ces critiques sont méritées. Mais, dans ces conditions, cela n'était pas facile à réaliser, d'autant que nous nous battions en permanence contre une presse très eurosceptique. »

Tout n'est pourtant pas aussi simple. Denis MacShane, ministre de l'Europe de 2002 à 2005, pointe du doigt son Premier ministre: «Je lui ai fait ce reproche à plusieurs reprises: "Tony, tu fais de magnifiques plaidoyers en faveur de l'Europe à Bruxelles, à Strasbourg, à Madrid et à Paris. Quand prononceras-tu les mêmes discours chez nous?" Immanquablement, sa réponse était: "Que puis-je faire avec ces foutus tabloïds?"» L'ancien ministre, aujourd'hui auteur spécialiste du Brexit, dit comprendre ces réticences, mais souligne que «le devoir d'un grand dirigeant est de ne pas être dominé par les tabloïds». Il se souvient aussi très clairement d'un épisode lors duquel «Alastair Campbell avait décidé de passer un savon au ministre des Affaires étrangères, Robin Cook. Il l'avait convoqué avec celui qui rédigeait ses discours et leur avait dit: "C'est terminé toute cette merde sur l'Europe, on n'en veut plus!"».

Alastair Campbell estime que «Tony Blair a rendu les Britanniques plus positifs vis-à-vis de l'Europe»: «Nous avons fait accepter au public que nous sommes un pays européen.» Dans ses carnets, il indique cependant noir sur blanc avoir atténué ou tout simplement effacé des passages trop proeuropéens de certains discours ministériels. Alors aveuglé par une stratégie à très court terme de maintien au pouvoir, il est sans doute allé trop loin. «Nous sommes devenus un peu complaisants: nous avons sous-estimé ceux qui voulaient sortir de l'UE. Mais rappelez-vous qu'à l'époque ils étaient à la marge. Tout ce que l'immense majorité des eurosceptiques cherchait alors était une relation différente avec l'UE.»

Boris Johnson est désormais à mille lieux de ces préoccupations européennes. D'autant qu'il est parvenu à se rapprocher du nouveau dirigeant du parti. Iain Duncan Smith apparaît comme un bien piètre chef de l'opposition. Outre son incapacité à fédérer autour de ses idées, il balbutie régulièrement lors de ses interventions devant ses collègues députés et s'avère incapable de marquer des points contre Tony Blair. Pour préparer les séances rituelles de questions au Premier ministre du mercredi midi, Iain Duncan Smith réclame donc l'aide de trois jeunes députés, perçus comme les trois plus prometteurs du parti : Boris Johnson, David Cameron et George Osborne. Mais, là encore, le plus célèbre d'entre eux ne donne guère de son temps, trop occupé le mercredi matin à la conférence de rédaction du *Spectator*. Ce peu d'enthousiasme vis-à-vis de son parti n'améliore pas sa cote auprès des siens. Surtout qu'à la Chambre des communes ses discours ont peu d'envergure. Ses pairs n'ont pas de patience pour ses balbutiements calculés et ses sorties en grec et en latin, même enrobées de l'accent d'Eton et Oxford.

Qu'importe, il a bien compris qu'au regard du marasme du Parti conservateur mieux vaut se concentrer sur sa propre carrière. Sa réputation continue à grandir dans le pays grâce à ses apparitions télévisées. À voir sa première participation à l'émission *Top Gear*, présentée par la star de la télévision nationale Jeremy Clarkson, on peut aisément le comprendre. « La plupart des hommes politiques sont plutôt incompétents sous un vernis de compétence. Vous semblez être l'inverse ! » lui lance son hôte dès le début de la séquence. L'œil rieur, Boris Johnson lui répond : « Vous ne pouvez pas écarter la possibilité que sous le vernis minutieusement construit de l'idiot complet se cache un idiot complet ! » Le présentateur l'interroge, à propos d'une chronique voiture qu'il écrit régulièrement depuis 1999 pour le magazine *GQ*, sur le fonctionnement d'un moteur. Johnson n'hésite pas à répondre très franchement : « Pas la moindre idée ! » Le public est conquis.

Au cours d'un entretien publié en mai 2003 dans *GQ*, Boris Johnson laisse entrevoir sa stratégie: « J'essaie de remonter le moral des gens. La vie n'est pas si difficile. Je fais un calcul très rusé: si vous faites le clown, vous pouvez peut-être approcher les gens, et faire surgir vos idées en eux de manière inattendue. » Il applique d'ailleurs sa stratégie immédiatement. Lorsque le journaliste lui demande pourquoi les électeurs devraient voter pour les conservateurs, il lui répond: « Votre voiture ira plus vite, votre petite amie aura une taille de soutien-gorge plus grande. » Avant d'inventer une explication censée être rationnelle: « C'est un fait attesté que la qualité de vie des Britanniques s'est formidablement améliorée sous les gouvernements conservateurs qui, formant de meilleurs dentistes et engendrant donc une plus grande consommation de calcium, ont mené inexorablement à un développement mammaire plus important. »

Son sens du calcul permanent semble fonctionner. Quand Iain Duncan Smith est renversé par les siens le 29 octobre 2003, le quotidien *The Guardian* titre en une: « Un seul homme peut sauver les Tories », avec une photo de Boris Johnson sur son vélo. L'image est choc. D'autant qu'il est rapidement devenu l'un des cyclistes les plus réputés et exubérants du pays. À la suite d'une polémique née de la colère d'une femme l'ayant vu téléphoner au guidon, il s'emporte: « Je ne voterai jamais pour abolir la tradition immémoriale et sanctifiée par le temps, remontant du plus loin des années 1990, de l'homme anglais né libre de pouvoir faire du vélo en téléphonant! » Du Boris Johnson tout craché.

Malgré ces prouesses, ce n'est pas lui qui prendra la tête des Tories. Il est bien trop jeune pour cela. « J'ai autant de chances de devenir Premier ministre que d'être décapité par un frisbee ou de trouver Elvis », avait-il dit trois mois auparavant. Michael Howard devient le nouveau chef conservateur, personne ne s'étant présenté contre lui.

Toutefois, la renommée qu'a acquise Boris Johnson lui sert à grimper d'une traite toutes les marches du parti. Conscient de son succès auprès des électeurs, conservateurs comme indécis, Michael Howard le promeut vice-président du parti. L'expérience fait long feu. Très vite, le leader conservateur met en cause le manque d'efforts et d'intérêt pour cette fonction du jeune député. Il le maintient à son poste lors du remaniement de mai 2004, mais Boris Johnson ne récupère en plus que le portefeuille, relativement mineur, de « responsable des arts » au sein du cabinet fantôme, le nom donné à l'équipe de direction du principal parti d'opposition.

Pendant ce temps, David Cameron et George Osborne progressent rapidement et sont nommés à des postes clés : la tête de la coordination de la politique pour l'un et numéro deux du Trésor pour l'autre. Boris Johnson modifie alors radicalement son comportement. A-t-il été inquiété par la promotion de ses deux collègues ? La députée Julie Kirkbride, qu'il avait connue lorsqu'elle travaillait au *Telegraph,* le chapeaute désormais en tant que responsable de la culture au sein du cabinet fantôme. « Il était extrêmement bien organisé, se souvient-elle. Il avait un assistant assidu et tout ce qui devait être fait l'était. » Pour la députée, il ne fait aucun doute que Boris Johnson peut s'avérer être un travailleur formidable et qu'il « se sert de son apparence désordonnée pour désarmer les gens[2] ».

Alors qu'il se démène, on lui reproche de ne pas se soucier assez de la ligne officielle du parti, d'être trop peu présent

---

2. Sonia Purnell, *Just Boris. The Irresistible Rise of a Political Celebrity*, *op. cit.*

aux votes parlementaires ou encore de jongler en permanence entre son emploi de journaliste et ses fonctions en politique.

Le 14 octobre 2004, la publication d'un éditorial du *Spectator* va entraîner une dégradation sensible de sa relation avec la direction conservatrice. Tout part du contenu du texte qui, rédigé mais non signé par un de ses journalistes, lui est attribué. Les habitants de Liverpool sont accusés de « se vautrer dans leur statut de victime » permanente depuis le drame du stade de Hillsborough, à Sheffield, durant lequel quatre-vingt-seize spectateurs sont morts étouffés à cause de la mauvaise gestion des flux de supporters par la police. Pressentant les dégâts électoraux que peut causer une telle attaque, Michael Howard l'oblige à aller présenter ses excuses à Liverpool. Boris Johnson s'y rend le 19 octobre en traînant des pieds.

L'opération tourne à la catastrophe. Le service de communication des conservateurs perd tout contrôle sur le député, qui n'en fait qu'à sa tête et malmène la direction de son parti. Lors de ses interventions dans la ville ouvrière et plus encore dans le compte-rendu qu'il en fait quatre jours plus tard dans *The Spectator*, Boris Johnson défend fermement la liberté de la presse et dénonce l'interférence de Michael Howard. Bref, il s'insurge contre la décision de l'entourage du chef de son parti, qui a présenté ce voyage comme une punition et l'a forcé à « ramper » devant Liverpool. Sûr de lui, il refuse de s'excuser sur le fond de l'éditorial initial. À ses yeux, cela reviendrait à pratiquer « une sorte d'auto-lobotomie préfrontale ». Il l'assure : le Johnson politicien n'a pas trahi le Johnson journaliste.

Le mal est pourtant fait. Chez les dirigeants conservateurs, l'épisode renforce l'impression que Boris Johnson n'est pas fiable. Le moment confirme aussi, à leurs yeux, qu'il « ne peut pas servir deux chefs à la fois : Michael Howard et l'éditorial de la semaine dernière», comme il l'écrit lui-même ironiquement dans son article pour *The Spectator*.

Surtout, cet événement provoque le lancement d'une «chasse au Boris». Deux semaines plus tard, *The Sunday Mirror* et *The Daily Mail* dévoilent au grand public sa relation extraconjugale avec la journaliste Petronella Wyatt. Le premier révèle l'avortement décidé par la jeune femme, le second le démenti – mensonger – de Boris Johnson. Moins d'une semaine plus tard, Michael Howard lui réclame de démissionner du cabinet fantôme. À l'époque, la presse veut croire qu'il s'agit d'un coup de sang engendré par le mensonge de son député. Plus vraisemblablement, Michael Howard entend sans doute ainsi recadrer les siens et éviter les gaffes à l'approche de l'élection générale.

Boris Johnson refuse: il exclut de voir sa carrière affectée par sa vie personnelle. Le 2 décembre, dans sa chronique du *Telegraph*, qu'il continue à publier tout en dirigeant *The Spectator*, il raconte l'échange: «"Vire-moi ou vire-moi", ai-je dit en guise d'ultimatum.» Michael Howard n'hésite pas: il le licencie. Pourquoi Johnson a-t-il pris ce risque? «Parce que c'est seulement en étant viré que l'on peut vraiment engendrer de la sympathie, commente-t-il. Rien n'attise plus la compassion, de la part des amis comme des ennemis.» Cette tactique risquée lui permet d'être ré-accepté au domicile familial, dont il avait été exclu. Aux yeux de nombreux observateurs, sa carrière politique est grillée… avant même d'avoir réellement débuté.

Chapitre 7

2005-2010
Par intérêt personnel pur et cynique

La nuit du 2 au 3 mai 2008 est déjà bien entamée lorsque Boris Johnson arrive à la Millbank Tower. Au vingt-neuvième étage de cette tour haute de 118 mètres, posée en bord de Tamise entre le palais de Westminster et la Tate Britain, il est accueilli en héros par les adhérents et les élus du Parti conservateur, venus suivre en direct le résultat des dépouillements de l'élection locale de la veille. Il lève le pouce face à la foule en signe de victoire, avant de faire un salut militaire d'un œil moqueur au moment où David Cameron, chef du Parti conservateur depuis le 4 décembre 2005, le rejoint. Le chef de l'opposition lui saisit la main et les deux hommes tendent leur bras vers le ciel.

Le visage de David Cameron expose à la fois son respect et son incrédulité vis-à-vis de son aîné. Boris Johnson vient de réaliser l'inimaginable: ravir la mairie de Londres au travailliste Ken Livingstone. À la tête de la capitale depuis la création de ce poste huit ans plus tôt, il en paraissait indéboulonnable, malgré son radicalisme politique. Jusqu'à l'arrivée du phénomène Boris Johnson dans la course électorale. David Cameron sait que ce moment est capital : c'est la première victoire électorale d'envergure pour le Parti conservateur depuis 1992. Alors qu'un troisième mandat consécutif de « Ken le Rouge » aurait régénéré le Labour, la victoire de Boris Johnson galvanise David Cameron et son équipe de jeunes rénovateurs. À leurs yeux, elle les place sur la voie du 10 Downing Street. C'est d'ailleurs ce que sous-entendra quelques heures plus tard le nouveau maire lors de son discours de victoire : « Je ne crois pas une seconde que cette élection montre que Londres s'est transformée du jour au lendemain en une ville conservatrice, mais j'espère que cela montre que les conservateurs se sont transformés en un parti dans lequel on peut à nouveau avoir confiance. »

Pourtant, comme David Cameron l'explique dans ses mémoires, *For the Record*, cet épisode expose aussi l'ambiguïté de la relation des deux hommes. « Alors que nous marchions ensemble, nous avons joint nos mains et nous les avons levées au ciel, écrit-il. Une super photo. Mais Boris n'a pas lâché ma main. Ainsi, nous avons étrangement marché, main dans la main, dans la Millbank Tower. » Les visages des deux hommes changent alors : Boris Johnson semble prendre un malin plaisir à ce petit tour tandis que David Cameron laisse paraître un malaise certain…

Il faut dire que celui qui vient d'être élu maire de Londres tient là une petite revanche. À Eton, puis à Oxford, il était déjà la star, l'élève au plus gros potentiel politique. David Cameron, de deux ans son cadet, est inexistant. Lorsqu'il devient député en 2001, Boris Johnson est là encore l'élu le plus célèbre de sa génération, celui promis au plus grand avenir. Quatre ans plus tard, après la troisième déroute électorale d'affilée des

Tories face aux travaillistes de Tony Blair, c'est pourtant le discipliné et laborieux David Cameron qui est choisi par les adhérents conservateurs pour les guider vers le pouvoir.

Boris Johnson sait bien que cette option n'était pas envisageable, alors même qu'il était sans aucun doute le politicien le plus populaire auprès de la base du parti. Ses collègues députés, chargés du tri initial, l'auraient écarté sans ménagement, car il demeure largement perçu comme un guignol incontrôlable. Comme lorsque, durant un match de football caritatif en 2006, il plonge tête baissée sur les genoux de l'un de ses adversaires, qui reste à terre de douleur. « Je suis un joueur de rugby, se justifie-t-il. Quand je suis arrivé à deux mètres de lui, j'ai simplement baissé la tête. Il n'y avait aucune méchanceté. Je voulais récupérer le ballon avec la tête, un geste légitime au football. »

Dans sa chronique du *Telegraph* publiée le 5 octobre 2005, après les premiers discours d'envergure de David Cameron qui vont mener à son élection par les adhérents deux mois plus tard, Boris Johnson ne cache pas son ressentiment et se moque d'un de ses collègues du *Spectator*, qui avait pourtant rédigé à sa demande un texte élogieux sur le jeune candidat : « Vous n'êtes peut-être pas prêts à admettre comme notre journaliste que Cameron est notre sauveur, une lumière destinée à éclairer le clan, et la gloire du Parti conservateur. » Il justifie ensuite le succès du nouveau chef du parti par son slogan « Nous sommes tous dans le même bateau » et explique sans se cacher : « J'ai le sentiment qu'il me l'a piqué. »

La rancœur de Boris Johnson est d'autant plus profonde qu'il n'aurait jamais dû être présent à cette célébration de la Millbank Tower. Il n'a pas été, loin de là, le premier choix de son parti pour la course à la mairie de Londres. Pendant des mois, les Tories ont cherché un candidat. La direction a approché l'ancien athlète et ancien député conservateur Sebastian Coe, le journaliste Andrew Neil, l'ancien Premier ministre John Major et une poignée d'autres personnalités conservatrices. Tous ont refusé. Aucun n'a voulu risquer d'affronter le maire en place.

Coup de grâce, le 2 juillet 2007. Le candidat pressenti est Nick Boles, un politicien peu connu mais issu de la même clique du quartier cossu de Notting Hill que David Cameron. Il doit se retirer de la course pour traiter un cancer tout juste déclaré. Certains soufflent alors à l'oreille du chef des Tories de prendre Boris Johnson pour candidat. David Cameron refuse : il ne lui fait pas confiance.

Les deux hommes se côtoient en effet régulièrement depuis l'automne 2005. Johnson a soutenu la candidature de son cadet alors qu'elle n'était pas encore certaine, une prise de position qu'il doit penser déterminante. Il expliquera même, à moitié en ricanant, avoir soutenu la campagne de David Cameron « par intérêt personnel pur et cynique ». Représentant d'un conservatisme plus moderne, celui-ci est largement élu face au très traditionnel et libertarien David Davis.

Dans l'équipe du nouveau chef du parti, Boris Johnson n'est pourtant chargé que de l'éducation secondaire, un poste mineur. Sa déception est évidente. Il la cache derrière une blague : « C'est un poste compliqué, mais il faut bien que quelqu'un le fasse. » Pourtant, contrairement à l'appréhension générale, le tempétueux blond se met au travail. Intensément. À tel point que nombre de ses interlocuteurs du secteur privé se disent surpris de rencontrer un membre du cabinet fantôme ayant une telle connaissance et compréhension des dossiers sur l'éducation. Certains se déclarent même « fans » de lui.

Cette promotion a une autre conséquence immédiate : il doit démissionner de son rôle de rédacteur en chef du *Spectator*. Dès son arrivée, un an plus tôt, à la tête du magazine, le journaliste Andrew Neil avait prévenu que les choses devaient changer. Le constat semble partagé. Neuf jours avant le résultat de l'élection conservatrice, Boris Johnson admet à la radio BBC4 avoir « pendant longtemps guidé avec succès deux chevaux ». Il enchaîne : « Mais je dois admettre que par moments la distance entre les deux chevaux est devenue terriblement espacée. » Lorsque la journaliste avance qu'il quitterait le journalisme plutôt que la politique si le choix devait se poser, il abonde dans son sens. « Oui, évidemment, j'ai toujours voulu le faire. J'ai toujours su que je serais député. J'ai le sentiment que c'est le travail le plus intéressant. »

Pour autant, à l'annonce du remaniement du cabinet fantôme de David Cameron, le même jour que le retrait de Nick Boles de la course à la mairie de Londres, Boris Johnson n'est ni gratifié de son assiduité ni compensé de la perte de son emploi de rédacteur en chef du *Spectator*, dont le salaire n'a jamais été dévoilé : il n'est pas promu. Comprend-il alors qu'il n'a aucun avenir au sein de l'équipe Cameron ? En tout cas, il étudie désormais sérieusement la possibilité de s'opposer à Ken Livingstone, qu'il avait écartée quelques mois plus tôt. Au même moment, David Cameron se plie enfin aux recommandations de son entourage : Boris Johnson est le seul candidat capable de remporter la mairie de Londres. Il s'emploie donc désormais à le rallier à cette idée. Stanley Johnson indique ainsi au *Daily Mail* avoir lu un des SMS envoyés par le chef tory à son fils : « Ne me lâche pas. »

Deux jours plus tard, le Parti conservateur publie une déclaration de Boris Johnson : « Être maire de Londres serait un travail fantastique et quiconque aime Londres envisagerait cette possibilité avec attention.» Il assure «ne rien écarter». Il tient à préciser que «cette idée ne vient pas de David Cameron ou de quiconque à son bureau». Le dernier jour de dépôt des candidatures, le 16 juillet 2007, il se lance officiellement dans la course à la mairie. Cette nouvelle est prise avec hilarité par les médias et avec consternation par les élus conservateurs. Comme d'habitude, en quelque sorte. Eux ne perçoivent en lui qu'un bouffon et peinent à distinguer son attrait auprès des électeurs. Leur aveuglement est tenace et révèle la rupture entre les élus et les médias londoniens d'un côté, et les Britanniques de l'autre.

Ainsi, fin septembre, Boris Johnson est aisément sélectionné comme le candidat officiel du Parti conservateur. Inquiet de ses dérapages répétés, David Cameron lui attribue l'Australien Lynton Crosby comme directeur de campagne. Celui-ci a fait sa réputation lors des campagnes victorieuses de la droite conservatrice en Australie. Même si sa première campagne britannique s'est achevée par l'échec des conservateurs dirigés par Michael Howard contre les travaillistes de Tony Blair lors de l'élection générale de 2005, il apporte sérieux et organisation au projet de Boris Johnson. Finis, temporairement, les boutades, les sorties politiquement incorrectes, le manque de préparation, le côté bouffon. Boris Johnson enfile son costume de politicien réfléchi. Il mène sa campagne avec deux lignes d'attaque contre celui qu'il a rebaptisé Ken «Leavingsoon» («bientôt parti»): la sécurité et les transports.

Dès fin février 2008, il est en tête dans la plupart des sondages. Comme l'explique Jeremy Gilbert, professeur de théorie culturelle et politique à l'université d'East London, «Livingstone reste le politicien le plus populaire et le plus fructueux de sa génération, et Johnson l'a battu en partie parce qu'il était encore plus populiste, irrévérencieux, franc et en apparence authentique». Une apparence que Boris Johnson entretient parfaitement avec ses trajets à vélo, ses cheveux toujours en bataille et ses déclarations tempétueuses.

Le timing de son élection se révèle fabuleux pour Boris Johnson. Outre qu'il devient le premier politicien conservateur victorieux d'un scrutin d'envergure depuis seize ans, la crise financière qui frappe le pays dans les mois qui suivent son élection le place en première ligne. Lui qui était considéré comme fini trois ans plus tôt se retrouve au premier plan. Une fois de plus, il s'est relevé.

Face à lui, le travailliste Gordon Brown. Le 27 juin 2007, le responsable des finances a enfin remplacé son ancien allié Tony Blair au 10 Downing Street. Après avoir façonné l'économie britannique pendant dix ans, le nouveau Premier ministre coordonne aussi la réponse européenne et la crise financière. Un étonnant retournement pour ce politicien qui a la réputation d'être peu attiré par l'organisation européenne. «Gordon n'était pas un amoureux de l'UE; il n'était pas non plus eurosceptique, indique Stewart Wood, qui fut pendant près d'une décennie l'un de ses conseillers, spécialisé sur la politique européenne. Il estimait que ce type d'organisation complexe et multilatérale, ainsi que ses organes comme la Commission et le Parlement, était une distraction en tant que telle. Il ne les voyait que pour leur capacité à rapprocher les gouvernements pour leur permettre de travailler ensemble.»

L'UE devient aussi à ses yeux un outil destiné à nourrir son combat sur le sol britannique. «Lorsqu'il était responsable des finances, Gordon Brown était l'absentéiste en chef de l'Ecofin [la réunion des ministres des Finances des pays membres de l'UE], car il a rapidement compris que les décisions étaient précuites la veille lors du dîner de l'Eurogroup», raconte Paul Taylor, le journaliste de l'agence de presse britannique Reuters. Dès lors, « il inventait des conflits pour cacher son absence du processus de décision, ce qui ne devait absolument pas se savoir en Angleterre. Il voulait constamment donner l'impression de se battre pour le Royaume-Uni contre l'orthodoxie de Bruxelles ».

Son accession au poste suprême et la crise économique mondiale des *subprimes* bouleversent tout cela. « Le président français Nicolas Sarkozy et Gordon Brown se connaissaient de l'époque où ils étaient tous deux ministres des Finances, en 2004, et ils s'appréciaient », témoigne Jon Cunliffe, alors secrétaire permanent du Trésor britannique en charge de l'international et représentant du Trésor britannique au sein du Comité financier et économique de l'UE. « Ils avaient notamment un point commun : ils pensaient que les dirigeants élus, et non des bureaucrates, devaient décider de la direction à donner à l'UE, surtout en période de crise. Et, de fait, Brown avait déclaré très tôt au début de la crise que le problème était systémique et qu'il fallait une solution mondiale systémique. »

La décision du dirigeant britannique, le 8 octobre 2008, de soutenir les banques nationales et de garantir des milliards de liquidités confirme l'impression de ses collègues européens : il est l'homme providentiel pour coordonner la réponse européenne. Le président français décide alors de se rapprocher de lui. Gordon Brown et son épouse Sarah sont ainsi conviés à une fondue chez Carla Bruni, raconte un diplomate. « Ils ne voulaient pas que le repas ait lieu à l'Élysée, pour avoir la latitude de discuter longuement et sereinement. Sarkozy était prêt à laisser à Brown la direction intellectuelle de leur projet, tandis que lui se cantonnait aux grandes déclarations : "Nous devons agir, tous les bureaucrates sont des imbéciles, nous savons quoi faire, etc." Ainsi, lorsque nous avons publié nos propositions, Paris les a très fermement soutenues. Les Allemands étaient comme d'habitude très hésitants. »

Pour faire pencher la balance, le président français organise le 12 octobre 2008 à Paris une réunion des chefs de gouvernement des pays de la zone euro. « C'était une première car ces réunions étaient normalement destinées aux ministres des Finances, raconte Stewart Wood. Alors que nous n'étions pas membre de l'euro, Sarkozy a convié Gordon et lui a demandé de diriger la réunion. » La proposition britannique d'organiser une approche européenne coordonnée, via notamment la garantie des prêts interbancaires et un recours possible à la recapitalisation des banques, est alors entérinée.

À l'heure où le monde de la finance est vilipendé de toutes parts, Boris Johnson se présente comme son chevalier blanc. « Les banquiers et la City de Londres ont fourni un toit au-dessus de la tête des gens », assure-t-il le 23 septembre 2008 dans sa chronique hebdomadaire du *Telegraph*. Celle-ci est toujours au rendez-vous, malgré l'accession de son auteur à la mairie, et elle lui rapporte quelque 250 000 livres (275 000 euros) annuelles. « Avant d'attaquer les banquiers de Londres, souvenez-vous que c'est l'une des rares industries mondiales où nous excellons véritablement, poursuit-il. La City contribue à environ 9 % du PIB britannique – pensez à toutes les professions et les entreprises qui festoient, directement ou indirectement, grâce à cette nourriture : les avocats, les comptables, les entreprises de communication, les architectes, les designers d'intérieur, les maçons, les chauffeurs de taxi, presque tout le monde. »

Un an plus tard, il profite des remous persistants de la crise pour maintenir le cap tout en revenant à sa ligne traditionnelle, peut-être parce qu'il en sait la popularité assurée et aisée : la condamnation de l'UE. « Il n'y a pas de preuve que les fonds d'investissements soient d'une quelconque manière responsables de la crise financière », assène-t-il, alors que l'UE souhaite imposer une réglementation plus poussée du secteur financier. Il dénonce le possible déploiement d'une directive européenne « qui risque d'endommager non seulement Londres mais l'ensemble de l'UE. Les gens comprennent que l'industrie des services financiers a un travail vital à réaliser et nous voulons les garder en Europe ».

Il sait que son message sera entendu. Les promesses démocratiques non tenues des travaillistes sur la question européenne ont miné la réputation de l'UE auprès des Britanniques. En effet, après l'annonce en 2003 d'un référendum sur une éventuelle entrée dans l'euro, Tony Blair avait assuré le 20 avril 2004 qu'un référendum aurait lieu en cas de ratification par les Européens de leur projet de constitution. Le 26 janvier 2005, le gouvernement avait même dévoilé la question du référendum, envisagé pour le début 2006 : « Le Royaume-Uni doit-il approuver le traité établissant une constitution pour l'Union européenne ? »

Pourtant, le rejet du projet européen par 55 % des électeurs français le 29 mai 2005 et par 61 % des Hollandais le 1er juin a tout fait capoter. Comme nombre de ses homologues européens, le gouvernement britannique annule la consultation populaire. Le Premier ministre n'en était sans doute pas mécontent : un sondage paru en mai donnait le « non » très largement vainqueur.

Deux ans plus tard, les 21 et 22 juin 2007, pour son dernier Conseil européen, Tony Blair se rend à Bruxelles afin de discuter du traité de Lisbonne. Il n'a qu'une question en tête : en quoi ce nouveau traité modifie-t-il les droits des États membres et de l'UE ? « L'UE avait retiré tous les symboles, comme l'hymne européen et certains aspects liés aux citoyens européens, afin de convaincre les récalcitrants que nous n'avions pas affaire à la constitution de 2005 reconditionnée», rappelle Jon Cunliffe, devenu en 2007 le conseiller diplomatique de Gordon Brown.

Pour les Britanniques, cela ne suffit pas. Ils considèrent que le traité affecte la constitution, car il intègre la politique étrangère, la justice et l'intérieur aux compétences de l'Union. Lors de ce Conseil européen, Tony Blair négocie une longue période de transition, la possibilité de suspendre les règles sur la justice et les questions intérieures, ainsi que l'assurance que la sécurité nationale reste de la compétence des États membres, et non de l'Union. Trois jours plus tard, il transmet la direction du Parti travailliste à Gordon Brown. Il quitte Downing Street le 27 juin 2007.

Son successeur estime que «les modifications significatives obtenues par Blair réduisaient le transfert de pouvoirs et marquaient un changement fondamental vis-à-vis de la constitution de 2005», poursuit Jon Cunliffe. «Il a donc jugé que cela ne justifiait pas un référendum.»

L'annulation du référendum par Tony Blair, puis le refus de Gordon Brown d'en organiser un alimentent le sentiment diffus que le peuple britannique n'a jamais son mot à dire sur l'UE, que l'Europe demeure un projet mené par les élites, prêtes à tous les mensonges pour faire adopter leur projet contre la volonté populaire. Ce discours, ressassé par les eurosceptiques, imprègne lentement les électeurs. Non sans raison d'ailleurs, au regard du comportement douteux des responsables britanniques. Peut-être un référendum organisé à ce moment-là aurait-il soulagé la pression qui s'accumulait depuis plus d'une décennie sur la question européenne.

Boris Johnson sort alors de sa boîte. Le maire de Londres est le premier poids lourd du Parti conservateur à réclamer « une consultation populaire dès que possible, [...] avant que le processus d'adoption du traité de Lisbonne ne soit conclu ». Lors de cette intervention télévisée du 4 octobre 2009, il assure que les Britanniques pourront toujours remettre en cause plus tard la création du poste de « président européen, parce qu'il est vraiment emblématique de ce que les Européens tentent de faire ». Le traité prévoit en effet l'élection pour un mandat déterminé du président du Conseil européen. Il était jusqu'alors attribué au pays en charge de la présidence tournante de l'Union.

L'appel de Boris Johnson à un rejet démocratique et populaire du traité de Lisbonne, qui n'est pas un référendum sur l'adhésion à l'UE, est significatif de la grogne montante au sein du Parti conservateur. Même David Cameron se montre mécontent. À son arrivée à la tête du Parti conservateur en 2005, il avait demandé aux siens d'arrêter de « tambouriner à propos de l'Europe ». Pour lui, ce comportement était masochiste. Il était totalement contreproductif de se concentrer sur l'Europe, « alors que les parents s'inquiétaient de la garde de leurs enfants, de savoir comment les emmener à l'école et de comment trouver un équilibre entre leur vie professionnelle et leur vie de famille ». Jonathan Powell, alors chef de cabinet de Tony Blair, confirme que « les conservateurs avaient l'air de cinglés qui ne parlaient que de choses qui n'intéressaient personne ».

Sachant bien qu'il n'est pas possible de renier l'euroscepticisme radical des dirigeants conservateurs qui l'ont précédé depuis 1997 et d'une grande partie des adhérents du parti, David Cameron pense « avoir la bonne formule », écrit-il dans ses mémoires. « Dans la ligne de mon propre sentiment, je serai un véritable eurosceptique. Je ne réclamerai pas une sortie de l'UE mais je serai constamment et de manière convaincante en faveur de réformes au sein de l'UE. »

À l'image de Boris Johnson, David Cameron estime néanmoins que le traité de Lisbonne va trop loin. Bien trop loin. Il n'est rien d'autre, à ses yeux, que « la constitution européenne proposée en 2005 sous un autre nom », écrit-il encore dans ses mémoires. « [Son adoption a été] décidée au-dessus de la tête des Britanniques, sans le référendum qui leur avait été promis par le gouvernement Blair. Non seulement je n'aimais pas sa forme, mais je n'aimais pas son contenu non plus. C'était encore un traité qui réduisait les vetos nationaux et centralisait plus de pouvoir à Bruxelles. » Avant l'élection générale de 2010, il promet ainsi un « verrou référendaire » : une loi qui assure qu'il ne pourrait y avoir de futurs transferts de pouvoir de Londres vers Bruxelles sans un référendum.

Si Gordon Brown est sorti grandi de la crise financière sur la scène internationale, les conservateurs l'accusent en revanche d'avoir fait exploser la dette publique du pays. Leur message fait mouche. Six mois plus tard, les électeurs l'éjectent du pouvoir. Pour son malheur, ses performances économiques immédiates ne seront révélées qu'une fois l'élection passée : grâce à son plan de relance, la croissance du pays s'élève à 0,6 % lors du premier trimestre 2010, 1 % lors du second trimestre et 0,7 % au troisième trimestre. Seule contrepartie : le déficit budgétaire s'élève alors à 10,8 %, même si la dette publique est limitée à 62,1 %, soit un niveau largement inférieur à celui de l'Allemagne et de la France.

Les conservateurs tirent donc parti de la crise économique et du manque d'allant de Gordon Brown, lui-même fatigué par treize années au gouvernement. Preuve de la suspicion des

Britanniques vis-à-vis du Parti conservateur, David Cameron ne parvient pas à décrocher la majorité au Parlement. Il est obligé de former une coalition gouvernementale avec les libéraux-démocrates, dirigés par Nick Clegg.

Malgré son manque de légitimité électorale, le Premier ministre conservateur confirme immédiatement le lancement d'une austérité budgétaire sans précédent. Moins de trois semaines après l'élection, il précise une réduction quasi immédiate des dépenses de l'État de 5,7 milliards de livres sterling (6,5 milliards d'euros), dont la majeure partie doit être obtenue grâce au gel des embauches dans le secteur public. Les effets se font sentir dès le quatrième trimestre 2010 : le PIB ne progresse que de 0,1 %.

Le 20 octobre 2010, le nouveau chancelier de l'Échiquier George Osborne annonce sa stratégie à moyen terme. D'ici à avril 2015, date prévue pour la prochaine élection générale, il entend réduire le budget de l'État de 81 milliards de livres sterling (95 milliards d'euros). « C'est aujourd'hui que le Royaume-Uni s'éloigne du bord du précipice, que nous nous attaquons à la facture d'une décennie de dettes et que nous allons stabiliser les services publics pour le long terme, se félicite-t-il. C'est un chemin difficile mais il mène à un avenir meilleur. »

Le Labour s'oppose à ces mesures drastiques, et il n'est pas le seul. Boris Johnson profite de son autonomie vis-à-vis du gouvernement pour critiquer régulièrement sa politique budgétaire. Dès le mois d'octobre 2010, il assure que la limitation des aides sociales décidées par le gouvernement pourrait affecter grandement la mixité sociale de sa ville. « La dernière chose que nous voulons dans notre ville, c'est de voir les moins riches être poussés en banlieue comme à Paris. Je résisterai à toute tentative de recréer un Londres où les riches et les pauvres ne peuvent pas vivre ensemble. » Avant d'enfoncer le clou : « Nous n'accepterons pas un nettoyage social de Londres type Kosovo ! »

Pendant les émeutes de l'été 2011, Boris Johnson met en cause la baisse du budget de la police décidée par son parti et en particulier par la ministre de l'Intérieur, Theresa May. Six mois plus tard, il assure être « différent » du reste de son parti, car il est prêt à se battre « afin d'obtenir des budgets pour Londres ». Ces critiques irritent profondément David Cameron, qui assure pourtant aussi dans ses mémoires : « Malgré toutes nos piques, j'appréciais Boris et il me faisait rire. » Mais il n'est pas dupe de cet aspect charmeur et clownesque, et précise : « Je ne lui faisais pas toujours confiance. »

Chapitre 8

2011-2014
Nous ne pouvons plus prétendre que ce pays est au cœur de l'Europe

Le soleil brille sur Romford, ville de la grande banlieue est de Londres. Ce 24 mars 2012, Boris Johnson distribue des tracts en vue de sa réélection. Soudain, Sue Connelly, une militante du People's Pledge («la promesse du peuple»), un groupe de campagne favorable à la tenue d'un référendum sur le maintien du Royaume-Uni dans l'Union européenne, lui tend un formulaire. Il le signe, mais il n'appose pas de croix dans la case où il est précisé: «Je soutiens la campagne pour un référendum sur l'UE.»

Boris Johnson a-t-il griffonné le papier par instinct, sans trop y réfléchir? Il est de notoriété publique que le maire de Londres est un eurosceptique. S'il fait régulièrement part de son amour pour l'Europe, sa culture, son mode de vie, il n'apprécie guère le carcan réglementaire et législatif imposé par l'Union. Il n'est cependant jamais allé jusqu'à soutenir l'idée d'un référendum sur l'adhésion britannique à l'organisation européenne. Quoi qu'il en soit, le tract où figure sa signature est affiché sur Twitter par la militante. Andrew Rosindell, le député qui l'accompagne, se réjouit: «Boris a soutenu le People's Pledge. Une claire majorité de Britanniques et une vaste majorité de supporters conservateurs veulent un référendum sur notre appartenance à l'UE.»

Le petit gazouillis sur le réseau social a un fort retentissement médiatique et politique. La machine médiatique s'emballe. Et le 10 Downing Street est secoué par cette signature. Boris Johnson est devenu la plus importante figure politique conservatrice à vouloir ouvertement un référendum sur le maintien du pays au sein de l'UE. C'est un casse-tête supplémentaire pour David Cameron. Ses relations compliquées avec les vingt-sept empoisonnent déjà sa politique européenne. La faute lui en revient en partie: en 2009, il a retiré les Tories du Parti populaire européen (PPE) dont ils étaient membres depuis 1992. «Nous étions d'accord sur beaucoup de choses avec les partis chrétiens démocrates, mais pas sur la direction future de l'Europe. Cela aurait dû empêcher l'accord dès le début», se justifie-t-il.

Cette position de principe démontre la profonde méconnaissance de David Cameron de la politique bruxelloise et le met en difficulté. Lorsqu'il arrive au pouvoir, le PPE rassemble pour des discussions relativement confidentielles Nicolas Sarkozy, Angela Merkel et Sergio Berlusconi. Par inconscience ou par dogmatisme, il tire pourtant un trait sur cette passerelle de choix pour exprimer les attentes des Anglais, voire leurs revendications. «Outre qu'il connaissait bien moins les dirigeants de centre-droit, les politiciens britanniques n'étaient pas présents lors des réunions du PPE, analyse Denzil Davidson, alors conseiller Europe du ministre des Affaires étrangères, William Hague. Or, si les institutions sont le squelette de l'UE, les partis en sont la chair. Et les réunions du PPE sont capitales.»

Ainsi, lorsque les dirigeants de l'UE décident, au cours du Conseil européen du 23 mars 2011, d'utiliser l'article du traité de Lisbonne sur les désastres naturels pour lever des fonds et fournir une assistance financière aux pays en difficulté, David Cameron ne peut faire entendre son opposition. Pour faire mine de lui donner le change, « le Conseil européen et le service juridique de la Commission lui ont promis que cet outil ne serait plus jamais utilisé ainsi », nous assure un diplomate britannique. « David Cameron a donc accepté. Pourtant, ils l'ont utilisé à nouveau pour sauver la Grèce, des années plus tard. En effet, les promesses en Europe ne sont jamais éternelles. L'Europe renégocie toujours. C'est d'ailleurs un problème récurrent pour les politiciens britanniques. Nombres d'entre eux me disaient : “Nous avons trouvé un accord, pourquoi le renégocier ?” »

Même scénario les mois suivants. Angela Merkel réclame un nouveau changement du traité européen pour empêcher les dérapages budgétaires des États membres. David Cameron ne le soutient pas car, dans cette volonté allemande, il perçoit autre chose : « Il y avait sur la table un traité qui aurait permis aux dix-sept pays de la zone euro de bloquer les dix autres pays de l'UE et de décider de choses qui nous affecteraient. » C'est pourtant lui qui est pris à partie par Nicolas Sarkozy lors du Conseil européen du 23 octobre 2011. « Tu as perdu une bonne occasion de te taire, lui aurait lancé le président français, selon la presse britannique. Nous en avons ras le bol que vous critiquiez tout et que vous nous disiez quoi faire. Vous dites détester l'euro, et maintenant vous voulez intervenir dans nos réunions ! » Le choc est d'autant plus sévère pour le Premier ministre britannique que les deux hommes « sont très proches », assure Peter Ricketts, alors responsable de la sécurité nationale auprès du Premier ministre. « En septembre 2010,

Sarkozy avait permis à Cameron de voir son père juste avant sa mort en mettant à sa disposition un hélicoptère. Cela avait profondément touché Cameron. Leur complicité s'est renforcée pendant leur intervention militaire en Libye, et elle s'est confirmée de temps en temps sur les questions européennes et financières. Même si, comme lors de ce Conseil européen, Sarkozy était parfois très dur avec lui. »

Le lendemain matin, Boris Johnson fait paraître sa première chronique eurosceptique dans *The Telegraph* depuis de nombreuses années. Il ne critique pas directement Nicolas Sarkozy mais les choix des responsables de la zone euro. De manière imagée, il explique que « le problème avec les institutions bruxelloises, c'est que les pays membres sont invités à profiter d'un système où personne n'est vraiment responsable, comme si quelques convives d'un repas décidaient sournoisement de commander du homard en sachant que tout le monde payerait… ».

Il estime que cette attitude a provoqué l'effondrement des pays concernés, qui ont dépensé bien plus que leur capacité ne le leur permettait. Aveuglés pendant des années, les dirigeants de l'UE réclament des mesures fortes. « On nous dit maintenant que la seule façon d'aller de l'avant est que la zone euro fasse un bond vers une union budgétaire complète, avec des impôts, des dépenses et des emprunts contrôlés par un gouvernement économique européen, s'agace le maire de Londres. L'indépendance nationale et les prérogatives démocratiques devront être très largement érodées afin de protéger l'euro et le système bancaire. » Il rappelle ainsi son engagement pris après le traité de Lisbonne : tout nouveau traité européen devra être approuvé par le peuple britannique lors d'un référendum.

Grâce à son influente plateforme, le maire de Londres encourage les députés conservateurs à élever la voix. La date de la publication de cette chronique n'est pas innocente : une pétition pour la mise en place d'un référendum sur le maintien du Royaume-Uni dans l'UE a récemment recueilli plus de 100 000 signatures et elle est discutée le jour même au Parlement. Outre l'encouragement de Boris Johnson, le coup de sang de Nicolas Sarkozy fait bouillir les eurosceptiques, qui s'en réjouissent aussi : ils peuvent légitimement déclarer que le Royaume-Uni n'a rien à faire dans l'UE et que l'UE ne veut pas de lui. Ainsi, 81 des 307 députés conservateurs s'opposent au Premier ministre, malgré une consigne de vote ferme de la direction tory. C'est la plus importante révolte des députés conservateurs sur la question européenne de l'histoire, près du double des quarante et un députés opposés à l'adoption du traité de Maastricht en mai 1993.

Lorsque David Cameron arrive au Conseil européen suivant, le 8 décembre 2011, il pense avoir obtenu un compromis avec Angela Merkel pour rendre acceptable aux yeux de ses parlementaires un nouveau changement du traité européen. Tout est pourtant remis en question le matin même, lors de la réunion du PPE, à laquelle il ne participe évidemment pas. Mis une énième fois en minorité, le Premier ministre britannique pose son veto au projet européen. Son geste provoque un ébranlement médiatique. Sans que les dirigeants européens s'en émeuvent réellement : « Ils n'ont même pas cherché à trouver un compromis comme c'est normalement le cas lors des Conseils européens », souligne un diplomate présent. Pour cause : ils décident de développer leur projet en dehors du cadre de l'UE, via un accord intergouvernemental. Cela leur permet de contourner le veto britannique et plus largement de se passer à l'avenir de l'avis de Londres sur ce sujet.

Cet épisode a servi de révélateur aux responsables britanniques. « Cameron est arrivé à la conclusion que la totalité de la structure de l'Union était opérée pour le bien de la seule zone euro, estime Jon Cunliffe, qui a gardé sa casquette de conseiller diplomatique à Downing Street malgré le changement de majorité. Le Royaume-Uni n'ayant pas pris part aux deux grands projets intégrationnistes européens, Schengen et l'euro, le centre intégré informel de l'UE semblait dériver en laissant le Royaume-Uni à l'écart. » Comme de nombreux politiciens britanniques, Cameron percevait avant tout l'UE comme une relation commerciale, pas comme un projet politique. « Or la crise de l'euro lui a constamment rappelé l'échec flagrant de ce projet politique, explique un de ses proches collaborateurs. Ses membres étaient incapables de prendre des décisions, si bien qu'ils ont provoqué la propagation de la crise en Italie et en Espagne. »

Sans surprise, Boris Johnson soutient sans sourciller le Premier ministre sur ce sujet : « Nos frères et sœurs européens sont régulièrement en colère envers les Britanniques parce que l'histoire a montré que nous avions raison à propos de l'euro. Pendant plus de vingt ans, les ministres britanniques sont allés à Bruxelles en disant qu'ils aimaient tout ce qui concerne le marché unique, mais qu'ils doutaient de la sagesse de créer une union monétaire. Une union monétaire ne peut pas fonctionner sans union politique, or celle-ci n'est pas démocratiquement possible. »

Le maire de Londres affirme une fois de plus sa contrariété face à l'évolution de l'UE, qui décide petit à petit d'écarter ceux qui refusent l'intégration. Sa patience s'effrite, comme celle des membres de son parti, d'ailleurs. Même David Cameron réagit. Ainsi, en janvier 2012, il s'enregistre sur son dictaphone : « Altérer la relation de la Grande-Bretagne avec l'UE et la présenter à un référendum serait une bonne politique conservatrice pour la prochaine élection. » Il commence alors à intégrer la possibilité d'un référendum. Cette idée ne quittera plus son esprit.

Lors des mois suivants, « David Cameron, George Osborne et William Hague se sont progressivement convaincus qu'un référendum était inévitable », assure Denzil Davidson, le conseiller de William Hague. Ce n'est guère surprenant de la part du ministre des Affaires étrangères. Lorsqu'il dirigeait le parti, entre 1997 et 2001, son slogan n'était-il pas « *To be in Europe, not run by Europe* » (« Être dans l'Europe, pas dirigés par l'Europe ») ? Denzil Davidson rappelle également que « les députés du parti insistaient tellement sur la tenue d'un référendum que David Cameron aurait pu être renversé s'il avait résisté ».

Le Premier ministre assure pourtant dans son autobiographie que c'est sa volonté de répondre à l'euroscepticisme des Britanniques qui l'a poussé à cette promesse de référendum. « Ceux qui disent que j'ai eu tort d'organiser un référendum expliquent en fait qu'il aurait mieux valu que le pays soit forcé de continuer sur une route qu'il ne voulait pas prendre, et dont il ne pouvait pas se détourner puisqu'on ne lui avait jamais demandé son avis. » Il l'assure : « Je ne pouvais pas imaginer un avenir pour le Royaume-Uni sans un référendum. » Et juge que « le choix de rester ou non dans une Europe réformée dépassait un politicien ou un parlement. C'était au peuple de décider ». Un choix démocratique fort, pas assez reconnu à sa juste valeur, notamment dans les pays de l'Union européenne, où les votes anti-UE ont été méprisés et considérés comme des caprices d'enfants gâtés ou des éruptions de colère xénophobes.

D'après Denzil Davidson, David Cameron pensait qu'organiser lui-même ce référendum était le meilleur moyen de demeurer dans l'UE. « S'il ne l'avait pas fait, un autre Premier ministre conservateur l'aurait fait dans les cinq ou dix années suivantes, et peut-être en recommandant de sortir de l'UE. L'annonce de son référendum était un mouvement préventif pour sauver le maintien du Royaume-Uni dans l'UE. »

C'est à ce moment que Boris Johnson se rappelle au bon souvenir de David Cameron en signant le People's Pledge en faveur d'un référendum. Sa prise de position est d'autant moins appréciée par le Premier ministre que leurs relations sont tendues. Le Parti conservateur et le Premier ministre sont particulièrement impopulaires alors qu'apparaissent les premiers effets des mesures d'austérité. Le Labour d'Ed Miliband les devance d'une dizaine de points dans les sondages. De son côté, Boris Johnson demeure le politicien le plus populaire de son parti. Un sondage publié par l'institut Populus mi-avril 2012 le place devant tous les autres politiciens majeurs du pays avec 48 % d'impressions favorables, contre 44 % à David Cameron, 39 % à George Osborne. Contrairement à ses deux collègues, il est plutôt bien perçu des électeurs travaillistes et libéraux-démocrates.

Suivi en campagne dans l'est de Londres pour sa réélection, Boris Johnson sourit sans cesse, blague dès qu'il le peut, serre des dizaines mains, rencontre des sympathisants conservateurs et finit par goûter un traditionnel *fish and chips* dans un centre communautaire pour personnes âgées, dont les occupants sont tout sourire de pouvoir côtoyer « Boris ». Il peaufine son image : celle de maire du peuple.

Une double anecdote met pourtant en doute cette impression de naturel et d'improvisation constante. Voilà Boris

Johnson invité d'honneur en ce début d'année 2006 à la remise des prix de la sécurisation internationale, une activité financière très spécialisée. Il n'arrive que quatre minutes avant son entrée en scène, alors qu'il est l'orateur vedette de la soirée. « Où suis-je ? » demande-t-il à Jeremy Vine, célèbre journaliste de télévision, qui raconte cette histoire sur son blog. « Ce sont les prix de la sécurisation, Boris. » Le politicien lui répond alors : « Qu'est-ce que la sécurisation ? » Les gens à sa table, principalement des banquiers, écarquillent les yeux. L'un d'entre eux lui explique. Il griffonne alors quelques mots sur une feuille de papier et part en courant sur la scène. Jeremy Vine y déchiffre les mots « chèvre » et « requin ».

« Mesdames et messieurs, euh, bienvenue aux prix… euh… » Boris Johnson balbutie. Il a oublié le nom de la remise des prix. Il se retourne, pour lire le logo projeté sur l'écran derrière lui : « … aux prix de la sécurisation internationale, oui ! » s'écrie-t-il, satisfait. L'effet est immédiat : la salle explose de rire.

« Chèvre », lance-t-il. Il entame son discours par l'histoire de son oncle, interdit d'enterrer sa chèvre morte et obligé de faire venir l'abattoir à cause de la réglementation mise en place par l'UE. Il enchaîne, toujours sous les rires d'un public suspendu à ses lèvres, en expliquant que son héros politique est le maire du film *Les Dents de la mer*. « Oui ! Parce qu'il a laissé les plages ouvertes ! » Il parle comme si chacune de ses phrases le surprenait lui-même. « Il a répudié et abrogé tous les règlements idiots sur la santé et la sécurité et déclaré que les gens pouvaient nager. Oui, nager ! » Les spectateurs pleurent de rire. « Certes, je reconnais qu'en conséquence quelques enfants ont été mangés par un requin. Mais quel plaisir la majorité a-t-elle pu tirer de ces plages grâce au courage du maire des *Dents de la mer* ! » Enfin, il termine son discours par une blague dont il oublie la chute, pour le plus grand bonheur du public.

Dix-huit mois plus tard, Jeremy Vine retrouve Boris Johnson à la remise d'autres récompenses professionnelles. Le maire de Londres est une fois de plus en retard. « Où suis-je, Jeremy ? » lui demande-t-il, essoufflé. Il prend alors une feuille, y griffonne quelques mots. Jeremy Vine y lit de nouveau « chèvre ». Boris Johnson entre en scène. « C'est merveilleux et un privilège d'être là, à... » Il se retourne, lit le nom projeté sur l'écran derrière lui. La salle entière est pliée en deux. Il enchaîne sur l'histoire de la chèvre et de la réglementation européenne, sur celle du maire intrépide des *Dents de la mer* et termine par sa fameuse blague dont il oublie une nouvelle fois le dénouement. Un discours qui fait toujours autant hurler de rire les spectateurs.

À l'heure de la communication millimétrée, policée, Boris Johnson et son naturel cassent la baraque. Mais contrairement aux apparences, cette mauvaise organisation, ce malaise, cette improvisation constante et cette spontanéité sont feints et planifiés.

Tout le monde n'est pas aveuglé par ces opérations de séduction. Notamment cet ouvrier qui, au volant de sa camionnette, baisse la fenêtre en s'approchant du maire-candidat Johnson et lui hurle : « Boris, espèce de gros connard ! » Pourquoi une telle attitude ? L'image de Tory issu de l'élite lui reste collée à la peau. Ce n'est pas tout : certains administrés attendent des résultats de leurs dirigeants. « Or son bilan à la tête de la capitale se limite à ses actions sur les bus, les vélos et la préparation des Jeux olympiques de l'été 2012 », assure Tony Travers, professeur de sciences politiques et directeur du groupe d'étude sur le Grand Londres à la London School of Economics. Et ce bilan est lui-même mitigé : les bus ont été lancés trop tôt et fonctionnaient initialement très mal, tandis que le système de vélo, génialement surnommé « *Boris Bike* » (« les vélos de Boris »), et les JO avaient été initiés sous le mandat de son prédécesseur, Ken Livingstone. Sans parler de l'affaire du Garden Bridge, un pont piétonnier au-dessus de la Tamise promu par Boris Johnson. Il n'a jamais vu le jour mais a tout de même coûté la bagatelle de 43 millions de livres (60 millions d'euros) de fonds publics…

Du côté du monde des affaires, le tableau du maire est plus élogieux : « Pendant les deux mandats de Boris, il était possible de demander un rendez-vous au maire et de le rencontrer, racontent de nombreux businessmen. On n'obtenait pas forcément ce que l'on voulait, mais au moins on voyait clairement que lui et son équipe nous écoutaient. Boris déléguait beaucoup, donc les choses bougeaient. Cela semble être la moindre des choses, mais sous le Labour, la mairie était et reste un bunker inaccessible, totalement centralisé dans les mains d'un maire soit dogmatique, comme son prédécesseur Ken Livinstone, soit obnubilé par sa communication, comme son successeur Sadiq Khan. »

Son accession à la mairie de Londres révèle que Boris Johnson ne fait pas partie des politiciens qui se délectent de l'exercice du pouvoir ; le détenir lui suffit, et il délègue donc aisément. Ses choix ne sont pourtant pas toujours très adaptés. Il avait embauché le très efficace mais redouté Tim Parker au poste de vice-maire, mais il doit le remercier quelques mois plus tard en raison de son autoritarisme excessif et de son dédain de la fonction publique.

Boris Johnson se fait ainsi réélire d'un rien le 3 mai 2012, une fois de plus face à Ken Livingstone. « Cette victoire est personnelle. Elle ne doit pas grand-chose au Parti conservateur, qui s'est écroulé dans les sondages dans la région de

Londres, note le professeur Tony Travers. [Les] erreurs et [les] coups de gueule [de Boris Johnson] confirment aux yeux des Londoniens son authenticité. »

Ce deuxième mandat sera celui du développement de son image internationale. Le bon déroulement des Jeux olympiques permet d'accroître sa renommée hors des frontières britanniques. Et ce même s'il parvient à faire le pitre, cette fois-ci bien malgré lui : engoncé dans un harnais, il reste bloqué, suspendu deux drapeaux britanniques à la main au milieu de la tyrolienne qui a été installée dans le parc olympique. « Tout va bien, mais apportez-moi une échelle ! » demande-t-il en riant aux nombreux curieux, hilares.

La trêve est de courte durée. À peine les JO achevés, Boris Johnson doit de nouveau se positionner sur la question qui occupe le devant de la scène : l'Europe. Son opinion fluctue. Le 25 novembre 2012, il commence par émettre un doute sur le bien-fondé d'un référendum : « Je ne pense pas que l'on puisse répondre aussi simplement que par oui ou par non à la question de l'Europe. Supposons que le Royaume-Uni vote demain pour sortir, que se passerait-il ? Nous ne pourrions plus nous asseoir au Conseil des ministres, nous n'aurions plus de vote. Je ne pense pas que ce soit une perspective très attirante. » Il imagine une autre solution : « Nous pourrions trouver un nouvel arrangement, dans lequel nous indiquerions les domaines du traité auxquels nous ne voulons plus participer. Donc je ne pense pas que le problème de l'Europe se résume à une question aussi simple que d'y rester ou d'en sortir. »

Signe de son indécision, il change de discours deux semaines plus tard. La rumeur annonce la tenue imminente d'une allocution de David Cameron sur le sujet. Boris Johnson décide alors de devancer son ancien collègue pour donner plus de poids à son propos. « Nous ne pouvons plus prétendre que ce pays est au cœur de l'Europe, lance-t-il le 4 décembre, lors d'un discours prononcé à l'occasion d'une conférence organisée par l'agence de presse Thomson Reuters à Canary Wharf, le quartier des affaires de l'est de la capitale. Nous devrions saisir l'occasion des changements de traité pour organiser une conférence intergouvernementale lors de laquelle nous réalignerions notre relation à l'Europe sur ce que les Britanniques veulent. »

Boris Johnson l'ultralibéral effectue son grand retour sur la scène nationale, même s'il rejette comme « *a complete cloud cuckoo land* » (une absurdité totale) les spéculations sur sa volonté de redevenir député à la Chambre des communes en 2015, soit avant la fin de son mandat de maire. « Réduisons l'UE au marché unique, effaçons le chapitre social, la politique sur la pêche, poursuit-il, relativement bien coiffé et très élégamment vêtu, devant un parterre de diplomates et d'hommes d'affaires. Nous pourrions construire une relation proche de celle qu'entretient l'UE avec la Norvège ou la Suisse, à la différence près que nous serions dans le marché unique et capables de décider de la législation. » Pour lui, ce nouveau traité doit être proposé au vote des Britanniques avec la question : « Voulez-vous rester dans le marché unique, oui ou non ? » « Et si les gens pensent que cette nouvelle relation n'est pas une amélioration, ils exerceront leur droit souverain de quitter l'UE », clarifie-t-il.

Lors de la séance de questions-réponses qui suit son discours, dirigée par son ami d'enfance Hugo Dixon, devenu journaliste pour l'agence de presse Thomson Reuters, Boris Johnson avoue « avoir migré, à propos de l'Europe, de l'enthousiasme à un réel scepticisme » lors de son séjour en tant que correspondant à Bruxelles. Il poursuit sur l'un de ses sujets préférés: «L'euro est un projet calamiteux, il boitera avec des taux de croissance sclérosés. Il finira par exploser.»

Conscient des enjeux au sein même du parti, Boris Johnson laisse pourtant la porte ouverte à David Cameron. «À chaque fois que je m'assois pour peser le pour et le contre, je pose une serviette froide sur mon front. Entre rester d'une part et, d'autre part, sortir de l'UE pour aller chercher un avenir indépendant glorieux au large, je penche toujours de justesse en faveur du Remain. Et je pense encore que c'est, à un rien près, la bonne direction. [...] Si nous obtenons cette campagne, j'essaierai sans doute de défendre les bonnes choses qui ont découlé du marché unique.»

Le 23 janvier 2013, David Cameron aboutit à la même conclusion que Boris Johnson. Invité à parler dans les locaux de l'agence de presse Bloomberg, il promet l'organisation d'un référendum sur le maintien du Royaume-Uni au sein de l'UE avant fin 2017. Dans ce qui sera ensuite systématiquement appelé «discours de Bloomberg», il explique: «L'intérêt national britannique est mieux servi par une UE flexible, adaptable et ouverte, et une telle UE est meilleure avec la Grande-Bretagne en son sein. [...] Si nous pouvons négocier un nouvel accord dans lequel la Grande-Bretagne se sente à l'aise et les autres pays européens puissent prospérer, je ferai campagne en sa faveur avec tout mon cœur et toute mon âme.»

Son sous-entendu est clair: il ne fera pas campagne pour demeurer dans l'UE si les requêtes britanniques sont rejetées par ses partenaires européens. Concrètement, il veut obtenir le rapatriement des pouvoirs législatifs détenus par le Parlement européen vers Westminster: «Nous allons vers l'UE avec une approche psychologique plus pratique qu'émotionnelle.

[...] Nous demanderons une relation au cœur de laquelle se trouve le marché unique».

Dans le monde politique européen, cette annonce a l'effet d'une bombe. La quasi-totalité de la presse présente ce choix comme la solution trouvée par David Cameron pour éteindre le danger posé par le United Kingdom Independence Party (Ukip) qui menace sa réélection prochaine. Et, de fait, Nigel Farage, son leader historique, est le premier à se réjouir de cette promesse. «Le simple fait que nous parlions de la possibilité que la Grande-Bretagne quitte l'UE est la plus grande victoire de l'Ukip à ce jour, se félicite-t-il. Le génie est sorti de la lampe: le combat pour la liberté de notre pays commence aujourd'hui!»

Son parti a vu le jour en 1991. Fondé par l'historien Alan Sked sous le nom de Ligue antifédéraliste, il s'oppose à la signature du traité de Maastricht et réclame un retrait de l'UE. Il prend son nom actuel en 1994, mais il faut attendre la disparition d'un Referendum Party qui n'aura pas fait long feu pour que l'Ukip fasse parler de lui et décolle électoralement. Lors de l'élection européenne de 1999, le parti remporte 6,5 % des votes et trois sièges au Parlement européen, dont un occupé par Nigel Farage.

L'émergence médiatique du parti est favorisée par l'élargissement de l'UE le 1er janvier 2004 à dix nouveaux pays, dont huit issus de l'ancien bloc communiste, ainsi que par le soutien du tabloïd *The Daily Express*, devenu favorable à une sortie de l'UE. «Jusqu'alors, nous n'avions jamais parlé d'immigration, car lorsqu'un ensemble de pays est composé d'habitants de niveaux économiques proches, il y a peu d'immigration, assure Gawain Towler, responsable de la communication du parti dès l'automne 2000. Mais Tony Blair a décidé de manière unilatérale d'ouvrir les frontières britanniques à ces nouveaux États membres alors que toutes les autres grandes économies européennes les ont maintenues fermées pendant trois années supplémentaires. »

Les autorités britanniques envisagent l'arrivée de 5 000 à 13 000 Européens issus des nouveaux pays membres, qui rejoindront les 167 000 Européens de l'Est déjà installés. Elles pensent en effet que les autres grandes économies ouvriront aussi leurs portes. Finalement, ce sont 52 600 personnes qui posent leur valise sur le sol britannique dès la première année. En 2013, au moment du discours de David Cameron à l'agence Bloomberg, le Bureau national des statistiques recense 1,07 million d'Européens de l'Est, dont 643 000 Polonais. La direction de l'Ukip transforme alors l'essai. « Nous avons réussi à lier notre appartenance à l'UE à cette immigration massive, la liberté de circulation étant l'un des piliers essentiels de l'UE », se réjouit encore Gawain Towler.

Boris Johnson, le Londonien métropolitain et eurosceptique, voit apparaître son pendant réactionnaire, bruxellois et eurosceptique. Habile avec les médias et doté d'un vrai sens du contact, Nigel Farage appâte lui aussi des électeurs lassés du vernis apposé par le Labour sur toutes les sorties des dirigeants travaillistes. Le message est d'autant plus efficace qu'il n'est pas véritablement contré par les deux partis majoritaires. Considéré comme responsable de l'immigration massive des Européens de l'Est après leur avoir ouvert les frontières britanniques en 2004, le Labour, au pouvoir quand l'Ukip émerge, fait le dos rond et se tait. De leur côté, les conservateurs entrent dans une surenchère avec le parti antieuropéen.

Boris Johnson se présente ainsi comme l'un des rares politiciens ouvertement favorables à l'immigration. En novembre 2008, il propose de mettre en place un système d'amnistie attribuée aux immigrés illégaux après plus de cinq ans passés dans le pays. Il enfonce le clou en mars 2009. Même s'il réclame un contrôle renforcé de l'immigration, il soutient ne pas vouloir être le maire d'une ville où « un groupe vit normalement et un autre vit dans l'ombre, incapable de contribuer pleinement au reste de la société ». Avec ces propos, il se retrouve en opposition frontale avec son propre parti, mais aussi avec les travaillistes. Boris Johnson est bien trop progressiste pour les deux grands partis.

Lors de l'élection européenne du 4 juin 2009, l'Ukip réalise sa première percée. Avec 2,5 millions de votes et 16 % des bulletins comptabilisés, le parti décroche la deuxième place nationale et treize députés européens. Quelques mois plus tard, Nigel Farage, qui a démissionné de la direction de son parti, se fait connaître du grand public. « Nigel s'est lâché », admet en souriant Gawain Towler. Le 24 février 2010, après le discours inaugural de Herman Van Rompuy à la présidence du Conseil européen, le député britannique se lève et prévient « ne pas vouloir être impoli ». Ce qui, dans la langue de Shakespeare, n'est jamais une entrée en matière rassurante. Après avoir estimé, un léger sourire en coin, que le premier président du Conseil européen dispose « du charisme d'une serpillière trempée », Nigel Farage, impeccablement coiffé, sa raie bien tracée, demande à Herman Van Rompuy : « Qui êtes-vous ? Je n'ai jamais entendu parler de vous et personne en Europe n'a jamais entendu parler de vous. » Alors que l'ancien Premier ministre belge remue sur son siège et rougit, autant de colère que de gêne, le député britannique l'accuse de vouloir être « l'assassin silencieux de la démocratie européenne et du concept d'État-nation ». Sous les hurlements indignés des élus des grands partis, il suppute que sa motivation est « sans doute liée au fait que la Belgique est quasiment un non-pays » !

Le discours devient viral. « Et les journalistes se sont plaints que Nigel était grossier, s'agace Gawain Towler. Je me suis énervé et je leur ai dit : "Cela fait dix ans qu'il est poli et vous n'avez jamais parlé de lui. Il est grossier une fois et vous n'avez plus que son nom à la bouche. Quel message nous envoyez-vous ? Bande d'hypocrites..." »

Le 6 mai 2010, le parti ne recueille que 3,1 % des votes lors de l'élection générale. Nigel Farage, qui avait quitté la direction de l'Ukip en septembre 2009 afin de se consacrer à sa candidature pour devenir député aux Communes, reprend les rênes du parti. Le moment se révèle crucial : lors des années qui suivent, les Britanniques voient apparaître les fractures européennes et observent le délitement du projet européen. Son parti grimpe dans les sondages jusqu'à menacer véritablement le Parti conservateur : le jour où David Cameron officialise sa promesse de référendum, un sondage crédite l'Ukip de 10 % d'intention de vote. À lui seul, le parti antieuropéen peut provoquer la défaite des conservateurs qui, avec 31 % d'intention de vote, sont largement distancés par les travaillistes (43 %).

Nigel Farage est ainsi devenu un danger pour les conservateurs. Début 2014, deux députés tories, Douglas Carswell et Mark Reckless, rejoignent même les rangs de l'Ukip. Après avoir démissionné, ils se présentent à leur propre réélection.

La panique est telle que l'équipe Cameron pense immédiatement à placer un poids lourd face à Douglas Carswell. Son nom ? Boris Johnson. Mais lorsque celui-ci reçoit la proposition, sa réaction est immédiate et ferme, envoyée par texto : « *Fuck off* » (« Allez vous faire foutre »), comme le raconte Kate Fall, la cheffe de cabinet adjointe de David Cameron, dans son livre *The Gatekeeper*. Boris Johnson n'entend pas ruiner sa réputation pour rien. Cela ne l'empêche pas de soutenir le Premier ministre : « Je dis aux sécessionnistes, aux séparatistes et aux Ukipers qu'un seul parti peut régler la question européenne ; seul le Parti conservateur est capable de nous donner le référendum que le pays veut et mérite. »

Populaires, Douglas Carswell et Mark Reckless se font réélire dans la foulée sous leur nouvelle couleur. Le risque de basculement du Parti conservateur est bien réel.

Bien qu'il ait fermement rejeté la proposition de son parti, Boris Johnson commence à trépigner dans son fauteuil de maire de Londres. Le 6 août 2014, il choisit le lieu même où David Cameron a promis le référendum, les bureaux de l'agence Bloomberg, pour présenter son propre discours sur l'Europe. Il n'y dévoile pas grand-chose de nouveau. Jusqu'à la séance de questions-réponses finale : « Je n'ai pas de siège en vue, mais [...] autant être absolument clair : il est fort probable que je cherche une circonscription parlementaire où être candidat en 2015. »

Cette annonce marque une véritable rupture. À quatre reprises au cours des deux années précédentes, il avait promis qu'il ne serait pas candidat lors de l'élection générale de 2015, notamment parce que le poste de maire de Londres « est le meilleur travail dans la politique britannique ». Le voilà désormais hypothétiquement de retour aux Communes. En réaction, David Cameron indique sur le réseau social Twitter : « C'est une excellente nouvelle que Boris envisage de se présenter à l'élection générale de l'an prochain – j'ai toujours dit que je voulais que mes joueurs vedettes soient sur le terrain. » Au fond, le Premier ministre sait pourtant bien que Boris Johnson est à l'affût : il faut impérativement être membre du Parlement, député à la Chambre des communes ou lord pour pouvoir participer à la course à la direction du parti. Une campagne tout à fait envisageable pour Boris Johnson si David Cameron venait à perdre le pouvoir lors de la future élection.

Chapitre 9

2015 – février 2016
Je ferai la promotion du vote Leave

En ce 21 février 2016, Boris Johnson, une valise à la main, arrive chez lui, au 20 Colebrooke Row, dans le quartier londonien d'Islington, socialement l'un des plus mixtes du pays. Pour se prémunir du froid, il porte une grosse doudoune et un bonnet noir cerclé de bleu aux couleurs de TfL (Transport for London), l'entreprise de gestion des transports londoniens. En arborant cette tenue, il rappelle qu'il est encore maire de Londres pour les deux prochains mois. Aux dizaines de journalistes, de caméramans et de photographes qui l'attendent de pied ferme depuis plusieurs heures, il promet : « Je reviens dans pas longtemps. » Puis il s'enfonce dans son domicile. Il en ressort bien plus tard, ses cheveux courts un peu moins désordonnés que d'habitude. Sa doudoune a laissé place à un élégant costume, orné d'une cravate cyan. « Bonjour tout le monde, je me suis dit que j'allais sortir et dire quelques mots, lance-t-il, l'air espiègle, en descendant les marches. Mon intention n'était surtout pas d'aller contre David Cameron ou le gouvernement. Mais après une longue réflexion, il n'y a rien d'autre que je puisse faire. Je ferai la promotion du vote Leave [quitter l'UE]. Parce que je veux un meilleur accord pour ce pays : économiser de l'argent et reprendre le contrôle. »

Il justifie son choix par un argument qu'il a mille fois répété : « L'UE est un projet politique désormais sur le point de s'extraire de tout réel contrôle démocratique. » Il développe cet argumentaire dans sa chronique publiée le lendemain dans *The Telegraph* : « Ce n'est pas nous, dans ce pays, qui avons changé. C'est l'UE. Durant les vingt-huit années écoulées depuis que j'ai écrit pour la première fois sur le marché unique, le projet s'est métamorphosé et s'est agrandi au point d'être méconnaissable. » Il critique « la rapidité de l'intégration », « les efforts d'harmonisation parfois comiques » et « une extension des zones de vote par majorité qualifiée » qui aboutit à ce que « les choix de la Grande-Bretagne soient niés de plus en plus souvent ». Surtout, il enrage contre les différents traités, Maastricht, Amsterdam, Nice, Lisbonne, « qui représentent tous une extension de l'autorité de l'UE et une centralisation à Bruxelles », et le développement d'une législation « inarrêtable et irréversible » grâce au soutien de la Cour de justice de l'Union européenne. Des ingrédients qui diffèrent trop du projet originel rejoint par le Royaume-Uni en 1973.

« Il n'y a qu'un seul moyen d'obtenir le changement que nous voulons, c'est de voter pour le Leave, parce que toute l'histoire de l'UE montre qu'une population n'est vraiment écoutée que lorsqu'elle dit non, soutient-il. Le problème fondamental persiste : ils ont un idéal que nous ne partageons pas. Ils veulent créer une union véritablement fédérale, *e pluribus unum* [unie dans la diversité], quand la plupart des Britanniques ne le veulent pas. »

Conscient des critiques à venir, il n'imagine pas rester dans l'UE uniquement à cause de « l'influence » dont dispose le Royaume-Uni. Il ne craint pas d'« avoir à négocier un grand nombre d'accords commerciaux». Il ne croit pas qu'«un Brexit enhardirait Vladimir Poutine», le président russe. Quant aux risques pour l'économie et la City de Londres, il les considère comme «probablement exagérés». Même s'il reconnaît le danger pour l'unité du pays.

Les Britanniques ne le savent pas encore, mais l'avenir du Royaume-Uni vient de basculer. Boris Johnson n'est autre que le politicien le plus populaire du pays et il veut s'imposer comme le représentant de la voix du peuple. Les deux camps saisissent l'importance de ce tournant. Face au Leave, le Remain («rester»), avec David Cameron en tête d'affiche, rassemble les partisans d'un maintien dans l'UE. Le Premier ministre revient tout juste de Bruxelles, après une bataille de plusieurs mois entamée l'été précédent sur le statut britannique au sein de l'UE. «La renégociation et le référendum [...] étaient nécessaires, et les deux auraient dû avoir eu lieu depuis longtemps, écrit-il dans ses mémoires. Je ne les voyais pas comme des efforts séparés : ils étaient les deux côtés d'une même pièce. Je n'aurais jamais pu entreprendre une véritable renégociation sans un référendum. J'avais besoin d'un point final pour fixer l'attention des dirigeants auprès desquels je cherchais le changement. Je n'aurais jamais envisagé un référendum sans une renégociation. [...] Comme je l'avais dit aux dirigeants européens, c'était "ma stratégie pour garder la Grande-Bretagne en Europe". »

Malgré son initiative, le responsable conservateur redoute ce qui l'attend. Il choisit durant la semaine qui suit sa réélection le 7 mai 2015 d'organiser le référendum au plus vite. Il entoure déjà la date du 23 juin 2016 sur son calendrier. Il ne veut pas trop repousser l'échéance, car il craint que ne se reproduise pendant l'été 2016 une crise migratoire qui fasse le jeu de l'Ukip et des Brexiters dans leur ensemble. Mais il sait que cette solution lui laisse moins de temps pour négocier.

« Surtout, ce court laps de temps interdisait un changement de traité », analyse Jonathan Faull. Haut fonctionnaire, il a réalisé toute sa carrière à Bruxelles, à la suite de son entrée à la Commission en 1978. Depuis le 1er septembre 2015, il dirige l'équipe des questions stratégiques liées au référendum britannique. « Nous opérions donc dans le cadre des traités existants, ce qui signifie que des questions juridiques apparaissaient chaque jour à chaque nouvelle proposition : "Cette solution peut-elle être réalisée dans le cadre du traité actuel ?" Cela a donné un pouvoir considérable aux juristes de la Commission, au service juridique du Conseil et aux services juridiques britanniques. » La décision ne peut plus être uniquement politique, elle est désormais aussi juridique.

David Cameron réclame des avancées dans quatre « paniers » : la souveraineté, notamment via la possibilité de rejeter des législations européennes, la compétitivité, en particulier par la dérégulation, la justice, c'est-à-dire l'équité entre les pays de la zone euro et les autres, et enfin l'immigration, « la question la plus importante et la plus difficile en termes politiques ». S'il n'entend pas obtenir la fin de la liberté de circulation, il réclame sa réforme via la mise en place d'un moyen technique pour limiter en cas d'urgence les arrivées d'Européens sur le sol britannique.

Le responsable conservateur est conscient qu'une différence majeure le sépare de ses partenaires européens sur la question de l'immigration. « À leurs yeux, si vous venez de l'intérieur de l'UE, vous êtes un travailleur. Si vous venez d'en dehors de l'UE, vous êtes un migrant. » À l'inverse, au Royaume-Uni, « tout est plus une question de nombre et de pression. Ainsi, les gens voient la liberté de circulation et l'immigration comme la même chose. Certains activistes libertariens partisans du Leave vont même plus loin, s'opposant à la liberté de circulation européenne précisément parce qu'elle favorise les migrants de l'UE, surtout blancs, aux dépens des migrants venus du reste du monde, surtout noirs ou asiatiques».

Entre mai 2015 et février 2016, David Cameron rend visite à ses homologues européens ou les accueille dans sa résidence de Chequers. L'affaire ne s'engage pas bien. Chacun d'entre eux a son avis sur la question. Angela Merkel se dit prête à modifier le système européen d'allocations sociales, mais refuse qu'il soit discriminant. François Hollande ne peut envisager un droit de veto sur la politique de la zone euro de la part des pays non membres de la zone euro. Le Premier ministre italien Matteo Renzi ne veut pas entendre parler d'Europe à plusieurs vitesses. Les dirigeants d'Europe de l'Est refusent la moindre modification des aides sociales, dont profitent nombre de leurs citoyens, mais veulent trouver une solution. Le Hongrois Viktor Orbán soutient Cameron dans toutes ses demandes. Au contraire, le Belge Charles Michel et le Luxembourgeois Xavier Bettel considèrent que la «renégociation [est] une hérésie». Un vocabulaire qui fait dire à David Cameron que leur point de vue n'est rien d'autre que «théologique».

Le locataire du 10 Downing Street prend alors conscience que «la plupart des dirigeants ne pensaient tout simplement pas que la Grande-Bretagne sortirait. Pour eux, le référendum était une ruse pour obtenir plus lors d'une renégociation». Trois hommes se détachent de cette vision cynique: les Premiers ministres danois et hollandais, Lars Lokke Rasmussen et Mark Rutte, ainsi que François Hollande. «Il y avait une grande inquiétude à Paris, témoigne dans un français parfait Peter Ricketts, désormais ambassadeur britannique en

France. Hollande était extrêmement inquiet que Cameron prenne ce risque qu'il jugeait bien trop grand. Je me souviens d'une réunion à la base de l'armée de l'air de Brize Norton, il n'a pas arrêté de lui demander : "Es-tu sûr de ce que tu fais, David ? Es-tu sûr que tu peux l'emporter ? Nous en avons nous-mêmes fait l'expérience…" »

François Hollande fait évidemment référence au traité de Maastricht, adopté de justesse en 1992 avec 51,04 % des voix, mais surtout au traité de constitution européenne rejeté en 2005 par 54,67 % des électeurs. Le camp du « non » avait alors notamment été mené par Laurent Fabius. En 2016, celui-ci est ministre des Affaires étrangères. « Fabius était le ministre français qui exprimait sa crainte avec le plus de force, poursuit Peter Ricketts. Il disait à chaque visiteur politique britannique : "Pitié, ne faites pas ça ! Je porte encore sur moi le poids de l'expérience d'un référendum en France…" » À la suite de la victoire de son camp, il a en effet été exclu des instances dirigeantes du Parti socialiste français alors qu'il en était le politicien le plus populaire.

Observateur affûté de la question européenne, Boris Johnson s'est bien aperçu de la complexité de la tâche qui attend le Premier ministre britannique. « Ce sera difficile, il y aura une longue période de négociations compliquées, commente-t-il le 15 novembre 2015. À un moment, ça va saigner à Bruxelles. » Néanmoins, le maire de Londres affirme qu'il « espère vraiment parvenir à un accord ».

Les responsables européens se retrouvent pour une ultime session de discussions à Bruxelles le 18 février 2016 dans le bâtiment Juste-Lipse, l'imposant immeuble qui accueille les Conseils européens depuis 2002. David Cameron est envoyé à son arrivée au septième étage, où une pièce a été attribuée à sa délégation. Il rencontre d'emblée Donald Tusk, le président du Conseil européen. « Quelle est ta priorité ? Parce que cinq priorités, ce n'est pas une priorité », lui lance ce dernier. L'après-midi débute mal. Après deux autres rencontres en tête à tête avec d'autres dirigeants, David Cameron quitte sa délégation pour participer au dîner officiel.

Comme lors de toutes les réunions du Conseil européen, les chefs d'État ou de gouvernement sont livrés à eux-mêmes. Seuls des employés du secrétariat sont présents dans la même salle qu'eux. Ils sont chargés de sortir toutes les vingt minutes pour rendre compte des prises de paroles des dirigeants à l'Antici de chaque délégation, c'est-à-dire à l'assistant du représentant permanent de chaque pays auprès de l'UE. À leur tour, ces Antici résument par écrit la discussion et la transmettent à leur délégation, située à un autre étage. Une fois ces résumés lus, ils sont détruits.

Le dîner n'aboutit à rien mais David Cameron n'est pas prêt à lâcher. « Je dirai à Tusk que je ne peux pas faire adopter cet accord par mon cabinet gouvernemental, encore moins par référendum », dit-il à son équipe selon son responsable de la stratégie et de la communication, Craig Oliver, dans son livre *Unleashing Demons*. Les discussions bilatérales reprennent. Les dirigeants se retrouvent ensuite dans la grande salle. Aucune avancée n'est réalisée jusqu'à la clôture des débats à 5 h 30 du matin.

Après trois heures de sommeil à la résidence britannique, les réunions reprennent. Le petit déjeuner anglais se transforme en un déjeuner, puis en un thé. Même si rien n'a bougé, les vingt-sept veulent se donner le temps. Ils n'entendent pas mettre fin aux discussions comme après le veto de David Cameron en 2011. L'espoir est permis.

« David Cameron était allongé par terre pour reposer son dos douloureux, raconte Craig Oliver dans son livre. Nous apprenons à ce moment-là qu'Angela Merkel arrive. » Il est 16 h 30. « David est-il là ? » demande la chancelière en passant le pas de la porte. David Cameron et la délégation britannique commencent à ranger la pièce, dans laquelle traînent de nombreux dossiers. Les deux délégations entament leurs discussions. Il explique à sa visiteuse qu'il devra faire face à un « *barrage of criticism* » (« barrage de critiques ») si l'accord est dilué. Qu'est-ce qu'un « barrage » ? demande-t-elle à ses aides. « *Blitzkrieg* », répond David Cameron, l'œil moqueur. Elle sourit et part réfléchir.

Les discussions reprennent. La situation se décante vers 21 h 30. Un accord est en vue.

David Cameron parvient à s'extraire de la pièce juste avant le journal télévisé de 22 heures, heure britannique, 23 heures, heure de Bruxelles, sous les applaudissements de ses homologues. Il se présente dans la salle de presse. « Au cours de la dernière heure, j'ai négocié un accord afin d'obtenir un statut spécial pour le Royaume-Uni au sein de l'UE, commence-t-il. [...] Cet accord remplit les engagements que j'ai pris au début de ce processus de négociation. La Grande-Bretagne sera de manière permanente hors d'une Union se voulant toujours plus proche, elle ne fera jamais partie d'un super-État européen. Il y aura de nouvelles restrictions fermes sur l'accès des migrants européens à notre système d'aides sociales. [...] La Grande-Bretagne ne rejoindra jamais l'euro. Nous avons assuré des protections vitales à notre économie et un droit de parole sur les règles du marché unique, tout en restant en dehors de l'euro. » Avant d'en arriver au passage le plus important pour les électeurs : « Je crois que c'est suffisant pour que je recommande que le Royaume-Uni demeure dans l'Union européenne, puisque nous avons obtenu le meilleur des deux mondes. Nous participerons à l'Europe qui fonctionne pour nous, nous influencerons les décisions qui nous affectent au volant du marché le plus grand du monde et avec la possibilité d'agir pour rester en sécurité. Et nous ne participerons pas à l'Europe qui ne fonctionne pas pour nous. Les frontières ouvertes. Les sauvetages des pays en difficulté. L'euro. Et tous les programmes auxquels le Royaume-Uni ne veut pas participer. »

David Cameron est confiant. « Il a obtenu beaucoup de l'UE, même s'il n'a pas pu avoir le frein migratoire d'urgence qu'il espérait, destiné à bloquer temporairement l'installation de citoyens européens sur le sol britannique, analyse le haut fonctionnaire Jonathan Faull. D'un point de vue juridique, la liberté de circulation est un droit, à partir du moment où les conditions en termes de sécurité publique, de santé publique et de politiques publiques sont remplies. Il n'est donc pas possible de mettre en place un système basé sur des quotas. »

Ce n'est pas l'avis de Rudolf G. Adam, diplomate allemand basé à Londres en 2013 et 2014 et auteur de livres sur le Brexit. « Le dogmatisme et l'orthodoxie des vingt-sept sur l'immigration ont affaibli la position de Cameron. Ils viennent en grande partie de la position de Merkel. Pour la chancelière, qui a vécu quasiment trente ans en République démocratique allemande, la liberté de circulation est sacrosainte. C'est pourtant de la pure hypocrisie : l'Allemagne a décidé de la refuser aux Bulgares et aux Roumains pendant les trois années après leur adhésion à l'UE, elle a réintroduit le contrôle des frontières avant le G7 organisé à Garmisch-Partenkirchen en 2015 pour éviter la venue de manifestations et plus encore en 2020 pendant la pandémie du coronavirus. Elle aurait donc pu accorder à David Cameron la suspension temporaire qu'il réclamait. »

À peine son accord est-il dévoilé que le ministre britannique de la Justice, Michael Gove, annonce son soutien au Brexit.

La cohésion gouvernementale n'aura pas duré longtemps. Surtout, cette révélation « est un choc personnel » pour le Premier ministre, témoigne Kate Fall. Si Boris Johnson devait opter pour le Leave, David Cameron sait qu'il serait un énorme handicap pour son camp mais il ne se sentirait pas trahi par le maire de Londres. Depuis longtemps déjà, il ne lui fait pas entièrement confiance. Ce n'est pas le cas de Michael Gove. « Boris a toujours été un ami, mais nous étions très proches avec Michael », explique-t-il dans son autobiographie. Ils se connaissent depuis longtemps et les deux couples venaient de célébrer le nouvel an ensemble. L'épouse de Michael Gove, la journaliste Sarah Vine, aussi marraine de la plus jeune fille du couple Cameron, l'avait alors rassuré à plusieurs reprises sur le choix ultime de son mari. « Michael était un confident, s'étonne encore le responsable conservateur. Il faisait partie de mon équipe proche. Quelqu'un vers qui je me tournais souvent pour des conseils. Pourquoi ne m'a-t-il pas prévenu plus tôt que cela pouvait arriver ? »

Son attention se tourne alors vers Boris Johnson. Il veut absolument éviter le choc des titans. « Lui et moi avons eu de nombreuses conversations au fil des ans à propos de la question européenne, raconte l'ex-Premier ministre. Boris était réputé pour être eurosceptique. [...] Mais il n'avait jamais parlé de quitter l'UE. » Ils se rencontrent régulièrement sur des courts de tennis à l'occasion de parties acharnées. Il est assez facile d'imaginer d'un côté un David au style fluide, de l'autre un Boris fonctionnant plus à l'énergie et à l'envie. Le journaliste et chercheur David Goodhart, qui a vécu dans la même rue que Boris Johnson au début des années 2000, se souvient bien des deux parties qu'il a lui-même disputées contre Johnson : « Il est arrivé en retard. Il a sorti une vieille raquette en bois. Je me suis dit : "Je vais l'écraser !" Et, effectivement, j'étais bien meilleur que lui, son jeu partait dans tous les sens. Mais il était férocement compétitif, il ne voulait que gagner. Et il a gagné. Les deux fois. »

Quelques heures après son retour de Bruxelles, David Cameron invite Boris Johnson à Downing Street. Le maire de Londres se montre alors très critique de l'UE, mais est indécis « comme un caddy de supermarché cassé », ainsi qu'il l'avait expliqué quelques jours plus tôt à des journalistes.

Tout se décante le lendemain. Même si le Premier ministre n'en parle pas dans ses mémoires, Boris Johnson lui envoie un premier email le dimanche matin vers 9 heures. « Eh ben, on dirait bien que c'est *out* ! » annonce David Cameron après avoir consulté son téléphone portable. « Il a lu le message à haute voix », raconte Craig Oliver, qui était à ses côtés au 10 Downing Street. Le conseiller de David Cameron trouve le texte de Boris Johnson bien écrit, réfléchi et généreux. Le maire de Londres expose tout d'abord combien il est torturé par cette question. Il explique ensuite devoir « suivre son cœur » et suggère à la fin de son email que le Royaume-Uni restera dans l'UE.

Vers 13 heures, David Cameron rappelle Craig Oliver. Boris Johnson vient en effet de lui envoyer un nouveau message, dans lequel il fait part de ses hésitations. Rien n'est encore joué. Craig Oliver est abasourdi. Il le sait, bien qu'il « déteste prendre des décisions », Johnson est obligé de faire un choix. « Boris est vraiment en ébullition », estime-t-il. Mais il s'interroge surtout sur les motivations qui le poussent à faire part de ses états d'âme à David Cameron, dont la carrière politique est pourtant sur le grill avec ce référendum. « Peut-être par respect et amitié, parce que David Cameron est une des seules personnes qui doit comprendre par quoi il passe. Mais peut-être est-ce juste une absence de sensibilité. »

Dans la foulée, le Premier ministre envoie un SMS à Boris Johnson : « Si tu ne sais pas quoi faire, fais ce qui est juste. »

Finalement, David Cameron reçoit un ultime SMS. Boris Johnson assure, détournant une phrase de l'écrivain Rudyard Kipling, que « le Brexit sera écrasé comme un crapaud sous la herse ». Mais il lui dit qu'il ne pourrait pas se regarder dans un miroir s'il faisait campagne pour rester dans l'UE. « Cela n'a rien à voir avec toi, je veux juste faire ce qui est juste. » Neuf minutes plus tard, il sort de chez lui et se présente devant les caméras.

« Je savais que ce serait sérieux, confie le Premier ministre dans ses mémoires. Il était le seul politicien avec un taux d'opinion favorable plus élevé que moi – et de manière cruciale parmi les électeurs tangents que nous essayions d'attirer. [...] Deux de mes généraux clés ont fait défection dès les premiers jours de la bataille. »

Si la désertion de Michael Gove l'a déçu, David Cameron ne remet pas en cause la conviction de son ami. Ce n'est pas le cas avec la décision de Boris Johnson. Il estime que, pour le maire de Londres, la question du Brexit est « secondaire par rapport à un autre problème : quel était le meilleur résultat pour lui ? Le politicien britannique qui mènerait le camp du Brexit – si chargé d'images de patriotisme, d'indépendance et de romantisme – deviendrait le *darling* [le chouchou] du parti. Il ne voulait pas prendre le risque que quelqu'un d'autre de connu – en particulier Michael Gove – remporte le gros lot ».

Hugo Dixon, l'ami d'enfance de Boris Johnson rencontré à Eton, journaliste et fondateur d'InFacts, un site proeuropéen destiné à contrer la désinformation sur l'UE, partage en partie cette analyse : « Nous avons eu de nombreuses discussions lors des semaines et mois qui ont mené au référendum et il me semblait tiraillé. Nos discussions lui permettaient notamment de tester ses arguments. Néanmoins, je ne crois pas qu'il ait opté pour le camp du Leave parce qu'il voulait nous sortir de l'UE. Il voulait surtout propulser sa carrière. Il a probablement imaginé que faire la course contre David Cameron ferait de lui le *darling* du Parti conservateur. Cela l'aurait placé en pole position pour récupérer la direction du parti à la démission de celui-ci. Il aurait tiré son épingle du jeu dans tous les cas. »

D'un point de vue tactique, c'est un coup de maître. En soutenant les perdants de la globalisation et du libéralisme économique, Boris Johnson se départit de son image de maire de Londres, la ville des riches, de la finance et de l'élite. Ainsi, si le camp du Leave l'emporte, il sera fait roi. S'il perd, il se trouvera sur les rails pour succéder à David Cameron. Ce dernier a en effet déjà révélé qu'il ne terminera pas son mandat entamé en mai 2015. Une élection interne au Parti conservateur aura donc forcément lieu dans les deux années à venir.

Pourtant, dès son annonce le 21 février, Boris Johnson nie avoir choisi son camp de manière aussi calculée et cynique. « Quoi qu'il advienne, et je l'ai dit au Premier ministre, il doit rester à son poste », lance-t-il devant sa maison. En politicien expérimenté, il sait pourtant pertinemment que cela n'est pas envisageable.

Cet indéniable opportunisme ne retire rien au fait que le maire de Londres a depuis longtemps fait part de son aversion pour l'UE et qu'il a longuement réfléchi à son positionnement, comme l'a déjà indiqué son ami Hugo Dixon. Ce point est renforcé par le témoignage de Matthew Elliott, alors directeur de Business For Britain, un groupe de pression composé de patrons eurosceptiques. Il sera à l'initiative de Vote Leave, qui deviendra peu après le groupe de campagne officiel pro-Brexit. « Bien avant le référendum, Boris Johnson a organisé plusieurs déjeuners, auxquels il a convié des gens des deux camps», raconte, assis à une terrasse de café non loin du British Museum, le jeune homme qui a participé à plusieurs d'entre eux. «On sentait qu'il cherchait à écouter et à tester les arguments de chacun pour déterminer son propre choix. Il était impossible de savoir où il se dirigeait, c'est quand même le roi pour dire oui et non dans la même phrase. Mais une chose est certaine: il maîtrisait très bien le sujet.»

Cette collecte d'informations s'est poursuivie jusqu'au dernier moment. «Lors des jours suivant le retour de David Cameron de Bruxelles, il nous a bombardés d'emails nous posant des questions sur des points très précis, poursuit Matthew Elliott. Il était notamment très intéressé par le rôle de la Cour de justice de l'Union européenne et ce que David Cameron estimait avoir changé. Nous nous sommes dit qu'il faisait probablement la même chose avec le camp adverse et cela s'est révélé exact. Il a vraiment tout étudié dans le détail et a consulté des points de vue divergents.»

Rachel Johnson abonde dans ce sens: «J'étais avec Al et mon mari Ivo dans la ferme familiale la veille de son annonce. Nous avons tenté de le convaincre de soutenir David Cameron et de ne pas faire campagne pour le camp du Leave. Il était complètement tiraillé. Il se sent très européen, mais il n'est pas favorable à l'UE. Je pense qu'il a pris cette décision pour des raisons idéologiques.»

Frère et sœur jouent ce jour-là au tennis sous une pluie drue. Les échanges, balles trempées, sont à la fois physiques et verbaux. «Je lui hurlais les scénarios à venir si l'un ou l'autre camp l'emportait», se remémore-t-elle. Avant qu'ils n'avalent ensemble des lasagnes brûlées arrosées de bourgogne rouge et ne s'assoient au coin du feu, Boris fait lire à sa sœur deux chroniques qu'il a rédigées sur son ordinateur. «Je lui ai dit que sa chronique Remain avait du sens et que sa chronique Leave partait dans tous les sens. Mais il m'a répondu qu'une fois écrite sa chronique Remain lui avait donné envie de vomir. »

Pour guider sa réflexion, il a en effet rédigé deux textes parallèles. Celui favorable au Brexit a été publié dans *The Telegraph* le lundi 22 février. Dans l'autre, qui défend la vision opposée, il écrit : « Je comprends que des gens puissent penser : au diable tout cela, je veux sortir, je veux reprendre le contrôle de notre démocratie et de notre pays, y écrit-il. Je le comprends parfaitement parce que la moitié du temps je le pense moi-même ; mais l'autre moitié du temps, je pense aux inconvénients. Et je me dois d'être honnête. » Il les énumère alors : le choc économique prévisible, le risque pour l'union du royaume, l'encouragement donné à Vladimir Poutine pour perturber l'Occident. Il estime que le coût pour être membre de l'UE et accéder au marché unique « paraît plutôt réduit par rapport à ce que cela rapporte ». Après avoir reconsidéré la portée de l'accord obtenu par David Cameron, il conclut : « Certes, les amis, cet accord est un peu mou, mais il contient en germe quelque chose de vraiment bon. Je vais étouffer ma déception et soutenir le Premier ministre. » Cette chronique a pourtant fini à la corbeille. Comme le résume sa sœur, « malgré son attrait pour l'Europe, il est plus drôle pour Al d'être un Viking qu'un bureaucrate » !

Chapitre 10

Mars 2016 – 23 juin 2016
We are not Scared Britain, we are Great Britain[1]*!*

L'ambiance est électrique dans l'usine de fumaison de saumon H. Forman & Sons. Situé face au stade olympique de Londres, ce bâtiment est exceptionnellement ouvert au public en ce samedi 4 juin 2016. À un public très particulier : les partisans du Brexit. Après avoir attendu à l'extérieur, les visiteurs passent devant les salles de fumaison avant de monter jusqu'à la salle de réception. Le ministre de la Justice et co-chef de file des Brexiters, Michael Gove, chauffe le public en reprenant le slogan du président américain Barack Obama : « Si nous sortons de l'UE, pouvons-nous verser 100 millions de livres sterling de plus au système de santé chaque semaine ? *Yes, we can!* Pouvons-nous signer des accords de libre-échange avec les pays en forte croissance ? *Yes, we can!* Créer un système d'immigration à points ? *Yes, we can!* »

Il est suivi sur scène par la vedette que tous sont venus voir : leur ancien maire, Boris Johnson. Ils l'accueillent, telle

1. « Nous ne sommes pas la Bretagne apeurée, nous sommes la Grande-Bretagne ! »

une pop-star, par des acclamations et des applaudissements. Enthousiaste, celui-ci leur rend bien leur accueil chaleureux. « Nous voyons bien que nous ne sommes pas ici à une réunion pour le Remain, ricane-t-il, visiblement très à l'aise. On sent bien la vague d'optimisme dans cette salle. Nous devons faire tout le nécessaire pour mettre fin à leur pessimisme, à leur vision grise de l'avenir en faisant tout pour que le 24 juin soit le jour de l'indépendance du Royaume-Uni ! » Tout sourire, déjà rouge de chaleur, il rappelle à son auditoire : « Nous distinguons bien l'Union européenne de l'Europe. Nous resterons toujours européens ! » Surchauffée en cette belle journée estivale, la foule est hystérique. Surtout lorsqu'il clame : « *We are not Scared Britain, we are Great Britain!* »

À dix-neuf jours du vote, Boris Johnson et les Brexiters ont le vent en poupe. Début janvier, les sondages leur accordaient une dizaine de points de retard sur les Remainers, les partisans du maintien dans l'UE. Les deux camps sont désormais au coude à coude. Le Leave a comblé une partie de cet écart grâce à sa force de frappe dédoublée. Deux organisations promeuvent le Brexit auprès des électeurs : d'un côté, le groupe de campagne officiel mené par Boris Johnson, regroupé sous la bannière Vote Leave et, de l'autre, Leave.EU (« Quitter l'UE ») avec Nigel Farage comme figure de proue.

« Nous avons mené deux campagnes très différentes, explique Gawain Towler, le porte-parole historique de l'Ukip et acolyte de Nigel Farage. Au sein de Leave.EU, nous avons mis l'accent sur l'immigration, ce qui faisait mouche dans les petites villes et auprès de la classe ouvrière. Les tenants de Vote Leave traitaient plus des questions économiques et mettaient en avant un sentiment d'optimisme. Au départ, cette division n'était pas forcément volontaire, puisque nous avons cherché, sans succès, à nous rapprocher de Vote Leave. Finalement, faire campagne chacun de notre côté nous a permis de développer une diversité d'arguments, ce qui n'aurait pas été le cas avec une campagne unique. » Matthew Elliott, le président et fondateur de Vote Leave, confirme : « Nous avons pu mener une campagne relativement rationnelle visant les électeurs centristes indécis. À l'inverse, Nigel Farage, associé au fondateur de Leave.EU, Arron Banks, a mené une campagne de protestation. »

Aux manettes de Vote Leave, une équipe de choc. Même s'il n'a alors pas quarante ans, Matthew Elliott est très aguerri en matière de campagne et de lobbying politique. Il a fondé The Taxpayer's Alliance (« l'Alliance des contribuables ») en 2004, puis, en 2013, Business for Britain. Entre-temps, il a mené et largement remporté la campagne du référendum de 2011 contre la fin du système de vote uninominal à un tour, qui prévaut historiquement au Royaume-Uni. S'il se charge de lever des fonds et d'être le visage institutionnel de la campagne en faveur du Brexit, il se rapproche de Dominic Cummings pour lui en confier la direction interne.

Les deux hommes se connaissent depuis 2003, alors que leurs bureaux se trouvaient dans le même couloir d'un immeuble londonien. Leurs sensibilités politiques sont proches : Dominic Cummings a dirigé entre 1999 et 2002 la campagne de Business for Sterling, un groupe de pression opposé à l'adoption de la monnaie unique. Il rejoint dans la foulée le bureau d'Iain Duncan Smith, le leader le plus eurosceptique que le Parti conservateur ait jamais connu. S'il claque la porte huit mois plus tard en qualifiant son patron d'« incompétent », il revient en 2007 en tant que conseiller de… Michael Gove, alors membre du cabinet fantôme de David Cameron.

À l'occasion des élections européennes du 22 mai 2014, Matthew Elliott commande à Dominic Cummings une analyse du vote Ukip, qui se révèle fort utile à l'approche du référendum. « Nous nous sommes aperçus que les Britanniques connaissaient toujours aussi mal l'UE que quinze ans auparavant, explique Dominic Cummings lors d'une conférence publique organisée en juin 2017. Mais trois choses importantes s'étaient produites entre-temps. L'UE avait été accusée d'être responsable de problèmes liés à l'immigration. La crise financière de 2008 avait miné la confiance dans le gouvernement, les grandes entreprises et les banques. L'euro était devenu une réalité et les prédictions de personnes comme moi s'étaient réalisées : la monnaie unique ne fonctionnait pas. Les écrans de télévision couverts par les images d'une Grèce en feu nous le rappelaient tous les jours. »

La combinaison de la crise économique et de la faiblesse structurelle de l'euro fait perdre à l'Europe sa légitimité, essentiellement fondée sur la stabilité économique et la prospérité. Dominic Cummings, réputé pour son dédain envers la pupart des élus, enfonce le clou : « Cela a davantage endommagé l'UE auprès de l'opinion publique que toutes les actions et paroles des députés, des ministres et des Premiers ministres. »

Les enquêtes d'opinion menées mi-janvier par Stronger in Europe, le groupe de campagne officiel des Remainers, classent la population en trois grandes familles :

- 10 % d'ardents internationalistes, 22 % d'europhiles et 4 % de métropolitains engagés, soit un total de 36 % de Britanniques qui voteront assurément pour le maintien dans l'UE ;

- 19 % d'eurosceptiques fermes et 10 % d'hostiles à l'UE, soit 29 % d'électeurs pro-Brexit assurés ;

- enfin, les indécis, divisés entre 21 % de totalement indécis et 14 % de personnes désireuses de quitter l'UE mais émettant de sérieux doutes.

Les deux camps doivent convaincre ces deux dernières catégories.

Boris Johnson est l'homme rêvé pour cette tâche. Son optimisme et son sens du contact font fureur. Une fois ses hésitations résolues, il se lance à corps perdu dans la campagne. « Boris faisait partie du comité de campagne, composé des politiciens les plus expérimentés, précise Matthew Elliott. Nous nous rencontrions au départ une fois par semaine pour superviser nos actions. Lors des deux derniers mois de campagne, le rythme s'est accéléré : Dominic, Boris, Gisela [Stuart], Michael Gove et moi nous appelions deux fois par jour. Nous parlions des dernières nouvelles, de comment répondre à telle information, qui mettre en avant dans les médias sur ce sujet, du programme des prochains jours, etc. » Il l'assure : « Boris était entièrement impliqué dans la campagne. »

Parallèlement, le député conservateur poursuit son travail de sape dans sa tribune hebdomadaire du *Telegraph*. Même si son lectorat est quasi intégralement convaincu de la nécessité de sortir de l'UE, il y répète et développe son argumentation, dispose de sa propre plateforme qui fait chaque semaine parler d'elle, et donc de lui, indépendamment des deux organisations officielles. Ainsi, Boris Johnson, qui était déjà le politicien le plus populaire du pays, devient le visage respectable des Brexiters.

Pendant le début de la campagne, il se concentre principalement sur le slogan, terriblement efficace, trouvé par Dominic Cummings : « *Take Back Control* » (« reprendre le contrôle »). « Ce slogan sous-entendait que quelque chose avait été perdu et pouvait être regagné, indique son auteur lors de la même conférence de 2017. J'ai trouvé cet élément intéressant. Surtout que la signification de ce message était multiple : évidemment reprendre le contrôle de Bruxelles, mais aussi le contrôle sur le système lui-même. Les gens se sont dit : "Montrons de quel bois nous nous chauffons à ces mecs basés à Londres qui ont provoqué la crise économique de 2008 dont nous payons aujourd'hui le prix." »

Reprendre le contrôle de Bruxelles, ce message ressemble à s'y méprendre à celui que Boris Johnson rabâche depuis vingt ans. L'élu conservateur a aussi l'intelligence de se présenter comme le candidat de l'optimisme et du patriotisme. Le 9 mai, il déclare ainsi : « Nous serions fous de ne pas franchir la porte qui s'est magiquement ouverte devant nos vies lors de l'annonce du référendum. » Brillant, parfois même enthousiasmant, il clame que « le Brexit est aujourd'hui le grand projet du libéralisme européen, dans la tradition des Rousseau et Voltaire. Et l'UE, malgré tous ses idéaux initiaux, représente désormais l'Ancien Régime ».

Face à ces professionnels de la campagne électorale, Stronger in Europe est principalement composé d'hommes d'affaires. C'est une erreur stratégique majeure : l'UE est une fois de plus associée à des hommes et des femmes en costume dont les considérations sont, aux yeux des électeurs, très éloignées de celles du commun des Britanniques. Preuve de ce décalage phénoménal, son principal visage, Stuart Rose, l'ancien patron de Marks and Spencers, dérape – sans en prendre conscience – le 2 mars lors d'une participation à un comité parlementaire. À la question d'un député qui lui demande si une augmentation des salaires est envisageable dans le cas où le Brexit mettrait fin à la liberté de circulation, il répond : « Si vous manquez de main-d'œuvre, le prix de la main-d'œuvre va monter, oui, mais ce n'est pas forcément une bonne chose. » Cette phrase est largement relayée dans les médias. Pour de nombreux électeurs, elle réaffirme que la liberté de circulation et l'UE bénéficient avant tout aux grandes entreprises, aux dépens de leurs employés et donc de la grande majorité de la population.

Gina Miller, qui n'est alors qu'une directrice de fonds d'investissement parmi d'autres, confirme l'aveuglement de la direction de Stronger in Europe, qui l'a approchée dès le mois d'octobre 2015 : « Ils cherchaient désespérément des gens du monde des affaires, car les entreprises ne voulaient pas trop se dévoiler, de peur d'affecter leur activité, raconte-t-elle dans les bureaux de son fonds d'investissement à Mayfair, le quartier le plus huppé du centre de Londres. J'ai accepté volontiers. Mais, rapidement, comme je remettais en cause leur manière de travailler, ils m'ont envoyée faire campagne en province pendant plusieurs mois afin de m'éloigner. Cela s'est révélé être un cadre d'observation formidable. Si bien qu'au vu de ce que j'entendais et voyais, j'étais persuadée dès février que nous allions perdre. »

Habituée à faire campagne sur divers sujets sociétaux, elle se rend à une réunion de la direction de Stronger in Europe pour leur conseiller de changer de message. « Nous devrions soutenir le "*Remain and Reform*" [« Rester et réformer »], avec comme objectif de réformer certaines des choses qui affectent vraiment notre quotidien. Je voulais faire évoluer le débat autour du référendum pour qu'il se concentre sur le Royaume-Uni et non plus sur l'UE, un sujet bien trop négatif ici. Mais ils m'ont ri au nez. Ils m'ont dit que je ne comprenais pas la psychologie des Britanniques, que les gens n'aiment pas prendre de risques, que je me faisais des soucis pour rien, que je devais suivre l'avis des experts. » Elle remue la tête, encore exaspérée. « J'étais très frustrée qu'ils ne prennent pas le pouls de la nation. »

Conscient de leur médiocrité, « David Cameron a infiltré la campagne de Stronger in Europe via le parachutage de Craig Oliver », explique Hugo Dixon. « Cameron a pris le contrôle du message et des messagers. » Les conservateurs concentrent alors leur stratégie sur le « projet peur ». Ils l'ont déjà bien rodé. Lors du référendum écossais de 2014, ils ont affirmé que l'indépendance de l'Ecosse provoquerait l'effondrement du pays. Lors de l'élection générale de 2015, ils ont assuré qu'un Royaume-Uni dirigé par le travailliste Ed Miliband serait ruiné. Les deux fois, les électeurs, effrayés, leur ont fait confiance et ont opté pour la stabilité. Forte de ces succès, l'équipe Cameron reprend la même stratégie. Face à une campagne fondée sur les émotions, ils rappellent en quoi le statu quo est bénéfique, et à quel point le saut dans l'inconnu peut s'avérer dangereux. Jamais deux sans trois, pensent-ils.

Le maître en la matière : le responsable des finances, George Osborne. Le 18 avril, soit trois jours après le lancement de la campagne officielle du référendum, il prévient qu'en cas de sortie de l'UE « les salaires seront plus bas et les prix seront plus élevés. Cela signifie que le Royaume-Uni sera plus pauvre de 4 300 livres [alors 5 400 euros] par foyer, soit une réduction de 6,2 % du produit intérieur brut. Une facture payée chaque année par les travailleurs britanniques ». Plus encore, le futur modèle commercial proposé au Royaume-Uni entraînera une hausse des coûts et donc une baisse des services publics de « 36 milliards de livres par an. Cela équivaut à une hausse de 8 % de l'impôt sur le revenu ». Un argument brandi sans vergogne par celui qui a pourtant déployé ces six dernières années le plus important programme d'austérité enduré par le Royaume-Uni depuis la Seconde Guerre mondiale. Signe de la force de frappe de Stronger in Europe, le gouvernement fait parvenir à tous les foyers britanniques un fascicule intitulé : « Pourquoi le gouvernement croit que voter pour rester dans l'Union européenne est la meilleure décision pour le Royaume-Uni. »

Inquiet face au pouvoir de persuasion des Remainers, Vote Leave opte pour la diversion. Pour ce faire, le mouvement utilise son arme fatale : Boris Johnson. Le 11 mai, tendant vers le ciel une *Cornish pasty* (une tourte à base de bœuf haché, de pomme de terre et d'oignon, spécialité culinaire et fierté de la Cornouaille), il lance la tournée de Vote Leave dans tout le Royaume-Uni. Dès le premier jour, leur bus de campagne fait polémique. « Nous envoyons chaque semaine 350 millions de livres sterling à l'UE. Finançons notre NHS [le National Health Service, le système de santé publique britannique] à la place », indique l'énorme slogan affiché sur son aile gauche. Cette somme est tirée de l'estimation de la contribution britannique présentée dans un rapport rédigé par le ministère des Finances. Elle est pourtant inexacte : en 2015, le Royaume-Uni était censé versé 14,8 milliards de livres sterling au budget européen, soit 285 millions de livres par semaine. Pourtant, en raison du rabais négocié lors du Conseil européen de Fontainebleau de 1984 par Margaret Thatcher et des sommes reversées par l'Union européenne au Royaume-Uni, la contribution nette du pays se limite à 10,5 milliards de livres sterling, soit 201 millions de livres par semaine, selon le Bureau national britannique des statistiques. La moyenne des années 2010-2015 est même encore plus faible : la contribution nette est de 9,1 milliards de livres par an, soit 175 millions de livres sterling par semaine. C'est exactement la moitié de la somme avancée par Vote Leave. Les opposants au Brexit s'insurgent de ce mensonge dans les médias.

Doublement motivé par la réaction des Remainers face à son slogan, Boris Johnson en rajoute une couche le lendemain. Il se rend à Christchurch, sur la côte sud de l'Angleterre, dans l'usine où a été imprimé le slogan. Les photographes se régalent, lui aussi. Tout est évidemment planifié, explique Dominic Cummings. « Notre objectif était que les Remainers fassent tellement de bruit autour de ce slogan que personne n'écoute les messages sur les conséquences économiques d'un Brexit mis en avant par Cameron et Osborne. Cela a parfaitement fonctionné. »

Pour rassurer les inquiets, les politiciens de Vote Leave promettent la lune aux électeurs. « Le lendemain du vote pour quitter l'UE, nous détiendrons toutes les cartes et nous pourrons choisir le chemin que nous voudrons », assure Michael Gove. Boris Johnson clame quant à lui que « le coût d'une sortie de l'UE serait pratiquement nul, mais le coût de rester à l'intérieur serait très élevé ».

L'optimisme irradiant de Boris Johnson remporte un succès d'autant plus important que le « projet peur » des Remainers ne surprend plus personne. Il agace même les électeurs. Surtout, George Osborne n'a pas mesuré l'impact direct de sa politique budgétaire sur les intentions de vote des Britanniques dont le niveau de vie s'est dégradé. 33 % des foyers n'atteignent pas les critères de vie minimaux, selon une étude réalisée en 2014 par huit universités britanniques auprès de 15 000 personnes. Concrètement, cela signifie que leur situation financière les oblige à vivre sans subvenir à au moins trois des nécessités de base, qui incluent : manger, s'habiller, chauffer son domicile de manière adéquate, avoir des relations sociales et familiales, etc. Ce chiffre s'élevait à 14 % de la population en 1983, au sommet de l'affrontement de Margaret Thatcher avec les syndicats d'ouvriers.

Le camp du Remain est aussi pénalisé par la faible présence du Labour dans les médias. Son chef, Jeremy Corbyn, est accusé d'être favorable au Brexit, même s'il affirme le contraire. Dans les faits, s'il réalise de nombreuses sorties publiques, les médias s'en désintéressent totalement. Il ne semble pas faire partie de l'équation. Même l'ancien Premier ministre Gordon Brown n'a pas voix au chapitre. « Gordon Brown essayait de présenter une vision positive de l'Europe, mais les conservateurs ne voulaient pas lui accorder de visibilité, témoigne Hugo Dixon. Lorsqu'ils ont fini par accepter, il a donné un discours sur la paix apportée par l'UE et pourquoi, pour des questions de géopolitiques, ce serait mauvais de quitter l'UE. Mais en fin de journée, George Osborne a parasité son message avec un autre discours de son "projet peur". Le message de Gordon a été totalement ignoré par les médias et on a seulement entendu parler de ce nouvel épisode du "projet peur" de la campagne Remain. »

Cette mise à l'écart ne dérange pas fondamentalement la direction travailliste, sceptique vis-à-vis des bienfaits de l'UE. Elle est d'autant plus réticente à remuer ciel et terre pour se faire entendre qu'elle a retenu la leçon du référendum sur l'indépendance de l'Écosse de 2014, gagné par les partisans de son maintien au sein du Royaume-Uni. Invités à partager la plateforme politique coordonnée par les conservateurs, les travaillistes avaient donné l'impression de voler au secours de leurs ennemis suprêmes. Cette stratégie leur avait aliéné de nombreux électeurs écossais : un an plus tard, lors de l'élection générale de 2015, le Labour avait perdu trente-neuf de ses quarante circonscriptions écossaises. Il n'entend donc plus partager une plateforme politique avec les Tories. Les seuls à le faire sont les travaillistes eurosceptiques, comme la députée Gisela Stuart, qui se lancent sans coup férir dans la bataille contre la ligne de leur camp.

Pour le journaliste Hugo Dixon, « la principale raison de la gestion catastrophique de cette campagne tient dans le conflit d'intérêts de Cameron, partagé entre sa volonté de gagner la campagne et celle de maintenir l'unité de son parti. Il a donc refusé d'attaquer Boris, parce qu'il ne voulait pas d'attaques "bleu contre bleu", c'est-à-dire d'attaques de conservateurs contre d'autres conservateurs. Il pensait qu'il allait gagner et il ne voulait pas que son parti soit réduit en miettes. C'était de la pure complaisance. »

David Cameron sort en effet de deux campagnes électorales victorieuses. Après sa victoire lors du référendum écossais et l'élection générale de 2015, il croit en sa bonne étoile, sûr que les Britanniques l'apprécient et soutiennent sa politique. C'est une interprétation erronée du vote de 2015 : il n'avait pas été réélu par enthousiasme mais par défaut ; les électeurs n'avaient aucune confiance en son opposant travailliste, Ed Miliband.

Boris Johnson, lui, n'a pas d'états d'âmes, ni de lauriers sur lesquels se reposer. Ainsi, lorsqu'à un mois du vote les instituts de sondage ne créditent plus le camp du Leave que d'un retard de trois points sur le Remain, il tente le tout pour le tout. Avec la direction de Vote Leave, il profite de la publication le 26 mai des statistiques sur l'immigration de l'année 2015 pour élever sa rhétorique d'un cran. L'immigration nette représente 333 000 personnes, dont un record de 184 000 citoyens de l'UE, contre un objectif de 100 000. Il est chargé d'ouvrir les hostilités : « Cela signifie qu'à elle seule l'immigration européenne ajoute chaque année une population de la taille d'Oxford au Royaume-Uni. Le système est hors de contrôle. Nous ne pouvons pas contrôler les chiffres. Nous ne pouvons pas contrôler les conditions d'arrivée des gens et renvoyer ceux qui abusent de notre hospitalité. Cela place une pression énorme sur les écoles, les hôpitaux et les logements. » Il s'en prend ensuite directement à David Cameron. « L'accord négocié par le Premier ministre a abandonné le contrôle de l'immigration et de l'asile à jamais. Le Premier ministre a promis de manière répétée qu'il se saisirait de cette question. Le gouvernement a échoué. »

Trois jours plus tard, Boris Johnson, Michael Gove et Gisela Stuart rédigent une lettre ouverte à David Cameron : « Les électeurs ont plusieurs fois reçu comme promesse pendant les élections que l'immigration nette pourrait tomber sous la barre des 100 000 personnes. Cette promesse n'est tout simplement pas tenable tant que le Royaume-Uni est membre de l'Union européenne et cet échec porte atteinte à la confiance du public dans la politique. » Plus encore, ils rappellent que « la politique du gouvernement réclame que "les migrants de l'UE doivent avoir une offre d'emploi avant d'arriver ici". Mais l'UE n'a pas autorisé le Royaume-Uni à appliquer cette politique pendant la renégociation ». Les trois auteurs de la lettre se disent également inquiets de « l'impact de la liberté de circulation sur l'avenir des services publics. Le nombre d'élèves par classe dans les écoles va augmenter et les listes d'attente pour des logements sociaux s'allonger si nous ne nous saisissons pas du sujet de la libre circulation ».

Ils font d'une pierre deux coups : ils mettent directement en cause le Premier ministre, devenu le principal visage de la campagne Remain, et utilisent l'arme fatale de l'immigration. Pendant les trois mois qui ont suivi la renégociation menée par David Cameron, cette question a été réservée à l'équipe de Nigel Farage. La thématique était quasiment absente du message de la campagne officielle – elle n'a été abordée qu'indirectement par Vote Leave à propos de la volonté de la Turquie de rejoindre l'UE.

C'est le second grand tournant de la campagne. Jusqu'alors, les rares enquêtes d'opinion ayant donné le Leave vainqueur avaient été réalisées via Internet, une méthode considérée comme moins précise. Désormais, les sondages téléphoniques rejoignent ces pronostics. Sur les vingt et un sondages réalisés entre le 1er et le 15 juin, seuls six donnent le Remain gagnant.

Une personne disposait de la crédibilité nécessaire pour contrer ce message : Theresa May. Ministre de l'Intérieur depuis le retour au pouvoir des conservateurs en 2010 et déterminée à réduire l'immigration de manière drastique, elle a longtemps hésité avant de se prononcer pour le maintien dans l'Union européenne. Une fois son choix fait, elle a été quasiment absente de la campagne. « C'était un peu contre son gré, confie Nick Timothy, son conseiller spécial entre 2010 et 2015, qui est resté en contact avec elle pendant la campagne du référendum. Une fois qu'elle a annoncé son soutien au Remain, elle a voulu sortir sur le terrain pour tout donner. Mais je lui ai dit : “Vous vous rendez-compte de ce que vous faites ? Quel que soit le résultat du référendum, il y aura à très court ou à court terme une élection pour la direction du parti. Si vous faites campagne à fond pour le maintien dans l'UE, vous serez inéligible, car les membres du parti, chargés d'élire leur leader, sont foncièrement eurosceptiques. Vous ne devez rien à David Cameron, vous avez des tonnes de papiers importants à signer chaque jour, notamment en matière de sécurité, vous avez toutes les raisons du monde de poursuivre calmement votre travail. » Et, de fait, pendant toute la durée de la campagne, elle n'a prononcé qu'un seul discours, décrit comme le plus pro-Leave des discours Remain.

À l'inverse, Boris Johnson est omniprésent. Sa campagne ressemble à un show permanent. Dans une raffinerie d'aluminium à Hixon, village du centre du pays, il apparaît casqué et vêtu d'une combinaison orange. Il tient à la main un faux chèque géant de 350 millions de livres émis par la Banque des contribuables britanniques à l'ordre de l'Union européenne. À Leeds, dans le nord du pays, il se contorsionne pour rentrer dans une voiture de sport de l'usine Ginetta Cars. À Chester-le-Street, non loin de la frontière écossaise, il montre ses talents de joueur de cricket en compagnie de l'une des gloires du pays. Chaque fois avec le même résultat : les locaux accourent pour le voir, prendre un selfie avec lui, écouter ses bons mots.

Alors que le Leave semble se diriger vers la victoire après trois mois de campagne intense, à la rhétorique parfois dure, le Royaume-Uni sombre le 16 juin dans la violence. Une violence intellectuelle, d'abord, avec la diffusion dans la matinée du nouveau poster de campagne de l'Ukip, devant lequel Nigel Farage pose. Le poster représente un flot de réfugiés et est frappé d'un large slogan : « *Breaking point* » (« Point de rupture »). Avec en sous-titre : « L'UE nous a tous trompés. Nous devons nous libérer de l'UE et reprendre le contrôle de nos frontières. » Le message est tellement nauséabond que Boris Johnson s'en dissocie immédiatement. « Si nous reprenons le contrôle de notre pays, nous ferons un grand pas pour neutraliser le sentiment anti-immigrant, assure-t-il. Je suis passionnément pro-immigration et pro-immigrants. »

Une violence physique à la mi-journée : la députée travailliste Jo Cox est assassinée dans sa circonscription du nord-est de l'Angleterre. Les témoins assurent que le suspect a crié « Gardons la Grande-Bretagne indépendante » et « La Grande-Bretagne d'abord ». Deux jours plus tard, lors de sa première audience, il ne prononce qu'une phrase : « Mon nom est "mort aux traîtres, liberté pour la Grande-Bretagne". »

Entre-temps, la campagne a été suspendue. En visite dans la ville de Jo Cox, Jeremy Corbyn déclare : « Nous n'autoriserons pas ces gens qui répandent la haine et le poison à diviser notre société. Nous renforcerons notre démocratie et notre liberté de parole. » À ses côtés, David Cameron exprime sa volonté que « la haine, la division et l'intolérance [soient] exclues de notre politique, de notre vie publique et de nos communautés ». Le député travailliste Stephen Kinnock, fils de l'ancien leader Neil Kinnock, qui connaissait Jo Cox depuis vingt ans, réclame une remise en question : « Nous devons réfléchir un peu au ton de notre politique et à la façon dont les politiciens et les médias se parlent… et à la façon dont les réseaux sociaux interviennent et amplifient cela. Entre dire des horreurs et les commettre, il n'y a qu'un pas. » Une triple charge à peine cachée contre Nigel Farage, qui participe pourtant le lendemain à une veillée funèbre organisée face au Parlement.

Boris Johnson se limite de son côté à un message sur Twitter : « Triste et choqué d'apprendre la mort de Jo Cox. Il est épouvantable qu'une députée perde la vie tout simplement parce qu'elle faisait de son mieux pour ses électeurs. Mes pensées vont à la famille de Jo. » Avec la direction de Vote Leave, il décide de suspendre les principaux événements de la campagne du référendum. Les autres groupes font ensuite de même.

Ce meurtre bouleverse de nombreux indécis. « Je ne voterai finalement pas en faveur du Brexit, je ne veux pas être associé à ce meurtre », confient en substance de nombreux électeurs, parfois un tremolo dans la voix. Même si Jo Cox était jusqu'alors totalement inconnue, l'émotion nationale est telle que la dynamique de la campagne s'en trouve affectée. Les enquêtes d'opinion indiquent un net retournement de tendance : neuf des douze sondages organisés entre le 16 et le 22 juin donnent le Remain vainqueur, avec une marge d'avance toutefois extrêmement faible.

Les principaux promoteurs du Brexit n'y croient plus. Boris Johnson pense ainsi la bataille perdue. Matthew Elliott s'en souvient : « Juste après la fermeture des bureaux de vote à 22 heures le 23 juin, nous nous sommes appelés tous les cinq une dernière fois. Eux regardaient la soirée télévisée à Londres, à leurs domiciles respectifs, pendant que j'étais avec Gisela Stuart au décompte officiel, organisé à Manchester. Boris, Michael et Dom ont alors déclaré qu'ils pensaient que nous ne gagnerions pas. » La tension est immense chez ces tenants du Brexit. « Gisela et moi sommes alors tombés des nues. Nous nous sommes regardés et nous nous sommes dit : "Mais pourquoi disent-ils cela ?" Un pseudo sondage de sortie des urnes annonçait le Remain vainqueur, mais nous savions qu'il n'était pas fiable. »

Boris Johnson, l'éternel optimiste, se veut pour la première fois réaliste. Peut-être a-t-il été convaincu par sa sœur, ses frères ou son père, qui ont tous voté en faveur du maintien dans l'UE ? À moins qu'il n'espère au fond de lui une victoire du Remain ? Quelques heures plus tard, le tremblement de terre envisagé se concrétise pourtant : l'effet Jo Cox n'a pas été assez déterminant et 17,4 millions de Britanniques ont voté pour sortir de l'UE contre 16,1 millions pour y rester.

Par 51,89 % contre 48,11 %, avec un taux de participation de 72,21 %, le Royaume-Uni vient d'opter pour le Brexit.

Chapitre 11

24 juin 2016 – 13 juillet 2016
J'en ai conclu que ça ne pouvait pas être moi

Ce 24 juin 2016 au matin, Boris Johnson et Michael Gove apparaissent les traits tirés, les yeux cernés et les joues rougies sur l'estrade du quartier général de Vote Leave pour leur conférence de presse post-référendum. Leurs mines en disent long sur leur courte nuit. Les deux hommes ont encore du mal à intégrer le résultat du vote de la veille. Quelques minutes plus tôt, Boris Johnson s'est enfui de sa maison d'Islington. Il n'a levé les yeux ni vers les dizaines de caméras et micros postés au pas de sa porte pour enregistrer ses premières paroles ni vers les Londoniens favorables au maintien dans l'Union européenne venus hurler leur colère.

Quant à son compère Michael Gove, il a appris la nouvelle par l'appel téléphonique de l'un de ses amis, un peu avant 5 heures du matin. Son épouse, Sarah Vine, a détaillé la matinée de son mari dans une chronique pour *The Daily Mail.* À peine a-t-il raccroché, qu'il lance, en mettant ses lunettes : « Mon Dieu, je crois qu'il vaudrait mieux que je me lève. » Sarah Vine se moque gentiment de lui, reprenant une réplique célébrissime de ce côté de la Manche de l'acteur britannique – et pro-Brexit – Michael Caine : « *You were only supposed to blow the bloody door off!* » (« Tu étais seulement censé faire exploser cette foutue porte ! »)

En effet, ce n'est pas seulement la porte du 10 Downing Street que les deux compagnons conservateurs ont fait sauter. Ils ne s'attendaient pas à l'emporter. Tout au plus espéraient-ils se mettre en avant pour les années à venir. Or ils ont fait voler en éclat l'ensemble de la politique britannique. La victoire de leur camp a provoqué un séisme politique. Dès 8 h 23, le Premier ministre David Cameron franchit le pas du 10 Downing Street pour annoncer sa démission. « Le pays a besoin d'un nouveau dirigeant pour le mener dans cette nouvelle direction, déclare-t-il solennellement. Je ferai tout ce que je peux en tant que Premier ministre pour maintenir le navire à flot ces prochaines semaines et ces prochains mois, mais je ne pense pas qu'il soit juste que je sois le capitaine qui dirige notre pays vers sa prochaine destination. »

Dès lors, la retenue est de mise pour les vainqueurs. Gisela Stuart prononce quelques mots d'introduction, puis Boris Johnson est le premier à prendre la parole. Après son hommage à David Cameron, il entend rassurer les Britanniques et mettre fin aux trois mois d'intenses débats et de division. Il rappelle ainsi à « ceux qui peuvent être inquiets à la fois chez eux et à l'étranger : cela ne signifie pas que le Royaume-Uni sera moins uni, cela ne veut pas dire qu'il sera moins européen ». Aux jeunes, il déclare : « Nous ne pouvons pas tourner le dos à l'Europe. Nous faisons partie de l'Europe. Nos enfants et nos petits-enfants continueront à avoir un avenir merveilleux en tant qu'Européens, à voyager sur le continent, à comprendre les langues et les cultures qui composent notre civilisation européenne commune, à interagir avec les peuples d'autres pays d'une manière ouverte, amicale et tournée vers l'extérieur. »

Il s'adresse ensuite à ses collègues européens sur un ton grave. L'heure des anecdotes humoristiques ou des pirouettes linguistiques est passée. « Je tiens à rassurer tout le monde : la Grande-Bretagne continuera d'être une grande puissance européenne qui mènera des discussions sur la défense et la politique étrangère, comme elle continuera d'œuvrer pour rendre notre monde plus sûr. » Il rappelle ainsi qu'aucun changement notable n'est attendu rapidement. « En votant pour quitter l'UE, il est essentiel de souligner qu'il n'y a pas lieu de se hâter. Et, comme l'a dit le Premier ministre, rien ne changera à court terme. […] Il n'est pas nécessaire d'invoquer l'article 50 [relatif aux dispositions de retrait de l'Union européenne]. »

Rassurer, encore et encore. Et pour cause : avant son arrivée sur l'estrade, la livre sterling s'est effondrée et les réactions internationales montrent la stupeur des dirigeants européens, confirmée par l'appel au calme du président du Conseil européen, Donald Tusk : « Ce n'est pas le moment de réagir avec hystérie. Aujourd'hui, au nom des vingt-sept dirigeants, je peux dire que nous sommes déterminés à maintenir notre unité en tant que vingt-sept. » Il propose également qu'une réflexion plus large sur l'avenir de l'Union européenne soit engagée.

Le résultat du référendum est également un choc pour nombre de dirigeants des États membres de l'UE. Trop tard, bien trop tard, ils comprennent qu'ils n'ont pas saisi l'occasion de garder le Royaume-Uni en leur sein. Certes, la faute en incombe principalement à David Cameron, auteur d'une campagne désastreuse, et à ses prédécesseurs, qui ont tous joué avec le feu en utilisant l'UE à des fins de politique interne. Mais, au fil des ans, l'Union n'a pas su se faire accepter des Britanniques. Ses responsables politiques ont pour la plupart opté pour la politique de l'autruche. Par confort ou par complaisance.

« Les gouvernements et les institutions européennes ont complètement échoué à expliquer ce que l'UE faisait et fait encore », s'énerve l'ancien chef du Labour Neil Kinnock. Il connaît mieux l'institution qu'aucun autre politicien britannique : nommé commissaire européen par John Major en 1995, il a enchaîné deux mandats, comme commissaire aux Transports jusqu'en 1999, puis à la Réforme administrative jusqu'en 2004, cinq années pendant lesquelles il est également le vice-président de la Commission. « Je rappelais à mes collègues que les gens n'aiment que ce qu'ils connaissent. Il était dans l'intérêt de tout le monde que les Européens aiment l'Europe pour ses valeurs positives et son potentiel. Le président de la Commission, Romano Prodi, me disait : "Mais elles sont évidentes !" Je lui répondais : "Bien sûr que non ! Il faut expliquer, il faut démontrer notre intégrité, il faut prouver que nous ne sommes pas une source de paperasse administrative mais de possibilités et de droits !" »

L'ancien leader travailliste pointe particulièrement du doigt la française Édith Cresson et la manière dont l'UE a réglé le scandale de népotisme la concernant. L'ancienne Première ministre française, devenue commissaire à la Recherche, à l'Innovation et à la Science, avait en effet été suspectée en 1998 d'avoir fourni un emploi fictif à un ami dentiste. Le rapport indépendant publié le 15 mars 1998 sur ces accusations est dévastateur, aussi bien pour Édith Cresson que pour l'ensemble de la Commission : « Il devenait difficile de trouver quelqu'un qui ait le moindre sens des responsabilités », conclut Neil Kinnock. Acculée, la

Commission démissionne en masse dans la soirée. De son côté, la justice belge lève l'immunité européenne d'Édith Cresson. Elle bénéficie tout d'abord d'un non-lieu. La Commission la réfère à la Cour de justice de l'Union européenne, qui la juge coupable en 2006. « Mais elle n'a reçu aucune peine, sa retraite ne lui a pas été retirée et n'a même pas été réduite, se désole l'ancien commissaire européen. Le mal était fait : l'image de l'Europe avait été endommagée auprès des Britanniques. » Ce que confirment les sondages de l'époque.

Dans les jours qui suivent le résultat du référendum du 23 juin 2016, le désespoir fait place à la colère chez de nombreux Remainers. En deux jours, plus de trois millions de résidents britanniques signent une pétition appelant le gouvernement à organiser un second référendum. Parmi eux, de nombreux citoyens européens, non autorisés à voter lors du référendum. Leur justification : le camp vainqueur a recueilli « moins de 60 % des votes pour un taux de participation inférieure à 75 % », le vote ne serait donc pas représentatif de la volonté de la population britannique. Ils attribuent l'issue du référendum aux mensonges répétés à longueur de campagne par Boris Johnson. L'ancien maire de Londres ne les fait plus du tout rire.

Ces citadins et étudiants – la plupart des signataires appartiennent en effet à ces catégories, comme le révèle l'analyse de leurs adresses – ne sont pas les seuls à remettre en cause le principe démocratique. Le député travailliste David Lammy a déjà appelé ses pairs à « arrêter cette folie et à mettre fin à ce cauchemar » : « Le référendum n'avait qu'un rôle consultatif, nous n'avons pas à suivre son résultat. »

De toute évidence, pour ces mauvais perdants, une minorité très vocale parmi les Remainers, le principe démocratique ne mérite d'être défendu que lorsque le résultat leur convient.

Sans quoi, il peut et même doit être remis en question. Le référendum ne devient ainsi à leurs yeux qu'un vaste sondage national. Ils oublient visiblement que le gouvernement s'était engagé à en respecter le résultat.

Une rengaine naît pendant ces quelques heures. Les électeurs ayant voté pour le Brexit seraient forcément stupides ou racistes. Les réseaux sociaux bruissent des regrets de Britanniques ayant voté en faveur du Brexit. Un certain Adam admet ainsi : « J'ai cru que mon vote ne compterait pas, car je pensais que nous resterions. » Cette situation n'est pourtant pas exceptionnelle : après le référendum écossais d'indépendance de 2014, tout autant d'électeurs regrettaient d'avoir voté pour le maintien au sein du Royaume-Uni.

Autre moyen trouvé pour ridiculiser les partisans du Brexit : les informations transmises par Google. Les questions « Qu'est-ce que l'UE ? », « Qu'est-ce que le Brexit ? », « Que se passe-t-il maintenant que nous quittons l'UE ? » figurent parmi les plus recherchées sur le moteur de recherche américain dans les heures qui suivent l'annonce des résultats. Les partisans de l'UE prétendent avec morgue qu'elles ont été posées par des pro-Brexit irréfléchis et idiots qui chercheraient à découvrir les conséquences de leur vote, alors même qu'elles peuvent tout aussi bien provenir de Remainers qui n'avaient pas envisagé la possibilité d'un Brexit et s'inquiètent de ses possibles conséquences, ou encore des 27 % de la population qui se sont abstenus.

Il ne fait aucun doute que le racisme et la xénophobie ont joué un rôle dans le vote favorable au Brexit. La proportion des votes motivés par ces sentiments est pourtant mineure. Trois principaux moteurs sont à chercher derrière la victoire des Brexiters. L'amenuisement de la souveraineté britannique, lié à l'expansion des domaines de compétence de l'Union, est apparue comme la principale motivation de 49 % des électeurs Leave, selon le sondage de sortie des urnes réalisé par Michael Ashcroft, un ancien vice-président du Parti conservateur. Quelle que soit leur appartenance politique, ils estiment que « les décisions à propos du Royaume-Uni doivent être prises au Royaume-Uni ». Ce n'est pas surprenant, puisque c'est le principal argument avancé par les conservateurs eurosceptiques depuis les années 1990. Il est pourtant permis de se poser la question de la réalité de cette souveraineté. En échange d'une réduction de leur pouvoir décisionnel direct, vaut-il mieux, pour les Britanniques, être capables d'influencer de l'intérieur le devenir juridique, réglementaire et politique de leur gigantesque voisin, qui est aussi leur plus grand marché ? Ou, comme le veulent les Brexiters, retrouver ces pouvoirs mais être contraints par l'évolution future de leurs voisins ?

La nostalgie a également joué un grand rôle au sein des classes supérieures. Le regret d'un Royaume-Uni souverain, de l'époque où il rayonnait sur le monde grâce à son empire, mais aussi d'un pays culturellement plus homogène, c'est-à-dire blanc et chrétien. Visiblement, ils n'ont pas perçu l'influence de leur pays au sein de l'UE, comme le craignaient certains des conseillers de Tony Blair. « Historiquement, le Royaume-Uni a eu une influence considérable sur l'évolution de l'UE, assure Michael Leigh, qui a effectué toute sa carrière en tant que fonctionnaire européen. Favorisée par l'ascendant pris par la langue anglaise pendant les années 1990, l'influence britannique s'est renforcée au fil des décennies. Le développement du marché unique, la politique commune de la pêche, les aides régionales, l'élargissement : ce sont des politiques promues par les Britanniques ! » Sans parler de la conversion de la CEE puis de l'UE au libéralisme économique cher à Margaret Thatcher et à ses successeurs.

Cette nostalgie a surtout résonné auprès des Anglais et des Gallois, historiquement les plus proches du royaume. Ces deux nations se sont prononcées pour sortir de l'UE avec respectivement 53,4 % et 52,5 % des votes, alors que les Écossais ont voté à 62 % et les Irlandais du Nord à 55,8 % pour demeurer dans l'UE.

L'immigration a été la principale motivation de 33 % des électeurs Leave, toujours selon le sondage de Michael Ashcroft. Plus que de la xénophobie pure, plusieurs réalités et facteurs se cachent derrière ce motif. L'irruption d'un million de travailleurs européens sur le marché du travail a eu deux impacts en apparence contraires. Ils ont bénéficié à l'économie nationale, c'est-à-dire au PIB du Royaume-Uni, car ils apportent plus au pays qu'ils ne lui coûtent : jeunes et actifs, ils paient des impôts et, généralement en bonne santé, ils utilisent peu le NHS.

En revanche, cette manne de main-d'œuvre a favorisé la stagnation des salaires dans certaines industries peu ou moyennement qualifiées. Ces nouveaux résidents placent également plus de pression sur d'autres services publics, comme les logements sociaux et les écoles. Si ces deux impacts sont quasiment imperceptibles en période de croissance de l'économie et des dépenses publiques, ils deviennent très visibles en période de stagnation économique, qui plus est lorsque celle-ci est accompagnée d'une politique de réduction des budgets publics. Sans la crise économique de 2008 et l'austérité déployée par David Cameron et George Osborne à partir de 2010, l'immigration aurait beaucoup moins affecté la vie des Britanniques et donc, probablement, leur vote.

Ce sondage met également en évidence les différences culturelles entre les deux camps. Ainsi, 71 % des Remainers voient le multiculturalisme d'un bon œil et 73 % assurent que le quotidien des Britanniques s'est amélioré au cours des trente dernières années. À l'inverse, 81 % des électeurs Leave considèrent le multiculturalisme comme nocif et 58 % que le niveau de vie s'est dégradé au cours des trente dernières années. À leurs yeux, le vote en faveur du Brexit est donc un vote d'espoir. L'espoir d'une vie meilleure pour eux, mais surtout pour leurs enfants.

Keith, un ouvrier londonien de soixante-six ans, explique ainsi quelques heures après les résultats : « Je n'ai pas voté Leave pour moi, mais pour mes enfants. Nous allons pouvoir préserver nos services publics, notre État-providence. C'est pour moi le plus important. Et ce ne sera sans doute pas facile au début, il va falloir nous adapter à cet inconnu qui se présente face à nous, mais le pays ne s'effondrera pas. Nous sommes solides, nous tiendrons le coup. »

Matt, un maçon de quarante-cinq ans, raconte de son côté : « J'ai voté Leave pour mes enfants, pour les générations futures. Nous allons pouvoir prendre des décisions politiques sans que l'UE nous dise quoi faire. » Il admet qu'« il risque d'y avoir un léger décrochage économique, mais cela ne durera pas. Les zombies ne vont pas envahir le pays, le ciel ne va pas nous tomber sur la tête comme l'avaient menacé les Remainers. Il y aura assez de boulot ici pour que les gens puissent s'en sortir ». Tous deux jugent Boris Johnson avec bienveillance. « Enfin un politicien important et modéré de notre côté, se réjouit Matt. Cela me réconforte. »

Les analyses du référendum s'entendent sur le fait que plus les électeurs étaient âgés, plus la probabilité était grande qu'ils aient voté en faveur du Brexit. Les enquêtes les plus récentes mettent également en évidence le rôle primordial dans le succès du vote Leave des Britanniques de classes moyennes inférieures dont le niveau de vie s'était dégradé. Avec les Britanniques aisés principalement motivés par la question de la souveraineté, ils ont fait pencher la balance en faveur du Brexit. La classe ouvrière a en majorité voté pour demeurer dans l'UE, en particulier si ces électeurs se considéraient comme d'obédience travailliste.

Savaient-ils pourquoi ? Lorsque l'on demande à la plupart des Remainers la raison de leur vote, leurs yeux s'écarquillent. Ils n'ont pas vraiment réfléchi à la question tant leur choix est « sensé » et « évident ». Les raisons les plus récurrentes sont : « aller en vacances sans visa » et « Erasmus », parfois « la paix apportée par l'UE en Europe ». Ils l'avouent : ils ne se sont jamais vraiment posé la question. Le sondage de Michael Ashcroft révèle que les Remainers ont surtout été motivés par la peur. Ils redoutaient les conséquences d'un Brexit sur l'économie, l'emploi et les prix.

Le résultat du référendum permet de libérer la parole populaire. Souvent positive et porteuse d'espoir, comme dans le cas des ouvriers Keith et Matt, parfois extrêmement nocive. Dès le 26 juin, un large graffiti « Rentrez chez vous » est tagué sur l'un des murs du centre culturel polonais de Londres. Lors des semaines suivantes, les cas d'insultes ou d'altercations xénophobes à l'égard d'Européens se multiplient. Qu'ils soient français, italien ou roumains. Le 29 août, un Polonais meurt dans un quartier de la lointaine banlieue de la capitale des suites de son agression deux jours plus tôt par une quinzaine de mineurs âgés de quinze à seize ans. Deux autres de ses concitoyens d'une trentaine d'années, passablement avinés, sont tabassés le samedi suivant à la sortie d'une boîte de nuit par plusieurs locaux. Leur forfait : avoir parlé polonais.

Boris Johnson a évoqué la plupart de ces sujets dans son discours. Au cours des sept minutes passées devant son pupitre, il n'a quasiment pas quitté des yeux ses feuilles de papier. Ce n'est pas le moment d'improviser. Après avoir parlé des effets positifs du vote, il conclut : « La chose la plus précieuse que ce pays ait donnée au monde est l'idée de démocratie parlementaire. Hier, je crois que le peuple a parlé pour la démocratie en Grande-Bretagne et à travers l'Europe, et nous pouvons être fiers du résultat. »

Plus que jamais, l'ancien maire de Londres apparaît comme le principal moteur du vote du Brexit. Hugo Dixon, son ami d'enfance et Remainer, estime que « Boris a légitimé le fait de voter en faveur du Brexit alors qu'un certain nombre de personnes n'auraient jamais trouvé Nigel Farage attrayant. Avec ce dernier, le vote en faveur du Brexit aurait été limité aux alentours de 30 %, alors que Boris a attiré les 20 % restants. Personne n'aurait pu être aussi efficace que lui pour rendre le vote Leave respectable. Même Michael Gove ou Theresa May, si elle s'était prononcée en faveur du Brexit. Je pense vraiment que si Boris avait soutenu le maintien dans l'UE, nous aurions gagné ».

Ce n'est dès lors pas une surprise s'il fait figure de grand favori pour remplacer David Cameron. Une fois encore, sa chronique hebdomadaire dans *The Telegraph* lui permet de prendre une longueur d'avance sur ses adversaires. Après avoir entendu la voix « des millions de personnes oubliées, qui n'ont pas vu de vraies augmentations de leurs salaires alors que les patrons des grandes entreprises ont un revenu moyen de 150 fois la paie de leurs employés », il veut ressouder un pays divisé. « Nous devons accepter le fait que le verdict n'était pas écrasant. Plus de 16 millions de personnes voulaient rester dans l'UE. Ce sont nos voisins, nos frères et nos sœurs, qui ont fait ce qu'ils croyaient passionnément être juste. Dans une démocratie, les majorités décident, mais tout le monde a la même valeur. »

Il répète une fois de plus son leitmotiv : « Je ne peux trop rappeler combien le Royaume-Uni fait partie de l'Europe, et en fera toujours partie. » D'après lui, la coopération entre les deux blocs voisins continuera dans les arts, les sciences, les universités, l'environnement. D'un point de vue économique, « le libre-échange se poursuivra, de même que l'accès au marché unique, comme le patronat allemand l'a rappelé ». Il écarte ainsi d'un revers de la main les inquiétudes de ces derniers jours. « Ici comme à l'étranger, les conséquences négatives sont largement exagérées et l'aspect positif est ignoré, estime-t-il. La bourse est bien au-delà son niveau de l'automne dernier et la livre sterling est plus élevée qu'en 2013 ou 2014. L'économie est également entre de bonnes mains. »

Boris Johnson sait bien que les favoris se font souvent trop d'ennemis pour être élus à la tête des partis britanniques, comme l'ont montré les éliminations de Michael Heseltine face à John Major en 1990, puis de David Davis face à David Cameron en 2005. Que son image de clown, cultivée depuis longtemps, peut lui nuire à une période aussi sensible qui requiert de la stabilité. Que les fidèles de David Cameron s'alignent derrière la ministre de l'Intérieur, Theresa May. Il sait néanmoins que les conservateurs peuvent lui en savoir gré : sans lui, un Brexit aurait signifié le triomphe de Nigel Farage. Un résultat qui aurait été bien plus difficile à avaler pour le pays et l'Europe tout entière.

Tout s'accélère pourtant au sein du Parti conservateur. Ses responsables veulent trouver au plus vite le remplaçant de David Cameron. Les députés ne disposent que de six jours pour se porter candidats à la direction du parti. Deux favoris se dessinent: Theresa May, dont l'absence pendant la campagne du référendum lui a permis de préserver une image acceptable auprès des militants pro-Brexit, et bien évidemment Boris Johnson. Il négocie depuis plusieurs jours le soutien de Michael Gove et celui de la ministre de l'Énergie et Brexiteuse Andrea Leadsom. Ils lui sont indispensables. Selon le processus électoral, les députés conservateurs de la Chambre des communes votent pour sélectionner deux des candidats à la direction, avant que le reste des adhérents du parti ne soit autorisé à se prononcer. En raison de l'animosité de nombreux élus à son égard, l'ancien maire de Londres doit être soutenu par ses deux collègues populaires.

Les jours suivants, les rumeurs vont bon train. Elles font surtout état de l'incapacité de Boris Johnson à s'entendre avec ses deux partenaires. Le matin du 30 juin, Sarah Vine, l'épouse de Michael Gove, réclame à son mari, dans un email qu'elle a fait fuiter, qu'il négocie avec Boris Johnson un durcissement de la politique migratoire en échange de son soutien. Elle ne croit en effet pas aux promesses d'un homme qui s'est toujours déclaré pro-immigration. À 9 h 06, un communiqué est envoyé à la presse britannique. Il est signé Michael Gove. « Je voulais aider à construire une équipe derrière Boris Johnson pour qu'un politicien qui a fait campagne pour sortir de l'UE puisse nous mener vers un avenir meilleur. Mais je suis arrivé, à contrecœur, à la conclusion que Boris ne peut pas apporter le leadership ni monter une équipe pour cette tâche. J'ai donc décidé de mettre mon nom en avant pour la direction du parti. »

Les députés conservateurs sont stupéfaits. « Tout politicien qui soutient Michael Gove a besoin de se faire examiner », enrage l'un d'entre eux. Pour Nigel Evans, un soutien de Boris Johnson, Michael Gove a tout bonnement poignardé son favori dans le dos. Stanley Johnson, lui, va jusqu'à comparer Michael Gove à Brutus, assassin de son père adoptif Jules César.

Pourtant, qui peut être vraiment surpris ? C'est le même Michael Gove qui, après avoir annoncé son soutien au Leave malgré son amitié avec David Cameron, avait promis d'être « aussi passif que possible durant la campagne » pour protéger « son intégrité et ses loyautés personnelles », raconte Kate Fall. Pour finalement se retrouver à la tête de la campagne officielle des Brexiters.

Dix minutes plus tard, Andrea Leadsom annonce sa candidature. Boris Johnson n'a pas réussi à la convaincre de faire partie de son équipe. Theresa May et l'ancien ministre de la Défense Liam Fox annoncent la leur dans les minutes qui suivent. Le ministre du Travail Stephen Crabb s'était déjà porté candidat quelques jours plus tôt. Voilà Boris Johnson lâché par ses deux précieux soutiens. Surtout, ces coups durs entraînent une valse de revirements exprimés, loin des conférences de presse, sur le réseau social Twitter. Un à un, des députés y annoncent changer leur soutien, délaissant Boris Johnson pour Michael Gove : Nick Boles, Ed Vaizey, Nick Gibb, Michael Fabricant, Dominic Raab…

Toute la presse se précipite néanmoins à l'hôtel St Ermin's. Boris Johnson a choisi, pour dévoiler ses plans, le lieu où Margaret Thatcher avait lancé la campagne conservatrice du référendum de 1975. Il débute son discours vers 11 h 45. Un discours très modéré, comme l'est généralement sa vision de la politique interne. « Je ne suis pas un communiste, je suis un conservateur coupeur d'impôts. Mais je veux un capitalisme qui soit juste pour les gens oubliés. C'est notre dernière chance de construire une Grande-Bretagne où tout le monde bénéficie du succès de l'économie.» Et de rappeler: «C'est la chance d'unir notre pays et notre société. Il est vital que nous rassemblions les camps Remain et Leave.»

Après avoir fait le portrait du Premier ministre idéal, il conclut, d'un sourire gêné: «J'ai consulté mes collègues et au regard des circonstances au Parlement, j'en ai conclu que ça ne pouvait pas être moi.» Dans cette salle aux couleurs vieillottes, le temps semble s'arrêter. Des frémissements de stupéfaction se font entendre. «Mon rôle sera de soutenir du mieux possible la prochaine administration conservatrice pour remplir la mission que les gens nous ont confiée lors du référendum.»

Boris Johnson, le grand favori, est hors course. Plutôt que de se faire éliminer dès les premières étapes du processus, il a préféré garder sa réputation intacte. Une fois de plus, de nombreux députés estiment qu'il a laissé passer sa chance. La place de chef du parti ne sera définitivement pas pour lui.

Son choix laisse la course au 10 Downing Street plus ouverte que prévu. Pourtant, alors que la direction du parti pensait annoncer le résultat final le 9 septembre, afin de laisser aux adhérents du parti le temps de choisir parmi les deux finalistes sélectionnés par les députés, tout sera réglé onze jours plus tard. Le 5 juillet, Liam Fox est éliminé par les députés tandis que Stephen Crabb retire sa candidature. Le 7 juillet, c'est au tour de Michael Gove de se voir montrer la porte. Son coup de couteau à Boris Johnson est resté en travers de la gorge de nombreux élus. Quatre jours plus tard, Andrea Leadsom se retire de la course à son tour. Elle justifie son retrait par le fait qu'«une campagne de neuf semaines à un moment aussi critique pour le pays est peu désirable».

Theresa May se retrouve seule en piste. Elle est nommée Première ministre par la reine dès le lendemain, le 12 juillet.

Elle dévoile son gouvernement le 13 juillet. Avec une double surprise de taille: Michael Gove en est absent, tandis que Boris Johnson est nommé ministre des Affaires étrangères. Ce dernier s'avoue « très, très surpris » par sa nomination. Avant d'exposer sa vision de son poste: « Nous avons une chance formidable de faire de nos relations avec le reste de l'Europe et du monde un grand succès. »

Chapitre 12

14 juillet 2016 – 9 juillet 2018
Je vois qu'il y a ici d'excellents polisseurs d'étrons

Boris Johnson n'a pas été nommé depuis vingt-quatre heures au poste de ministre des Affaires étrangères qu'il a déjà été hué. Son baptême du feu se déroule le 14 juillet 2016, lors de la célébration de la fête nationale française à la résidence de l'ambassadeur de France à Londres. Fidèle à lui-même, il effectue lors de son discours un rapprochement historique pour le moins provocateur. « Le soulèvement populaire des sans-culottes était dirigé contre un ancien régime bureaucratique étouffant dont les références démocratiques étaient devenues très loin d'être évidentes, lance-t-il aux quelque 1 300 Français et Britanniques présents. Nous pouvons tous convenir que "*vox populi est vox Dei*" ; en d'autres termes, que le choix fait par le peuple, à l'époque comme aujourd'hui, doit être respecté. »

Comme aux lendemains du référendum, le nouveau ministre des Affaires étrangères entend surtout rassurer ses voisins, en particulier son hôte, l'ambassadrice de France Sylvie Bermann, debout à sa droite. « Nous ne quittons pas l'Europe, répète-t-il pour la énième fois depuis le début de la campagne du référendum. Il serait géographiquement, physiquement, culturellement, émotionnellement et historiquement impossible pour le Royaume-Uni de quitter l'Europe. Ce n'est pas notre destin. Ce n'est pas notre avenir. » Mais, rappelle-t-il, « le peuple britannique a demandé une nouvelle relation avec l'UE et c'est ce que recherchera le Royaume-Uni. Le Royaume-Uni intensifiera ses relations intergouvernementales avec ses amis de l'autre côté de la Manche. Le Royaume-Uni va maintenant se forger une nouvelle identité mondiale ».

Le public est pourtant loin d'être conquis. Le foie gras, les fromages et le vin présents sur les buffets n'ont visiblement pas tempéré la colère engendrée chez certains d'entre eux par le Brexit. Ainsi, lorsque Boris Johnson conclut, un large sourire aux lèvres, en promettant « une union politique, culturelle, psychologique et économique *toujours plus étroite*[2] entre [le Royaume-Uni et l'Europe] au niveau intergouvernemental », il est accueilli par autant de sifflets que d'applaudissements. « Il était arrivé encore plus mal coiffé que d'habitude, ce qui témoignait d'un léger manque de respect, pour quelqu'un qui venait d'être nommé ministre des Affaires étrangères, se souvient Sidonie Gaucher, alors journaliste pour un magazine français local, *Ici Londres*. Surtout que la nuance entre son appréciation de l'Europe et son rejet de l'UE était très fine et loin d'être bien comprise par les personnes présentes. Certaines ont vraiment trouvé qu'il nous prenait pour des imbéciles. »

Même si Boris Johnson répète le même message depuis au moins deux décennies, nombreux sont les Européens à ne pas percevoir la nuance entre le désamour pour l'organisation

2. En français dans son discours.

européenne et celui pour l'Europe, à ne pas comprendre que l'on peut exécrer la première et aimer la seconde. C'est d'ailleurs l'une des principales confusions qui persistent autour du Brexit, lequel est un rejet de l'organisation européenne, pas de l'Europe. Un mot caractérise le glissement sémantique progressif autour de l'idée d'Europe : europhile. Sa racine vient du grec ancien *philia* (« amitié ») et il signifie littéralement « qui aime l'Europe ». Au fil des décennies, cet adjectif a pris une tout autre signification, sans doute favorisée par l'apparition de son antonyme, le terme eurosceptique : être europhile signifie désormais aimer le projet d'une Europe économiquement et politique unifiée ; insidieusement, il implique l'idée que l'UE représente l'Europe dans son intégralité et que les pays qui n'en font pas partie ne sont pas véritablement européens.

Le 28 juillet, Boris Johnson effectue sa première visite officielle à Paris. Il est invité à déjeuner au Quai d'Orsay par son homologue français, Jean-Marc Ayrault, nommé ministre des Affaires étrangères cinq mois plus tôt, après avoir été le Premier ministre de François Hollande. La rencontre est attendue avec impatience par les médias, Jean-Marc Ayrault ayant été quelques jours plus tôt fort peu délicat vis-à-vis de Boris Johnson. À l'annonce de la nomination de ce dernier, il avait livré le fond de sa pensée : « Je n'ai pas du tout d'inquiétude à l'égard de Boris Johnson, mais vous savez bien quel est son style, sa méthode. Pendant la campagne, il a beaucoup menti aux Britanniques et maintenant c'est lui qui est au pied du mur. Au pied du mur pour défendre son pays, mais au pied du mur aussi pour que cette relation avec l'Europe soit claire. [...] J'ai besoin d'un partenaire avec lequel on puisse négocier et qui soit clair, crédible, fiable. » Bien plus diplomate,

Boris Johnson avait immédiatement voulu faire retomber la tension : « Le ministre français des Affaires étrangères m'a adressé il y a deux heures une lettre charmante dans laquelle il se dit impatient de voir nos deux pays travailler ensemble et d'approfondir les relations anglo-françaises. Le Brexit n'a pas abouti au résultat que les Européens attendaient. Ils expriment leurs opinions de manière franche et libre. »

Deux semaines plus tard, l'ambiance est forcément un peu étrange. D'autant que chacun attend Boris Johnson au tournant. Quel visage montrera-t-il ? BoJo le blagueur ou Boris Johnson le ministre ? Les diplomates britanniques craignent tellement qu'il ne fasse une gaffe qu'il marche lui-même sur des œufs de peur d'en faire une. À tel point qu'il demande même à l'ambassadrice française si ce qu'il est en train de dire est approprié ! À l'issue de leur rencontre, les deux ministres lisent un communiqué, mais les journalistes ne sont pas autorisés à poser des questions : mieux vaut éviter les sujets qui fâchent à l'heure d'apaiser les tensions…

Si sa (mauvaise) réputation le précède auprès de ses interlocuteurs étrangers, Boris Johnson entend profiter du soutien qu'il pense avoir en interne pour la faire évoluer. « Il a été très surpris lorsque Theresa May l'a nommé ministre des Affaires étrangères – je le sais puisque j'étais dans la pièce avec eux lorsqu'elle le lui a annoncé », sourit Nick Timothy, redevenu le chef de cabinet de Theresa May dès la nomination de cette dernière au 10 Downing Street. Leurs interactions passées s'étaient révélées pour le moins houleuses. Lorsque Boris Johnson était maire de Londres et elle ministre de l'Intérieur, il avait plusieurs fois accusé son ministère d'être responsable des errements en matière de gestion du crime et des émeutes dans la capitale. Cette critique de la politique conservatrice par l'un des leurs était mal passée au sein du parti. « Même s'il a un côté loup solitaire, il s'est vraiment investi dans son rôle de ministre des Affaires étrangères et a été un membre constructif de l'équipe gouvernementale, selon Nick Timothy. Il est revenu à de nombreuses reprises vers Theresa en lui disant qu'il voulait lui parler de sa volonté de redessiner la politique étrangère britannique et de mettre en place une vision forte. »

Boris Johnson entend développer l'idée de « Global Britain », la Grande-Bretagne mondiale, un principe largement évoqué mais peu creusé pendant la campagne du référendum. À l'occasion d'un discours prononcé le 2 décembre 2016, il réclame que le Royaume-Uni dispose d'un poids sur la scène internationale semblable à celui qui, en 1815, lui avait permis d'« aider à créer l'équilibre des pouvoirs politiques, un système qui a remarquablement réussi pendant environ un siècle pour maintenir la paix ». Un an plus tard, il déclare : « En quittant l'Union européenne, nous allons peser davantage au niveau mondial et utiliser notre esprit flibustier pour nous émanciper tout en garantissant une issue favorable au Royaume-Uni. »

L'idée centrale de cette Global Britain repose sur la réécriture d'une partie de l'histoire nationale. Ses promoteurs omettent de préciser que l'influence mondiale et les succès séculaires du pays ont été favorisés par son empire colossal, aujourd'hui disparu et que le Commonwealth ne remplace pas. Ils renforcent le mythe de la petite île qui a toujours su frapper au-dessus de sa catégorie. Cette vision idéalisée justifie l'optimisme le plus forcené et permet de s'affranchir des réalités.

Le 9 janvier 2017, Boris Johnson est le premier membre d'un gouvernement étranger à rencontrer l'entourage du nouveau président américain, Donald Trump. « De toute évidence, la future administration Trump a un programme de changement passionnant, assure-t-il après son entrevue avec des proches du président américain et le président de la Chambre des représentants des États-Unis, Paul Ryan. Une chose ne changera pas, cependant : c'est la proximité des relations entre les États-Unis et le Royaume-Uni. » Après s'être fait montrer un buste de son héros Winston Churchill, il s'extasie : « Nous entendons dire que nous sommes les premiers à pouvoir conclure un accord de libre-échange avec les États-Unis. Donc, ce sera une année excitante pour nos deux pays. »

Grâce à ce coup de maître, le ministre des Affaires étrangères envoie un sacré message à l'UE : les États-Unis soutiendront le Royaume-Uni quand celui-ci aura quitté l'Union. Cette opération ne suffit pourtant pas à convaincre la Première ministre de sa bonne volonté et de son application. « Theresa n'a jamais pris Boris au sérieux et ne lui a jamais fait assez confiance, assure Nick Timothy. Elle lui parlait souvent d'un ton condescendant et elle le rabaissait régulièrement devant ses collègues. »

Un tel comportement autorise alors les autres ministres, opposés aux idées de Boris Johnson sur le Brexit et agacés par sa grandiloquence, à le prendre ouvertement à partie. « Les problèmes de Boris dans le cabinet à cette période concernaient principalement le chancelier de l'Échiquier, Philip Hammond, qui a tenté dès le premier jour d'adoucir le Brexit, poursuit le chef de cabinet de Theresa May. Il passait ainsi les réunions gouvernementales à se moquer de Boris en faisant des grimaces dès que celui-ci ouvrait la bouche. »

Boris Johnson n'est pas le seul à ressentir cet isolement : ses compères Brexiters ne parviennent pas à trouver leur place au sein du gouvernement. « Theresa a pris la décision consciente de nommer les Brexiters expérimentés, en dehors de Michael Gove, qui avait trahi Boris et qu'elle n'aimait pas, à des postes liés aux aspects les plus évidents du Brexit : les affaires étrangères, le commerce international, le ministère du Brexit, etc., analyse Nick Timothy. Elle a en revanche nommé des députés de l'aile gauche du parti, des Remainers, aux postes liés à la politique interne. L'idée était que Boris et compagnie fassent la promotion du Brexit à l'étranger pendant que l'on opérait les réformes sociales à la maison. »

La promotion des Brexiters se révèle n'être qu'un paravent : « Elle avait promis pendant sa campagne de nommer un Brexiter à la tête du ministère du Brexit. Sur le papier, elle a respecté son engagement à la lettre, mais pas dans l'esprit puisqu'elle n'a jamais permis à David Davis de mener les négociations avec les Européens. Tout était dirigé depuis Downing Street. » Un diplomate britannique désireux de demeurer anonyme tempère toutefois ces propos : « En raison de son expérience, David Davis avait néanmoins un rôle décisionnaire fort. »

Boris Johnson se retrouve pénalisé. Comme neuf ans plus tôt, lorsque David Cameron ne l'avait pas promu après deux années à superviser la politique conservatrice pour l'éducation supérieure, l'image de politicien léger et oisif qu'il s'est minutieusement créée se retourne contre lui. Il est écarté des affaires britanniques, Theresa May peut s'accaparer la gestion mais aussi la définition du Brexit. « À son arrivée au pouvoir, elle n'a pas hésité à être très dure avec ceux qui tentaient de la convaincre de maintenir le pays dans l'union douanière et le marché unique. » Nick Timothy imite la Première ministre : « Elle retirait alors ses lunettes et les agitait devant son interlocuteur en expliquant, agacée : "Vous ne comprenez pas que nous devons quitter toutes les lois et toutes les institutions européennes pour ensuite commencer à négocier un accord qui soit le plus proche et le meilleur possible pour le commerce. Mais il faut que cet accord soit cohérent avec le suffrage des Britanniques, lesquels ont voté pour sortir de l'UE." »

Le maintien dans le marché unique permettrait au Royaume-Uni de préserver tous les avantages commerciaux dont il jouit en tant que membre de l'UE, mais l'obligerait à respecter toutes les libertés fondamentales européennes, dont la liberté de circulation. Personne ne pourrait donc contrôler l'immigration venue des États membres. Le maintien dans une union douanière avec l'UE annulerait, quant à lui, la nécessité de contrôles douaniers poussés, mais forcerait le Royaume-Uni à suivre la réglementation commerciale et les tarifs douaniers de l'UE. Il ne pourrait donc pas mener une politique commerciale indépendante, et notamment signer des accords de libre-échange avec le reste du monde.

Nick Timothy lui-même a choisi le Brexit lors du référendum ; il a sans aucun doute influencé la Première ministre. « Si nous n'avions pas quitté l'union douanière et le marché unique, je ne vois pas bien ce que l'on aurait quitté, argumente-t-il. Et, pour Theresa May, c'était évident ! »

Depuis sa nomination à la tête du Parti conservateur, la responsable conservatrice a surtout martelé le message « *Brexit means Brexit* » (« Le Brexit, c'est le Brexit »). La mise en place d'une conception plus détaillée requiert du temps. La chose se révèle d'autant plus difficile que, comme l'indique le représentant britannique auprès de l'UE Ivan Rogers le 3 janvier 2017 dans sa lettre de démission : « Une expérience sérieuse de négociations multilatérales fait défaut à Whitehall [le siège du gouvernement et de l'administration britannique], et ce n'est pas le cas à la Commission ou au Conseil européen. »

La vision détaillée du Brexit que Theresa May dévoile le 17 janvier 2017, à Lancaster House – une grandiose dépendance néoclassique du ministère des Affaires étrangères située en bordure de St James Park –, est grandement inspirée des idées de Boris Johnson. Lors de ce discours avant tout destiné à une audience britannique et en particulier aux Brexiters, malgré son intitulé « Global Britain », Theresa May reprend et développe l'un des slogans chers à l'ancienne tête d'affiche de la campagne Vote Leave : « *Take Back Control* ». Elle confirme que « quitter l'UE signifiera que [les lois britanniques] seront faites à Westminster, Edimbourg, Cardiff et Belfast » et que « le Brexit doit signifier que [les Britanniques contrôlent] le nombre de personnes qui viennent au Royaume-Uni depuis l'Europe ». Ministre de l'Intérieur entre 2010 et 2016, elle reste obnubilée par l'immigration.

La Première ministre pose surtout le cadre de ses objectifs de négociations avec l'Union européenne : « Nous viserons un accord de libre-échange ambitieux et courageux avec l'UE. » Cet accord cherchera à obtenir le retrait « d'autant de barrières commerciales que possible ». Elle précise que ce qu'elle propose ne peut être l'appartenance au marché unique, mais préservera certains aspects de l'union douanière.

Là encore, c'est pour satisfaire Boris Johnson et ses collègues qu'« elle a été délibérément vague sur le départ de l'union douanière, afin de ne pas s'engager trop vite sur la forme future de l'association avec l'UE », commente Nick Timothy, qui a coécrit le discours. D'ailleurs, « Boris était très inquiet de cette ambiguïté. Il était parfaitement lucide sur cette question et a toujours fait part de la nécessité de quitter totalement l'union douanière ». Pour satisfaire tous les Brexiters, Theresa May indique enfin aux vingt-sept dirigeants des autres États membres de l'UE : « Pour le Royaume-Uni, il vaut mieux pas d'accord qu'un mauvais accord. »

Avec ce discours dessiné à sa mesure, Boris Johnson ne peut que se ranger derrière elle. Il applaudit dans sa chronique du *Telegraph* ses choix de quitter l'UE et l'union douanière tout en voulant continuer à prendre part à certaines organisations européennes, « en payant pour elles lorsque cela est nécessaire ». « Nous pensons qu'un accord peut être atteint, qui sera formidable pour le Royaume-Uni et nos partenaires européens. Theresa May a développé un plan clair qui peut fonctionner pour nous tous », s'enthousiasme-t-il.

Dans son discours du 29 mars 2017, le jour de l'enclenchement de l'article 50, qui officialise la demande de sortie de l'Union européenne, Theresa May se montre beaucoup plus conciliante avec ses interlocuteurs européens. Elle répète quinze fois les mots « partenaires » et « partenariat », et six fois « amis » et « amitié » pour qualifier l'avenir entre le Royaume-Uni et les vingt-sept. La route vers le Brexit est entamée, il faut maintenant trouver un port d'attache. Surtout que le compte-à-rebours est lancé : il ne reste que deux ans pour négocier un accord de Brexit.

Trois mois plus tard, le jeu de cartes politique est totalement renversé. Theresa May a enclenché une élection générale anticipée destinée à conforter sa position avant les négociations sur le Brexit. Malgré son slogan, « *Strong and stable* » (« Solide et stable »), elle s'effondre. Le pays est secoué par les attentats islamistes. Devant le Parlement. À Manchester. Sur le London Bridge. Trente-quatre personnes sont tuées, près de deux cent quarante blessées. Sa campagne s'avère également catastrophique. Ses vingt et un points d'avance dans les sondages fondent en sept semaines. À l'annonce des résultats, le 8 juin 2017, elle a gagné plus d'électeurs que David Cameron lors de ses deux précédentes campagnes, mais le Labour de Jeremy Corbyn a encore plus encore progressé. Elle perd sa majorité à la Chambre des communes. Son pouvoir de légiférer dépend désormais du vote des unionistes nord-irlandais du Parti unioniste démocrate (DUP). Son image est encore dégradée par sa réaction lors de l'incendie, dans l'ouest de la capitale, de la Grenfell Tower, qui entraîne la mort de soixante-douze résidents six jours après l'élection. Theresa May est en effet pointée du doigt pour ne pas avoir daigné discuter avec les habitants et être demeurée à l'écart de la foule, avec les pompiers et les officiels.

Sa fragilité nouvelle encourage les ministres à sortir de leur réserve. Les frictions se multiplient au sein du cabinet. D'un côté les Brexiters, autour de Boris Johnson et Michael Gove – intégré au gouvernement aux lendemains de l'élection au poste de ministre de l'Environnement, de l'Alimentation et des Affaires rurales –, réclament une coupure nette avec l'Union européenne, sans période de transition. Face à eux, les partisans d'un Brexit graduel, menés par le chancelier de l'Échiquier, Philip Hammond, et la ministre de l'Intérieur, Amber Rudd. Au contact du monde des affaires, le point de vue de David Davis a évolué. Il ne sait où se situer.

L'UE entend également profiter des divisions de l'exécutif britannique. Les dirigeants des États membres imposent plusieurs règles pour les négociations à venir : il est interdit de discuter de l'avenir des relations commerciales entre les deux partenaires tant que la contribution financière britannique à l'UE et le sort reservé aux citoyens européens et britanniques n'ont pas été déterminés, mais il est obligatoire d'inclure un document définissant l'avenir de l'Irlande du Nord. Ces deux demandes sont contradictoires, mais Londres ne les remet, étrangement, pas en question. Peut-être parce que le temps presse. Le négociateur en chef européen, le Français Michel Barnier, rappelle que l'ensemble du processus de négociation doit être achevé à l'automne 2018 pour permettre aux dirigeants européens de discuter du projet d'accord, puis aux Parlements européen et britannique de le ratifier avant le 29 mars 2019, date prévue du Brexit, deux ans après l'enclenchement de l'article 50.

Les négociations débutent le 19 juin 2017. Dès la première rencontre entre Michel Barnier et son homologue David Davis, les Européens dévoilent leur maîtrise de la communication. Les Britanniques arrivent à la réunion presque les mains dans les poches. Rien de surprenant à cela, ce n'est qu'une prise de contact. De leur côté, les Européens apportent d'imposants dossiers débordants de documents : ils parviennent ainsi à faire passer leurs adversaires pour des amateurs guère impliqués dans le détail des négociations. L'équipe britannique est raillée des deux côtés de la mer du Nord. D'emblée, voilà sa crédibilité largement entamée.

« Barnier est un excellent communicant. Au fur et à mesure de ses interventions, il est très habilement parvenu à transmettre une image positive de la Commission et négative du Royaume-Uni, raconte un diplomate britannique désireux de rester anonyme. La perception de Barnier part d'un principe simple, pour ne pas dire simpliste : le Royaume-Uni a eu tort de voter pour quitter l'UE. » Il note surtout que « Michel Barnier n'est pas un négociateur, c'est un tribun. Il ne faut pas oublier que c'est un politicien, pas un fonctionnaire, et il est donc très concentré sur sa propre carrière. Il ne fait donc rien pour débloquer les situations tendues. Au-delà de ses propres intentions, c'est aussi dû au fait qu'il a peu de marge de manœuvre puisqu'il reçoit son mandat des États membres. » Des membres qui apprécient grandement son travail. « Je n'ai jamais entendu de mots négatifs à son propos dans toute la Commission, l'unanimité autour de Michel

Barnier est absolument exceptionnelle et de l'ordre du jamais-vu », témoigne un observateur bruxellois.

Boris Johnson, de son côté, n'entend pas laisser le terrain aux Européens. Lors d'une apparition à la Chambre des communes le 11 juillet 2017, il prévient qu'ils peuvent « toujours courir » s'ils pensent récupérer « les sommes [qu'il a] vues », qu'il compare à de « l'extorsion ». Selon de persistantes rumeurs bruxelloises, la Commission européenne réclame alors au Royaume-Uni une taxe de sortie de l'UE de 100 milliards d'euros. De leur côté, les Britanniques penchent pour le versement d'environ cinq fois moins, en guise de contribution aux deux années planifiées pour la période de transition post-Brexit (prévue en 2019 et 2020).

Le 19 juillet, Boris Johnson s'envole pour le Japon afin d'y faire la promotion d'un accord de libre-échange avec son pays. Lors de la semaine qui suit, il séjourne également en Nouvelle-Zélande et en Australie. Ces visites ont pour principal objectif de mettre la pression sur les Européens pour leur signifier que le Royaume-Uni ne se trouve pas dans une situation de demandeur – donc en position de faiblesse –, puisque de grandes nations sont prêtes à s'entendre commercialement avec lui. Il en profite pour égratigner dès que possible les institutions européennes, notamment l'inanité du Conseil européen et sa propension à « passer des heures à négocier la définition du chocolat ».

Comme revigoré par la semi-défaite et la fragilité nouvelle de Theresa May, l'ancien trublion de la politique britannique s'extrait du rôle de simple promoteur du Royaume-Uni post-Brexit dans lequel l'avait cantonné la Première ministre. Le 15 septembre 2017, il se réapproprie pleinement le Brexit, qui l'avait propulsé un an et demi plus tôt sous le feu des projecteurs politiques. Dans une chronique publiée dans *The Telegraph* sous le titre « Ma vision d'un Royaume-Uni prospère et audacieux grâce au Brexit », il effectue un retour sur la scène nationale plus bruyant que jamais.

Afin de ne pas se montrer ouvertement frondeur, il se réfère, habile, au discours prononcé par Theresa May le 17 janvier 2017 à la Lancaster House. Il l'écarte ensuite sans ménagement et se présente comme le défenseur du Brexit originel. Il rappelle longuement les raisons qui ont poussé le Royaume-Uni à quitter l'Union européenne : la logique de l'UE « n'était pas économique mais politique » et « [le Royaume-Uni avait] tort d'être là, toujours à chercher à faire les choses différemment, à être dans le passage, à râler ». Puis, il se réjouit de l'avenir « glorieux » qui s'ouvre à son pays. Joueur, il promet de réinvestir dans le système de santé « une grande partie » des 350 millions de livres (380 millions d'euros) hebdomadaires que le pays ne versera plus au budget européen, de signer des accords de libre-échange commerciaux, de simplifier la réglementation et réduire les impôts où ce sera possible, d'investir dans les infrastructures.

Cette sortie dérange nombre de ses collègues, aussi bien sur la forme que sur le fond. Il n'a en effet prévenu aucun membre du gouvernement, et surtout pas Theresa May, de la publication de sa profession de foi politique sur le Brexit. La ministre de l'Intérieur Amber Rudd s'offusque qu'il veuille « gérer le processus du Brexit ». La presse résonne de critiques anonymes de députés et ministres à son égard, qui l'accusent de « mettre ses ambitions personnelles avant l'intérêt du pays ». Et pour cause : Boris Johnson se présente comme le digne remplaçant de Theresa May, lorsque l'heure sera venue pour elle de laisser la place. Sous-entendu, une fois le pays sorti de l'UE, en mars 2019.

Le ministre des Affaires étrangères reçoit le soutien de l'ancien chef de l'Ukip Nigel Farage, ainsi que des plus fervents Brexiters de son parti, parmi lesquels Iain Duncan Smith. Michael Gove applaudit également. Il appelle à axer le débat « sur le moyen de tirer le plus profit de [la vie du Royaume-Uni] en dehors de l'UE, plutôt que de rejouer le match du référendum ».

Boris Johnson consacre désormais son énergie au Brexit. Son activité de ministre des Affaires étrangères en subit les conséquences. Elle est assombrie par des dérapages dont il a le secret. En octobre 2017, il lance en souriant, lors d'une discussion publique, que si les hommes d'affaires veulent faire de Syrte le prochain Dubaï, « la seule chose qu'ils ont à faire est d'enlever les cadavres ». Acceptable de la part d'un citoyen lambda dans un cadre amical ou familial, cet humour noir fait tache, en public, dans la bouche du représentant de la diplomatie britannique.

Sa réputation est surtout ternie à la suite d'une erreur majeure, significative de son insouciance. Au détour d'une entrevue avec un comité parlementaire le 6 novembre, il indique que l'Anglo-Iranienne Nazanin Zaghari-Ratcliffe, détenue par la justice iranienne pour espionnage, « était au mieux simplement en train d'enseigner le journalisme à des gens ». Or l'accusée n'a officiellement jamais été journaliste. Elle a toujours assuré être en vacances en Iran avec sa fille au moment de son arrestation. La déclaration de Boris Johnson est immédiatement utilisée par la justice iranienne contre la jeune femme. Heureusement, cela n'a pas entraîné le dépôt de nouvelles charges à son endroit.

Cet épisode rencontre un grand écho auprès des diplomates européens. Il renforce l'image que ceux-ci avaient déjà de Boris Johnson lors de sa nomination en juillet 2016. Plusieurs d'entre eux témoignent qu'il « connaissait mal ses dossiers» et qu'il «ne prenait pas son travail de ministre des Affaires étrangères au sérieux». L'un d'eux raconte qu'à la fin de chacune de leurs discussions, juste avant de faire face à la presse, Boris Johnson se passait les mains dans les cheveux «pour les désordonner». Un autre qu'il n'avait quasiment rien dit pendant l'intégralité d'une réunion, avant de sortir un bon mot pour faire sourire ses interlocuteurs. Ils reconnaissent pourtant que leur préjugé négatif, lié à son rôle prépondérant dans le Brexit et à son image de politicien fantasque, a beaucoup joué dans leur approche du personnage et que la réputation qui le précédait a pu affecter leur jugement.

Pendant ce temps, les négociations européennes bloquent. Et les coups de bluff se multiplient de part et d'autre. «Nous nous préparons à un *no deal*, ce qui nous permettra de commercer avec l'UE selon les règles de l'Organisation mondiale du commerce», affirme sous les applaudissements le député et ancien secrétaire d'État en charge du Brexit, David Jones, lors du congrès du Parti conservateur début octobre 2017. «Il serait bon que le gouvernement le fasse savoir, en particulier pour que l'UE soit au courant que nous ne nous laisserons pas embarquer dans un accord qui ne nous convient pas.»

Parmi les principaux responsables britanniques, les visions des négociations divergent. «Boris a toujours soutenu l'option d'une relation future fondée sur l'accord signé par l'UE avec le Canada, explique l'un de ses collègues ministres. Il répétait régulièrement: "L'UE et nous sommes aujourd'hui alignés; pourquoi sacrifier quelque chose dont nous bénéficions tous? Nous avons les mêmes normes, pourquoi ne pas continuer ainsi? Et si l'un d'entre nous veut changer quelque chose, puisque nous nous faisons confiance, asseyons-nous autour d'une table pour en discuter."»

Ce ministre juge que « cette vision à la fois philosophique et émotionnelle est très différente de celle de David Davis et de Theresa May, car Boris Johnson se sent véritablement européen ». À l'inverse, « David voulait déposer des demandes très dures, quitte à ce que les négociations s'arrêtent. Tout le monde voulant un accord, il estimait qu'elles reprendraient et qu'un compromis acceptable serait trouvé. Theresa, elle, considérait qu'il ne fallait jamais quitter la table des négociations et toujours discuter ».

Les difficultés de Theresa May ne se limitent pas à son gouvernement ni aux Européens : elle doit aussi gérer le Parlement. La fondatrice et co-gérante de fonds d'investissement Gina Miller, activiste anti-Brexit, a obtenu de la Cour suprême que le gouvernement ne puisse pas enclencher l'article 50 sans le vote du Parlement. Le 14 décembre 2017, la situation s'envenime encore : la fronde de douze élus conservateurs contraint le gouvernement à faire adopter son accord de Brexit par le Parlement avant de pouvoir l'entériner définitivement.

Cette défaite parlementaire est capitale. Voilà Theresa May obligée de trouver un accord de Brexit qui satisfasse le plus grand nombre de députés de son parti, sous peine d'être incapable de le faire adopter. Au regard de la diversité des opinions, c'est une sacrée gageure. Surtout qu'elle s'est débarrassée sans le moindre scrupule, dès la publication des résultats de l'élection générale, de ses deux plus proches conseillers, Nick Timothy et Fiona Hill. S'ils lui ont servi de fusibles, en sautant pour la protéger, elle a perdu avec eux un peu plus de sa confiance en elle-même.

C'est alors qu'éclate le scandale Cambridge Anaytica, qui secoue le pays en mars 2018 et marque le début de six mois peu glorieux pour Boris Johnson et les Brexiters. Le premier sort personnellement indemne de cette affaire, mais l'image du Brexit s'en trouve résolument entachée. Cette société d'analyse de données et son patron, Alexander Nix, sont suspectés d'avoir récupéré illégalement des données sur des individus pour les trier et les inonder de publicité ou d'articles de presse partisans dans le but d'influencer leur vote. Cambridge Analytica est ainsi accusée d'avoir favorisé l'élection de Donald Trump en 2016 et d'avoir fait pencher la balance en faveur du Brexit lors du référendum après avoir travaillé avec Leave.EU, le groupe de campagne non officiel mené par Nigel Farage. Pendant des semaines, les médias se déchaînent au Royaume-Uni. Il faudra attendre la mi-octobre 2020 pour qu'un rapport indépendant anéantisse les présomptions concernant le référendum : Cambridge Analytica n'a joué aucun rôle dans la campagne. Mais le mal est fait : l'idée que le Brexit a été favorisé par une manipulation technologique demeure bien ancrée dans l'esprit de nombreux Britanniques et Européens.

Boris Johnson est ensuite directement frappé par une autre affaire. Le 23 juin, *The Telegraph* révèle que, lors d'un événement à la Lancaster House, des gens l'ont entendu dire à l'ambassadeur belge à Londres Rudolf Huygelen, qui s'inquiétait des risques d'un *no deal* pour les entreprises : « *Fuck business !* » (« J'emmerde le monde des affaires ! ») Les grandes entreprises britanniques ruent alors dans les brancards, s'indignent de la position du ministre. Lequel, comme d'habitude, refuse de s'excuser et justifie tant qu'il peut sa remarque.

Il faut finalement attendre plus de deux ans après le référendum pour que Theresa May soit en état de dévoiler à son équipe sa vision détaillée des futures relations commerciales entre le Royaume-Uni et l'Union européenne. Le 6 juillet 2018, elle invite ainsi les membres du cabinet à sa résidence officielle de Chequers. Le « plan de Chequers », comme il sera qualifié au cours des mois à venir, propose le maintien du pays dans une union douanière avec l'UE, union qualifiée de « zone de libre-échange de biens », sans doute afin d'amadouer les Brexiters. À l'intérieur de cette zone, le Royaume-Uni et l'UE maintiendraient « un ensemble de règles communes sur tous les biens, notamment les produits agricoles et alimentaires ». Concrètement, la fluidité des échanges se poursuivrait, mais le Royaume-Uni serait soumis aux décisions de l'UE à propos de cette union douanière ; il ne serait donc pas libre de déterminer sa propre réglementation commerciale et par conséquent de développer une stratégie commerciale indépendante de l'UE, l'une des priorités des Brexiters avides de souveraineté.

Deux autres de ses propositions risquent de crisper les Brexiters : le Royaume-Uni s'alignerait sur les règles de l'UE « en matière d'aides publiques et de compétition », mais aussi « d'environnement, de changement climatique, de droits sociaux et du travail et de protection des consommateurs ». La possibilité de subventionner les entreprises en difficulté sans avoir à se soucier des remarques de la Commission disparaît donc. Les conservateurs les plus à droite, qui espéraient un allègement réglementaire, en sont aussi pour leurs frais. Enfin, la Cour de justice de l'Union européenne demeure compétente à l'égard du Royaume-Uni.

Le contenu du plan avait commencé à fuiter avant son dévoilement officiel à Chequers. Dès que Boris Johnson en a connu les grandes lignes, il a tenté de contrer la Première ministre. Dans le plus grand secret, il invite les principaux Brexiters du gouvernement à une réunion afin de leur confier son idée de projet alternatif. Sa tentative de coup est un échec total : non seulement le ministre de l'Intérieur, Sajid Javid, refuse de se déplacer, mais, en dehors du ministre en charge du Brexit, David Davis, et de la ministre au Développement international, Penny Mordaunt, personne ne soutient son idée. Il finit par l'abandonner.

Boris Johnson s'entretient alors avec David Cameron, qui le sermonne en lui rappelant que le projet de Theresa May est le seul qui puisse obtenir la majorité à la Chambre des communes et que son opposition ou sa démission n'aboutirait à rien de concret. Les deux hommes se quittent d'accord sur ce point.

Néanmoins, lorsque le ministre des Affaires étrangères arrive le lendemain à la résidence de Chequers, il est très remonté. Il se lance dans une diatribe de six minutes, dans laquelle il avertit son auditoire que le Royaume-Uni deviendra un « État vassal » de l'UE et que le projet de Theresa May ne remplit pas la promesse du référendum de reprendre le contrôle des lois britanniques. Il qualifie le plan de « gros étron » et s'énerve contre ses collègues favorables au projet présenté par la Première ministre : « Je vois qu'il y a ici d'excellents polisseurs d'étrons [*turd polishers*]. »

Ses alliés expriment également leur frustration, de façon un peu moins imagée. Pour David Davis, le plan ne va pas assez loin par rapport à ce qu'il espérait en matière de regain de souveraineté. Le ministre du Commerce international, Liam Fox, indique que le maintien dans une union douanière avec l'UE obligerait le pays à respecter les normes européennes, ce qui entraverait sa capacité à négocier des accords commerciaux avec d'autres pays. Or de nombreux Brexiters considèrent cette prérogative comme capitale.

Après le déjeuner, un buffet de pilons de poulet cuits au barbecue, la situation se décante. Michael Gove appuie le projet ; Andrea Leadsom « déteste » le plan mais soutient la

Première ministre. L'équilibre des forces en présence bascule. Boris Johnson se bat pour obtenir deux modifications de dernière minute. Il veut empêcher les citoyens britanniques de pouvoir faire appel directement à la Cour de justice de l'Union européenne et détailler la manière dont le Parlement étudiera les futures législations européennes. Tous se rangent finalement derrière les recommandations de Theresa May. Même lui.

Pendant le week-end, un ami de Boris Johnson explique anonymement à la presse que celui-ci est resté au gouvernement pour empêcher que de plus amples concessions ne soient accordées à l'UE : « Il n'y a pas de doute que nous nous dirigerions vers un Brexit plus modéré si Boris ne faisait pas partie du cabinet gouvernemental. » L'analyse des Brexiters les plus radicaux se révèle sensiblement différente. « J'ai expliqué la semaine dernière à Boris qu'il sera très difficile à quelqu'un qui a accepté ce très mauvais accord de pouvoir un jour diriger le parti, témoigne l'un d'entre eux dans *The Times*, également sous couvert d'anonymat. J'ai vu de la peur dans ses yeux. »

Le lundi matin suivant, David Davis annonce sa démission. Il reproche à la Première ministre d'avoir promis « un retour de la souveraineté et du contrôle à la Chambre des communes, alors qu'en pratique ce n'est pas le cas ». Pendant le reste de la journée, chacun s'interroge sur le devenir de Boris Johnson. Il ne s'est en effet pas présenté à deux rendez-vous auxquels il était attendu.

En fin de journée, il envoie finalement une longue lettre à la locataire du 10 Downing Street. Après avoir énuméré plusieurs des problèmes du « plan Chequers », il assure à sa « chère Theresa » que « [le Royaume-Uni se dirige] vraiment vers le statut de colonie, et [que] nombreux sont ceux qui auront du mal à voir les avantages politiques ou économiques de cet arrangement ». Il se plaint de l'aspect « peu pratique et irréalisable de l'union douanière » et de l'abandon de la mainmise sur les normes réglementaires en matière de biens et de produits agricoles, qui compliqueront la signature de futurs accords commerciaux de libre-échange. Il redoute l'éventualité d'avoir à payer pour accéder au marché unique.

Il va jusqu'à comparer les propositions de Theresa May à « l'envoi de [l'avant-garde britannique] à la bataille avec des drapeaux blancs flottant au-dessus d'elle ». Ces propositions lui « grattent la gorge » alors qu'il devrait pouvoir en faire l'éloge. Il se sent donc obligé de démissionner. Il conclut sur son estime pour l'Europe, « un continent que nous ne quitterons jamais ».

« C'est vraiment dommage, car la session semblait s'être bien terminée et je ne m'attendais pas à des démissions, déplore David Lidington, le numéro deux du gouvernement grâce à ses postes de ministre en charge de la coordination gouvernementale et de chancelier du duché de Lancaster. David Davis est très doué pour cacher ses émotions. Il ne fait aucun doute qu'il est parti pour une question de principe, mais je n'avais pas réussi à le lire sur son visage à la fin de la réunion. » Il estime cependant que c'est le choix de Boris Johnson qui a été déterminant : « La démission de Boris a catalysé le sentiment de colère des députés Brexiters. Nul doute qu'elle a joué un rôle prépondérant dans le déroulement des mois suivants. »

Chapitre 13

10 juillet 2018 – 24 mai 2019
Cet accord est une humiliation nationale

La file semble interminable. Elle s'enroule tout autour de l'amphithéâtre numéro 1 du centre de conférence de Birmingham et se prolonge en zigzags par-delà une passerelle. Ce 2 octobre 2018, un millier d'adhérents conservateurs accrédités au congrès de leur parti attendent depuis plusieurs heures pour être certains de suivre en direct le discours de leur coqueluche : Boris Johnson. « C'est une erreur de quitter l'Union européenne aux conditions du "plan de Chequers", lance celui-ci d'une voix ferme à la salle comble. Nous serons attirés vers Bruxelles par le rayon laser tracteur de l'UE. Non seulement nous ne pourrons pas proposer nos barèmes tarifaires, mais nous serons aussi incapables de décider de nos propres lois, de modifier notre cadre réglementaire pour les marchandises, les produits agroalimentaires, et bien plus encore. C'est politiquement humiliant pour une économie de 2 milliards de livres sterling ! »

Boris Johnson se passe la main dans les cheveux, secoue la tête d'un air où la désapprobation le dispute à la contrariété, blague avec un spectateur assis au premier rang, se balance d'avant en arrière lorsqu'il parle, emporté par l'élan de ses gesticulations. Tous ces signes montrent qu'il est dans un bon jour, concentré et capable de réagir à l'humeur de son auditoire. « Cela signifierait que, quoi que l'UE propose à l'avenir – interdire la vente d'œufs à la douzaine, interdire aux diabétiques de conduire, interdire le vapotage, et tout cela a au moins été envisagé par Bruxelles ces dernières années –, nous devrions mettre en œuvre toutes ces absurdités sans la moindre capacité de les modifier ou de résister. »

Il s'interrompt, le regard fixe, la gravité de son expression renforcée par la toile de fond noir derrière lui : « Ce n'est pas pragmatique, ce n'est pas un compromis. C'est dangereux et instable – politiquement et économiquement. Amis conservateurs, ceci n'est pas la démocratie. Ce n'est pas ce pour quoi nous avons voté. » La salle applaudit chaleureusement. Il réclame la signature d'un accord « Super Canada », sur la base de celui signé entre Bruxelles et Ottawa, en plus d'un accord séparé à propos du statut de la frontière entre les deux Irlande.

Il s'en prend ensuite directement à l'UE : « Ils veulent avant tout démontrer aux autres pays qui rêveraient de nous emboîter le pas qu'on ne peut pas quitter l'UE sans subir de conséquences politiques ou économiques néfastes. » Pour appuyer cette analyse, il fait parler son expérience européenne : « Je surveille l'UE professionnellement depuis trente ans. Chaque fois qu'un référendum va à l'encontre du mouvement fédéraliste, j'ai vu comment les forces centripètes se verrouillent. Lentement, le pays fautif revient à sa place. » Il le répète : « Il faut jeter "Chequers". Si nous mentons à l'électorat, et "Chequers" est un mensonge, nous intensifierons le sentiment de méfiance. »

Il appelle à soutenir Theresa May et, « doucement et sensiblement, son plan de Brexit initial », qui marquait une vraie volonté de rupture avec l'UE. « Parce que si nous nous trompons, nous serons punis. Mais si nous faisons les choses correctement, nous pourrons connaître un avenir glorieux. On se souviendra alors de ce gouvernement, parce qu'il aura agi courageusement, équitablement, remarquablement et conformément aux souhaits de la population. » Il lève la tête et quitte rapidement la salle, d'un pas comme souvent hésitant, presque gêné. Les applaudissements retentissent. Il n'est officiellement plus qu'un député comme un autre depuis sa démission trois mois plus tôt de son poste de ministre des Affaires étrangères. Il est pourtant incontestablement la vedette de ce congrès du Parti conservateur. Et ce, même si la presse populaire a révélé début septembre que son épouse Marina l'a quitté, cette fois définitivement, après la découverte d'une énième infidélité.

La Première ministre, Theresa May, n'apprécie guère ce discours. Elle reconnaît lors d'un entretien à la BBC, le visage presque tordu par le stress et l'agacement, que « l'on sait une chose avec Boris, c'est qu'il saura faire le show ». Une pique un tantinet condescendante… Elle s'avoue ensuite « irritée » par « une ou deux choses que Boris a dites ». En particulier, la critique de sa proposition de filet de sécurité en Irlande du Nord. « Nous, lui et moi, sommes membres du Parti conservateur et unioniste parce que nous croyons en l'union du Royaume-Uni. L'Irlande du Nord fait partie de l'union et nous le garantissons aux Nord-Irlandais. »

Ce fameux filet de sécurité, « *backstop* » en anglais, fait parler de lui depuis la réunion de Chequers. Londres accepterait le maintien de l'Irlande du Nord au sein du marché unique en cas de non-accord entre les deux parties sur la procédure de contrôle des biens circulant entre les deux Irlande. «Theresa s'était rendue en février 2018 à Belfast, raconte David Lidington, numéro deux de son gouvernement. Lors des réunions avec les partis républicains modérés, ceux-ci ont tous été très clairs sur le fait qu'une frontière physique entre les deux Irlande et entre l'Irlande et la Grande-Bretagne (Angleterre, Écosse, Pays de Galles) risquait de radicaliser de nombreux Irlandais du Nord. Theresa May est donc revenue de ce voyage avec cette priorité, qui est clairement apparue lors des dernières étapes des négociations : ne pas avoir de frictions sur la frontière irlandaise afin de maintenir la paix en Irlande du Nord.»

Un de ses collègues, qui préfère garder l'anonymat, nous raconte que «Theresa May a surtout changé d'avis après avoir pris connaissance d'un sondage initié par le gouvernement : il a révélé que 12 % de la population d'Irlande du Nord était prête à passer à l'action en cas de contrôle aux frontières. Cela fait environ 100 000 personnes.» L'ancien ministre précise que «même si seulement 10 % d'entre eux avaient fini par agir, nous nous serions retrouvés avec 10 000 personnes prêtes à se battre. Et cela, les Européens ne le comprenaient pas. Michel Barnier a même avancé l'idée d'une sorte de bureau des douanes de l'UE à Belfast. Du grand n'importe quoi. Il ne comprend pas cette mentalité de siège.» Des négociateurs européens nous avouent d'ailleurs avoir été très surpris de la proposition de Theresa May : «Nous nous sommes demandé si elle comprenait le contenu de sa proposition, car cela revenait à nier en grande partie le Brexit.» Certes, mais pour préserver la paix.

Les unionistes et de nombreux élus conservateurs considèrent que la solution de Theresa May est inacceptable :

l'Irlande du Nord n'aurait pas le même statut que le reste du Royaume-Uni. Boris Johnson fait partie de ceux qui se font le plus entendre à ce sujet. Theresa May modifie donc sa partition. Partiellement, du moins. L'accord que la Première ministre et ses partenaires européens dévoilent le 14 novembre 2018 à Strasbourg prévoit le maintien de l'ensemble du Royaume-Uni dans une union douanière avec l'UE pour préserver la fluidité des échanges commerciaux à l'intérieur du pays. Dans le même temps, l'Irlande du Nord est momentanément maintenue dans le marché unique. Des contrôles sont donc prévus pour les biens circulant entre l'Irlande du Nord et la Grande-Bretagne afin de protéger le marché unique.

Boris Johnson s'insurge immédiatement contre cet accord « totalement inacceptable pour quiconque croit en la démocratie. [...] En cherchant à reprendre le contrôle, [le Royaume-Uni a] perdu le contrôle dont [il disposait] ». Il promet de s'opposer à cet accord lors de son passage au Parlement. C'est tout sauf une surprise, puisque l'accord de Brexit ressemble dans ses grandes lignes au plan de Chequers, qui l'avait poussé à la démission. Depuis le début du mois de septembre, il a publié pas moins de huit chroniques dans *The Telegraph* dénonçant « le Brexit accident de voiture », « la victoire inévitable de Bruxelles » et « l'humiliation » attendue. Il se félicite même de la démission de son frère Joseph, ministre des Transports et éminent Remainer, qui fait de son côté valoir que cet accord est « le plus grand échec politique depuis la crise de Suez ».

Dès le lendemain de l'annonce de l'accord avec l'UE, trois ministres quittent le gouvernement. L'orage a commencé avant 8 heures du matin par l'annonce de la démission du secrétaire d'État à l'Irlande du Nord, Shailesh Vara. Il s'est transformé en ouragan avec le départ, une heure plus tard, de Dominic Raab, qui avait succédé en juillet à David Davis à la gestion du Brexit. Ils sont suivis par la ministre du Travail et des retraites, Esther McVey.

Prévenue la veille de la démission de Dominic Raab, qui l'en a informée par téléphone, Theresa May ne se démonte pas en arrivant devant les députés. Ni démission ni lancement d'une élection anticipée : elle se montre pleine d'assurance dans une Chambre des communes bouillonnante. Elle n'a guère le choix. Elle doit convaincre les élus de son propre camp et les indécis du Parti travailliste. Le Parti unioniste démocrate (DUP) ayant révélé, via sa responsable Arlene Foster, qu'il ne soutiendra l'accord en « aucune » circonstance, elle a besoin du vote d'une trentaine de travaillistes au moins, afin d'atteindre les 320 bulletins requis pour faire adopter le 11 décembre le projet de loi qui inclut l'accord de retrait de l'UE et la déclaration politique sur les relations futures entre l'UE et le Royaume-Uni.

« Le choix est clair : nous pouvons partir de l'UE sans accord et prendre le risque de ne pas avoir de Brexit du tout, ou choisir de nous unir et de soutenir cet accord, le meilleur qui puisse être négocié », lance-t-elle. Particulièrement remontée, elle répond ensuite individuellement et pendant trois heures aux attaques des députés de l'opposition et de son camp, furieux de la teneur de son accord. Elle manie habilement la carotte et le bâton. La carotte en rassurant les inquiets : « Le filet de sécurité est aussi un problème pour l'UE : les Européens estiment qu'il apporte des avantages compétitifs pour les entreprises au Royaume-Uni, en particulier en Irlande du Nord, ils ne voudront pas les voir persister. Ils ont autant intérêt que nous à ce qu'il soit temporaire. »

Le bâton en mettant en doute l'intégrité de ses critiques, au premier rang desquels les radicaux de l'European Reform Group (ERG) : « Cette négociation complexe requiert des choix difficiles, admet-elle. Le défi pour chacun d'entre nous est d'effectuer nos choix en oubliant notre vision idéale du monde et en regardant sa réalité, pour choisir de manière pragmatique dans l'intérêt des Britanniques. » Plutôt que de se concentrer sur les détails de l'accord, les députés devraient donc, selon elle, garder en tête la nécessité de concrétiser dans un premier temps le résultat du référendum. Rien que de très normal. Une Première ministre déterminée à faire adopter un projet de loi, des opposants qui s'organisent.

Boris Johnson intervient longuement dès l'entame de l'examen du projet de loi, le 4 décembre. Galvanisé, il tempête : « Après deux ans de négociations, l'accord a abouti à un résultat extraordinaire : il nous a enfin réunis. Remainers et Leavers, moi-même et Tony Blair, nous sommes unis – en fait, toute la famille Johnson est unie – dans la conviction que l'accord est une humiliation nationale qui tourne le Brexit en dérision. »

Son intervention fait hurler aussi bien l'opposition travailliste, libéral-démocrate et écossaise que les conservateurs partisans d'un second référendum. L'ambiance devient intenable. Il est constamment interrompu. Sa voix est couverte par les injonctions de ses pairs. Si bien que le président de la Chambre des communes, John Bercow, chargé d'assurer la fluidité des discussions, a du mal à calmer son monde. Plus que jamais, Boris Johnson concentre l'acrimonie d'une grande partie des députés.

Il termine sa longue intervention en rappelant : « Lorsque les gens ont voté pour le Leave en 2016, ils ont voté pour le changement. Ils n'ont pas voté pour une transition sans fin ou une version à peine déguisée du statu quo : ils ont voté pour la liberté, l'indépendance et une meilleure Grande-Bretagne – et pour un pays où les politiciens écoutent réellement ce que les gens disent. Si nous essayons de les tromper maintenant – comme je le crains –, ils s'en apercevront et ils ne nous le pardonneront jamais. »

Dès le lendemain, le déroulement du processus parlementaire dérape. Pour la première fois de l'histoire, les députés déclarent par 311 voix contre 293 l'exécutif coupable d'« outrage au Parlement » en raison de son refus de publier comme promis l'intégralité de l'avis juridique de l'avocat général du gouvernement sur l'accord de Brexit. Dans la foulée, ils adoptent un amendement du conservateur Dominic Grieve – un Remainer passé de l'acceptation du résultat du vote du 23 juin 2016 au soutien d'un second référendum. Selon celui-ci, si aucun accord n'est adopté d'ici au 21 janvier 2019, ils seront juridiquement autorisés à guider la stratégie du gouvernement.

Les Brexiters contre-attaquent. Pour le ministre du Commerce international, Liam Fox, « il existe un vrai danger que la Chambre des communes, majoritairement favorable du maintien dans l'UE, tente de voler le Brexit au peuple britannique, ce qui serait un affront démocratique ». Avant de rappeler ses collègues à leur devoir : « Nous devons quitter l'UE, car le peuple britannique nous a ordonné de le faire. »

Dès lors, les Communes deviennent le point névralgique du pays. Les taux d'audience de BBC Parliament, chaîne qui retransmet les débats, atteignent des sommets – du jamais-vu depuis la création de la chaîne en 1992. Au Royaume-Uni, mais aussi en France, en Belgique, en Suisse ou en Allemagne, les téléspectateurs tentent de suivre le cirque qu'est devenu le Parlement britannique. Les « *Order! Order!* » hurlés par la voix rauque de John Bercow fascinent et provoquent l'hilarité partout en Europe. Lui qui possède un autocollant « *Bollocks to Brexit* » (« Brexit de mes couilles ») sur sa voiture est projeté au rang de vedette internationale.

Pendant ce temps, Boris Johnson continue de jeter de l'huile sur le feu. Dans *The Telegraph* du 9 décembre 2018, il attaque « ceux qui voudraient renverser le résultat du référendum » en organisant « un vote du peuple, un deuxième référendum qui, espèrent-ils, renverserait le verdict de juin 2016 et nous ramènerait au sein de l'UE ». Pour lui, « il serait infâme et pathétique de la part des députés de faire de nouveau appel au peuple avant même que la classe politique n'ait réussi à concrétiser le résultat du premier référendum. Cela ébranlerait tellement la confiance dans les politiciens que le gouvernement en souffrirait massivement, et à juste titre, lors de la prochaine élection générale ».

Le même jour, une nouvelle manifestation des opposants au Brexit est en effet prévue devant le Parlement. Depuis plusieurs mois, ils donnent de la voix. Au Parlement, mais surtout dans les rues. Le 20 octobre 2018, environ 700 000 d'entre eux (250 000 selon la police) ont déjà marché à Londres. Avec leur slogan, « *A people's vote* » (« Un vote du peuple »), ils réclament purement et simplement l'annulation du résultat du référendum. Leurs arguments n'ont pas vraiment changé depuis le lendemain du 23 juin 2016. Ils profitent simplement des atermoiements et des divisions du gouvernement depuis deux ans et demi. L'espoir est réel, à leurs yeux.

Le 10 décembre, veille du vote tant attendu, l'impensable se produit. Theresa May reporte le scrutin *sine die*. « J'ai écouté avec beaucoup d'attention ce qui a été dit dans cette Chambre et en dehors, indique-t-elle devant les députés. Il est clair que, s'il y a un large soutien pour les éléments clés de l'accord, il demeure des inquiétudes profondes et partagées sur un point, le filet de sécurité nord-irlandais. » La Première ministre admet que, si le vote avait eu lieu, « l'accord aurait été rejeté par une marge significative ».

Elle ne le sait pas encore, mais cette décision scelle son sort. Son autorité, qu'elle avait réussi à partiellement restaurer depuis l'élection générale de 2017, est immédiatement sapée. Boris Johnson fait plus ou moins déjà acte de candidature pour la remplacer, assurant ressentir « un profond sens des responsabilités » après le référendum du 23 juin 2016. Il donne « sa promesse absolue et catégorique » qu'il continuera de « promouvoir le plan le plus raisonnable ».

Dans la matinée du 12 décembre, le député Graham Brady, président du Comité 1922, lequel rassemble tous les députés conservateurs non membres du gouvernement, révèle que « le seuil de 15 % des députés conservateurs de la Chambre des communes demandant un vote de défiance envers la cheffe du Parti conservateur a été dépassé. En accord avec les règles, un scrutin aura lieu entre 18 heures et 20 heures ». Cela signifie que les députés conservateurs voteront le soir même pour ou contre le maintien de Theresa May à la direction du parti. Afin de rester en fonction, elle a besoin d'obtenir la majorité simple des votes.

Dans une atmosphère tendue, elle réussit à sauver sa tête : 200 députés votent en sa faveur, 117 contre. La marge semble importante. Sauf que, sentant la situation mal embarquée, Theresa May a dû abattre son joker. Lors d'une réunion privée avec ses députés, elle leur a dit : « Dans mon cœur, j'aimerais mener le parti lors de la prochaine élection générale. » Avant de s'engager à ne pas le faire en raison de l'opposition de ses membres sur ce point. « Elle démissionnera après avoir fait aboutir un Brexit ordonné, afin de laisser la place à un nouveau dirigeant pour qu'il mène la réunification et le renouveau dont nous avons besoin », résume, à la fin de la réunion, un loyaliste de la Première ministre.

La coupure des fêtes de fin d'année ne change rien à la motivation de ses opposants. Boris Johnson ne met pas ses critiques en veille, notamment grâce à son porte-voix habituel, sa tribune dans *The Telegraph*. Le 13 janvier, il demande aux députés d'être « braves » et de refuser « cet accord qui représente le pire des deux mondes ». Deux jours plus tard, le projet de loi est rejeté par 432 voix contre 202. Dans la foulée, Jeremy Corbin dépose une motion de défiance contre son gouvernement. Theresa May s'en sort une nouvelle fois, par 325 contre 306.

Déterminée à faire adopter le résultat de dix-huit mois de négociations, elle propose de nouveau l'accord – modifié à la marge après des négociations de dernière minute à Strasbourg avec le président de la Commission, Jean-Claude Juncker – au vote des députés le 12 mars, pour une raclée presque similaire (391 contre 242). Les critiques ne se calment pas. Boris Johnson exige « la preuve que la prochaine étape du Brexit sera différente pour pouvoir soutenir l'accord de la Première ministre ». Le 24 mars, il réclame même une sortie sans accord, avant de se plaindre que « le jour de jubilation populaire [ait] été pris en otage par des pirates invertébrés ». Il accuse les ministres d'avoir « annulé le Brexit car ils veulent forcer le Parlement à accepter les termes puniques sur lesquels insiste l'UE ».

Le 29 mars, jour prévu du Brexit, Theresa May mène l'opération de la dernière chance. En désespoir de cause, elle offre sa tête aux Brexiters radicaux et promet qu'un « nouveau dirigeant » sera en place « pour la seconde phase des négociations sur le Brexit ». De nombreux Brexiters modérés, inquiets que le Brexit n'ait jamais lieu, se rallient finalement à elle. Parmi eux, Boris Johnson. Cela ne suffit pas. Le Labour s'allie aux Brexiters radicaux et s'oppose une nouvelle fois à ce Brexit modéré par pur jeu politicien ; sous le regard abasourdi de l'Europe tout entière, il est rejeté par 344 votes contre 286. En effet, les idéologues ne se trouvent pas que du côté des Brexiters de l'European Reform Group. Si ceux-ci sont prêts à mettre en péril le Brexit parce que celui qui leur est proposé n'est pas parfait à leurs yeux, les partisans forcenés du maintien dans l'UE rejettent un Brexit modéré dans l'espoir de mettre fin au Brexit même.

Face à l'impossibilité de faire accepter son plan, Theresa May propose aux députés d'organiser des votes indicatifs sur huit options de Brexit. Droits dans leurs bottes, les onze députés qui ont déserté le Parti travailliste et le Parti conservateur pour promouvoir un second référendum rejettent une fois de plus toutes les options en dehors de la leur. Ces vertueux auraient pu obtenir le maintien dans l'union douanière. Par leur faute, elle est repoussée de trois voix. Kenneth Clarke, toujours présent sur les bancs conservateurs quarante-huit ans après avoir fait ses premiers pas aux Communes en 1970, enrage : « Tout le monde ne peut pas continuer à voter contre toutes les propositions ! Les partisans d'un second référendum doivent accepter le fait qu'ils n'ont pas la majorité et voter pour une proposition à laquelle ils ne sont pas opposés. Mais ce serait de la politique, et ce Parlement n'est pas vraiment politique… » Dans le même temps, la cheffe du Parti libéral-démocrate, Jo Swinson, refuse d'engager la discussion pour créer une alliance de circonstance avec le chef travailliste, Jeremy Corbyn, qu'elle considère comme bien trop à gauche. Toute solution paraît impossible.

Même les militants les plus optimistes n'y croient plus. Le 23 mars, un million de personnes (400 000 selon la police) ont tenté de faire pression une ultime fois en faveur d'un second référendum. Les marcheurs savent que la dynamique actuelle tourne à leur avantage. Une pétition lancée trois jours plus tôt en faveur de la révocation de l'article 50, qui a signifié aux vingt-sept l'intention du Royaume-Uni de quitter l'organisation européenne, a ainsi déjà atteint 4,4 millions de signatures. La marche est pourtant un peu trop paisible, comme trop raisonnée. L'énergie des premières manifestations s'est évaporée. Les participants, dont des centaines de milliers portent un badge jaune orné du slogan de leur mouvement «*Bollocks to Brexit*», semblent résignés. «Je suis beaucoup moins optimiste et beaucoup plus en colère que lors des précédentes marches contre le Brexit, avoue Sophie, une Londonienne accompagnée de ses deux enfants. Je ne crois pas que cette marche changera quoi que ce soit. Elle est inutile, mais je ne me serais pas pardonnée d'être absente.»

L'avenir lui donne raison. Ainsi qu'à Boris Johnson. Depuis des mois, l'ancien ministre des Affaires étrangères répète que les tentatives de retarder voire d'annuler le Brexit «contribuent au sentiment qu'un écart croissant éloigne le public et l'élite politique» et qu'elles mènent à «un mépris vicieux et sans précédent pour toute la classe politique». De fait, le 26 mai, Nigel Farage triomphe lors de l'élection européenne. Quelques mois plus tôt, il a créé le Brexit Party après avoir quitté un Ukip victime d'entrisme de personnalités ouvertement racistes. Avec sa nouvelle formation, il remporte haut la main un scrutin qui n'aurait jamais dû avoir lieu, puisque le Royaume-Uni était censé quitter l'UE le 29 mars. Il recueille 30,5 % des votes après avoir fait campagne sur « le respect de la démocratie et l'échec de nos partis politiques à tenir leur promesse ». Le terme « immigration » a quasiment disparu de son vocabulaire.

L'obstination des anti-Brexit à bombarder de milk-shake les candidats de son parti a assurément joué en sa faveur. « Certains partisans du maintien dans l'UE sont devenus tellement radicalisés qu'il est impossible de faire campagne normalement, explique-t-il à quelques jours du vote sur Twitter, depuis Newcastle, après avoir été lui-même aspergé. Pour qu'une démocratie civilisée fonctionne, vous avez besoin du consentement des perdants. Ce sont les politiciens qui n'acceptent pas le résultat du référendum qui nous ont menés à cela. »

Loin derrière le Brexit Party, les libéraux-démocrates, partisans d'un second référendum, attirent 19,6 % des votes, le Labour 13,6 %, les Verts 11,8 % et les Tories seulement 8,8 %. C'est, et de loin, le pire résultat pour les deux grands partis lors d'une élection européenne.

Avant même l'annonce des résultats, Theresa May passe la main, le 24 mai. « J'ai fait tout ce que j'ai pu pour convaincre les députés de soutenir l'accord, déclare-t-elle. Et j'aurai de profonds regrets de ne pas avoir réussi à concrétiser le Brexit. » Avant de conclure, des sanglots dans la voix : « Je vais bientôt quitter le poste qui a été l'honneur de ma vie. La deuxième femme Première ministre, mais assurément pas la dernière. Je le fais sans mauvaise volonté, avec une véritable gratitude d'avoir eu la possibilité de servir le pays que j'aime. »

Boris Johnson se prépare depuis un moment déjà. Il avait débuté sa chronique dans *The Telegraph* du 15 avril par une note d'optimisme : « Je sais que cela ne semble pas être le cas pour l'instant mais, un jour proche, nous sortirons de l'UE. [...] Alors ne désespérez pas. N'abandonnez pas. Cela va arriver, et lors de ce moment merveilleux, ce sera comme si les lumières s'étaient allumées pendant une fête ; ou comme si une mer agitée s'était retirée pour exposer les créatures du rivage. Nous verrons soudainement les choses différemment, et lors de ce moment de clarté – lorsque nous aurons enfin conclu cette affaire – j'espère et je crois que cette version déformée du Brexit prendra fin. » En ce 24 mai, la voie semble s'être ouverte en grand pour lui permettre de faire vivre au Royaume-Uni « ce moment de clarté ».

Chapitre 14

25 mai 2019 – 24 juillet 2019 Concrétiser le Brexit, unifier le pays et battre Jeremy Corbyn

« Vous savez comme moi que tout le monde, aujourd'hui, n'a qu'une question sur les lèvres : pourquoi la police a-t-elle été appelée à votre domicile dans la nuit de vendredi ? » Quelques rires nerveux retentissent parmi les 1 500 spectateurs présents dans l'auditorium principal du Centre international des congrès de Birmingham. Ce 22 juin 2019, ils sont venus suivre le premier des seize meetings des deux candidats finalistes à la direction du Parti conservateur.

Les médias ne parlent plus que de cela. La veille, *The Guardian* a révélé que Tom Penn, un des voisins de Boris Johnson et de sa jeune et récente compagne Carrie Symonds, a appelé la police après avoir entendu une scène de ménage particulièrement bruyante du couple. Il a enregistré les échanges de ses voisins à travers le mur de son appartement du 2 Brunswick Park, une élégante maison mitoyenne de briques jaunes dans Camberwell, un quartier résidentiel mixte de la capitale : « Sors d'ici, sors de mon appartement ! Tu ne t'intéresses à rien parce que t'es pourri-gâté. Tu ne fais pas attention à l'argent, ni à rien. » Tom Penn témoigne : « Il y a eu un énorme bruit d'assiettes cassées. Il y a eu quelques cris très forts qui, j'en suis sûr, venaient de Carrie, et elle hurlait : "Sors de mon appartement !" Visiblement, il avait renversé du vin rouge sur son canapé. Et il a dit "non", avant de hurler : "Éloigne-toi de mon ordinateur !" Et puis il y a eu un long silence. »

Boris Johnson est visiblement gêné par cet incident. Il n'a pas l'intention d'entrer dans les détails devant les adhérents conservateurs de Birmingham. Il se redresse dans sa chaise et grimace, mal à l'aise. « Hum, merci Iain et merci pour vos gentilles remarques et votre généreuse introduction. Iain, écoutez, je ne crois pas que les gens aient envie d'entendre ce genre de choses. » Alors qu'il esquive, des applaudissements et des encouragements retentissent. « Je crois qu'ils veulent entendre parler de mes plans pour le pays et pour notre parti. » Iain Dale tente de riposter, mais Boris Johnson reprend : « Je sais que vous allez devoir revenir sur le sujet et je salue votre infatigable habileté de journaliste, mais je suis dans l'obligation de faire passer mon message à nos adhérents. » Le journaliste rétorque : « Vous avez déjà utilisé une minute qui ne nous a rien appris. Si la police est appelée à votre domicile, c'est l'affaire de tout le monde. Vous êtes non seulement candidat au poste de chef du Parti conservateur, mais aussi de Premier ministre. Or de nombreuses personnes qui admirent votre politique mettent en question votre personnalité. »

Boris Johnson essaie de contenir son agacement, mais celui-ci transparaît dans son regard et sa gestuelle. « C'est une bonne remarque. Les gens ont le droit de poser des questions sur moi, ma détermination, ma personnalité et ce que je veux faire pour le pays. » Pendant les trois minutes suivantes, il évite le sujet et refuse catégoriquement de répondre aux questions sur cet incident personnel. Le sentiment de malaise s'accentue.

Face à l'obstination du candidat Johnson, la salle est partagée. Certains font savoir leur mécontentement envers le journaliste. Boris Johnson prend alors sa défense et leur demande de ne pas « huer le messager ». D'autres l'invectivent : « Réponds à la question ! » Mais non. Boris Johnson renoue avec sa marque de fabrique : lancer des blagues, laisser échapper quelques mots de latin ou de grec et faire des mimiques inimaginables. En revanche, sur sa vie privée, il reste coi. Elle est taboue.

Ce ne fut pas toujours le cas. En 2005, il avait nié avoir une relation avec Petronella Wyatt, mais la réalité avait éclaté quelques heures plus tard. Depuis, il a modifié sa stratégie concernant les questions sur sa vie personnelle : le silence est désormais sa meilleure arme. En 2006, il refuse ainsi de commenter les allégations de *News of the World* sur une supposée relation extraconjugale avec la journaliste du *Guardian* Anna Fazackerley. En 2013, il reste silencieux après la décision de trois juges de divulguer, en raison de « l'intérêt légitime du public », qu'il a eu un enfant trois ans plus tôt avec la consultante en art Helen Macintyre. Enfin, en septembre 2018, il ne répond que par communiqué à la révélation du *Sun* sur la fin de son mariage avec Marina Wheeler : « Il y a plusieurs mois, après vingt-cinq ans de mariage, nous avons décidé qu'il était dans notre intérêt de nous séparer. Nous avons ensuite accepté de divorcer et ce processus est lancé. En tant qu'amis, nous continuerons de soutenir nos quatre enfants dans les années à venir. » Cette infidélité concernait probablement déjà Carrie Symonds, avec qui il avait été aperçu en train de déjeuner quelques mois plus tôt le jour de la Saint-Valentin dans un restaurant du centre de Londres.

La scène de ménage de Camberwell est en voie de devenir une affaire d'État. Le lendemain du meeting de Birmingham, tous les quotidiens du pays font leur une sur son mutisme et les dégâts de cette stratégie pour son image. Boris Johnson n'a pourtant pas grand-chose à redouter. Il bénéficie principalement du manque de charisme et d'allant de son adversaire, le ministre des Affaires étrangères Jeremy Hunt. Celui-ci donne surtout l'impression d'être un écolier appliqué mais foncièrement rigide et mal à l'aise dans des habits bien trop grands pour lui. Et son interpellation bravache de Boris Johnson dans *The Times* n'y change rien : « Ne sois pas un lâche, Boris, et montre à la nation que tu peux résister à l'examen minutieux que demande le plus difficile travail de ce pays. »

La présence de Jeremy Hunt en finale de la succession de Theresa May est déjà un exploit en soi. Alors qu'au maximum cinq candidats avaient jusqu'alors pris part à cette élection depuis son introduction en 1965, pas moins de treize députés se sont présentés cette fois-ci, avant le retrait de deux d'entre eux à quelques heures de la date limite. Boris Johnson fait figure de grand favori. Il ne le doit pas à l'amitié ou à l'estime que lui portent ses collègues députés. Trop démonstratif, trop démagogue, trop imprévisible, il continue d'être scruté avec méfiance et condescendance. Et jalousé. Cela l'avait empêché, on l'a vu, de se présenter à la succession de David Cameron en 2016. Mais il a appris de cet échec. Comme trente-quatre ans plus tôt après avoir été battu dans la course à la présidence de l'Oxford Union, il professionnalise son approche de l'élection. Il ne veut rien laisser au hasard. Plusieurs semaines avant l'enregistrement des candidatures, le 10 juin, il constitue une équipe destinée à faire du lobbying auprès des 312 autres députés tories de la Chambre des communes, chargés de la sélection des deux finalistes. Chaque jour, il remplit son agenda de rendez-vous téléphoniques ou de rencontres en face à face avec ses collègues. Jusqu'à seize par jour. Sans compter les dîners organisés avec des groupes de députés. Il rappelle aux Brexiters radicaux qu'il est l'homme qui a fait pencher la balance en faveur du Leave et aux modérés qu'il a été un maire de Londres mesuré. Pour ne pas s'éparpiller, il limite ses interventions médiatiques au strict minimum, en l'occurrence un entretien avec *The Sunday Times*. Il n'a qu'un seul objectif : convaincre tous ses collègues qu'il est le seul capable de mettre un terme au Brexit et d'empêcher le Labour de remporter l'élection générale anticipée que tous sentent venir.

Deux sondages apportent de l'eau à son moulin et modifient la perception que les députés ont de lui. Peu avant la démission de Theresa May, *The Times* révèle que 39 % des membres du Parti conservateur soutiennent Boris Johnson, loin devant l'ancien ministre du Brexit Dominic Raab (13 %), le ministre de l'Environnement, de l'Alimentation et des Affaires rurales Michael Gove, le ministre de l'Intérieur Sajid Javid (9 %) et le ministre des Affaires étrangères Jeremy Hunt (8 %). Les autres candidats potentiels ou officiels recueillent au mieux 5 % des intentions de vote.

À l'approche du début de la sélection, un sondage YouGov prévient même que 34 % des électeurs conservateurs choisiraient Boris Johnson comme Premier ministre et 54 % croient en sa capacité à remporter une élection générale. Aucun de ses adversaires n'est perçu comme un Premier ministre potentiel ou comme un chef de parti capable de remporter ce scrutin. Boris Johnson se retrouve donc promulgué sauveur potentiel d'un Parti conservateur balayé lors du récent scrutin européen (8,8 % des votes) et lors de l'élection parlementaire anticipée de Peterborough du 6 juin, où son candidat a reculé de 25,5 points pour terminer avec 21,4 % des voix.

Malgré leurs réserves, les députés se rendent compte qu'ils ne peuvent légitimement plus l'écarter. Non seulement, ce geste serait mal perçu par la base du parti, mais il pourrait en plus mener le Labour de Jeremy Corbyn au pouvoir. Et c'est ainsi que Boris Johnson revient sur le devant de la scène politique… et fait l'objet des louanges de ses pairs. Le très calculateur Michael Gove, qui l'avait poignardé en juin 2016, fait savoir qu'il a « beaucoup aimé travailler avec lui » au sein du gouvernement de Theresa May. « J'ai une énorme admiration pour lui. Boris Johnson est un conservateur avec du flair, de l'élan, de la distinction et de l'intellect. » L'ancien ministre de la Défense Gavin Williamson estime que « la seule personne qui peut concrétiser le Brexit et battre le Parti travailliste est Boris Johnson ». Seul l'ancien ministre Kenneth Clarke veut croire que l'affaire n'est pas encore jouée : « L'aile droite de mon parti semble imaginer que le parti s'unira derrière celui qui ressemble le plus à Nigel Farage. Je ne pense pas que cela se passera ainsi. »

Aveuglé par trois ans de débats intenses à la Chambre des communes, Kenneth Clarke se trompe. Lors du premier tour du scrutin, le 13 juin, Boris Johnson recueille 114 votes, soit 36 % des 313 votes exprimés. Cela représente plus que le cumul des voix de ses trois premiers poursuivants, Jeremy Hunt (43), Michael Gove (37) et Dominic Raab (27). Sa présence en finale est déjà quasiment assurée.

Il faudra pourtant attendre le 20 juin et le cinquième tour de scrutin, le temps que les autres candidats soient éliminés un à un ou se retirent de la course, pour connaître le nom de son adversaire. Jeremy Hunt devance Michael Gove de deux voix. « Je suis l'outsider, mais en politique les surprises se produisent, comme c'est le cas aujourd'hui », fait savoir Jeremy Hunt sur le réseau social Twitter. Il se murmure à Westminster que les soutiens de Boris Johnson ont voulu éliminer celui qui avait le plus de chance de battre leur favori.

Son ancien acolyte Brexiter est en effet un eurosceptique pur et dur : c'est le premier des ministres à avoir annoncé son soutien au Leave en février 2016 ; le premier à avoir officialisé, pendant la campagne du référendum, la volonté des Brexiters de sortir du marché unique ; c'est lui qui, quelques jours plus tard, a refusé de soutenir Boris Johnson en raison des réticences de celui-ci à opter pour un contrôle sévère de l'immigration – au point de le trahir. De son côté, Boris Johnson se déclare « profondément honoré d'avoir obtenu plus de 50 % des voix lors du dernier tour ». Il dit avoir hâte d'« établir son plan pour concrétiser le Brexit, unir [le] pays et créer un brillant avenir pour tous ».

Après Birmingham, les deux finalistes se rendent à Bournemouth, Exeter, Carlisle, Manchester, Belfast, York, Darlington, Perth, Nottingham, Cardiff, Maidstone, Cheltenham, Wyboston, Colchester. Ces trois semaines de meetings aux quatre coins du pays leur permettent de rencontrer quelques-uns des 159 320 adhérents du Parti conservateur chargés de les départager. Ce processus a été mis en place en 1998. Il n'avait jusqu'alors été utilisé que pour élire le chef de l'opposition ; c'est donc la première fois de l'histoire qu'un Premier ministre britannique sera choisi directement par les militants d'un parti.

Les deux candidats se sont entendus pour être, à chaque fois, interrogés l'un après l'autre par un journaliste. Aucun réel débat n'est prévu. Tant mieux pour Boris Johnson : il n'est pas toujours à l'aise dans la confrontation directe, lorsque les questions se font précises. Son passé d'excellent débatteur à Eton puis Oxford semble relégué aux oubliettes. En revanche, en formidable homme de spectacle, il excelle dans le one-man show. Il sait toucher les électeurs : un parler vrai et érudit, sans prendre les gens de haut, des anecdotes abracadabrantes et hilarantes, des mimiques imprévisibles et une bonne dose d'optimisme. Il est inégalable.

Sa scène de ménage est rapidement oubliée. Ce n'est pas étonnant : ses histoires extraconjugales sont de notoriété publique et les Britanniques ne lui en tiennent pas rigueur. Cela fait, en quelque sorte, partie du personnage. Leur indulgence à son égard paraît illimitée. Son frère Joseph aurait dit à leur sœur, Rachel : « La seule chose qui pourrait l'arrêter, ce serait de tuer quelqu'un. » Avant de se reprendre : « La seule chose qui pourrait l'arrêter, ce serait que l'on découvre qu'il a tué quelqu'un. »

Le grand favori ne veut pourtant rien laisser au hasard. Désireux d'éteindre les critiques sur son manque de sérieux, il s'appuie sur sa principale expérience en tant que décisionnaire. « Regardez ce que j'ai fait à la mairie de Londres », lance-t-il lors d'un débat face à un journaliste particulièrement dubitatif, avant de développer ses actions en faveur du logement et de la lutte contre la criminalité, et d'expliquer que, d'après lui, « cette élection ne porte pas sur une personne ou sur le Parti conservateur. Elle est la première salve d'une bataille pour restaurer la confiance dans [la démocratie britannique], pour renouer les liens d'affection qui unissent le Royaume-Uni et pour protéger [le pays] contre le socialisme rouge du Parti travailliste ».

Boris Johnson adapte remarquablement son message aux attentes des adhérents conservateurs. Une enquête d'opinion publiée au début de la campagne par l'institut YouGov dresse en effet leur portrait. Le résultat est ahurissant : 63 % d'entre eux veulent voir le Brexit se concrétiser même s'il aboutit à l'indépendance de l'Écosse, 59 % même s'il entraîne le rattachement de l'Irlande du Nord à la république d'Irlande,

61 % même s'il endommage l'économie et 54 % même s'il détruit le Parti conservateur. Une seule hypothèse les ferait hésiter : si le Brexit pousse le leader travailliste Jeremy Corbyn au pouvoir. À leurs yeux, la peur du socialisme et la détestation de l'Union européenne priment sur l'intérêt général du Royaume-Uni et même de leur parti. Boris Johnson se choisit donc un triple slogan : « Concrétiser le Brexit, unifier le pays et battre Jeremy Corbyn. »

Confronté à une base conservatrice profondément eurosceptique, il peut se montrer ferme au sujet du Brexit. Il déclare ainsi vouloir garder au moins momentanément les quelque 39 milliards de livres (44 milliards d'euros) dus par le Royaume-Uni à l'UE en guise d'engagements budgétaires futurs. « J'ai toujours pensé qu'il était extraordinaire que nous soyons obligés de signer le chèque en entier avant d'avoir un accord final », déclare-t-il. Et, inlassablement, il ressasse la nécessité de « concrétiser le Brexit coûte que coûte au plus tard le 31 octobre ». À tel point que lorsque Jeremy Hunt explique que le 31 octobre n'est qu'une « fausse date limite », puis une « fausse promesse », il subit l'ire des adhérents. On ne touche pas au Brexit.

Boris Johnson se veut néanmoins fédérateur. « Je ne vise pas un *no deal*. Le meilleur moyen d'éviter le *no deal* est de nous préparer à cette possibilité et de convaincre nos partenaires de notre capacité et de notre volonté de suivre cette route si cela se révélait nécessaire. C'est le moyen selon moi d'obtenir un accord bénéficiaire pour les deux parties [...] car ils ne veulent pas plus d'un *no deal* que moi. » Il s'engage à ce que son équipe discute au plus vite et « de la manière la plus amicale avec [leurs] collègues de l'autre côté de la Manche ».

Jeremy Hunt tente de riposter : « Si nous envoyons la mauvaise personne [à Bruxelles], il n'y aura ni négociation, ni confiance, ni accord. Envoyez la bonne personne et il y aura un accord prêt à être réalisé. » Les dirigeants européens n'ont en effet jamais caché leur malaise vis-à-vis de Boris Johnson. Le président français Emmanuel Macron, notamment, a qualifié de « menteurs » les politiciens favorables au Brexit. Nul doute qu'ils préféreraient pouvoir discuter avec un dirigeant considéré comme moins impétueux que l'ancien maire de Londres. *The Times* révèle pourtant qu'ils ont récemment contacté Boris Johnson grâce à un intermédiaire pour lui faire connaître leur volonté de discuter avec lui afin de concrétiser le Brexit au plus vite.

Les trois semaines de meetings se révèlent trop longues. Les dernières sessions s'en ressentent : les deux candidats sont éreintés et les entretiens particulièrement pénibles. Heureusement, deux débats télévisés décidés au pied levé leur permettent de s'affronter directement. Jeremy Hunt n'a rien à perdre. Il demande ainsi à Boris Johnson s'il démissionnera dans le cas où le Brexit n'aurait pas lieu le 31 octobre. Bien préparé, celui-ci esquive : « Nous devons sortir le 31 octobre et ne pas envisager un nouveau délai. » Puis lance à son opposant « qui n'est manifestement pas prêt à sortir de l'UE le 31 octobre » que « c'est être totalement défaitiste que de ne pas fixer de date limite ».

Même tactique lorsqu'il est confronté à la question d'une éventuelle suspension du Parlement pour empêcher les députés de bloquer une sortie de l'UE sans accord avec les vingt-sept : « [Jeremy Hunt] exagère les craintes autour d'un *no deal* alors que nous devrions nous préparer et encourager les gens de ce pays à croire qu'ils peuvent le faire, car ils peuvent le faire ! » Esquive et riposte.

Jeremy Hunt lui rappelle alors qu'« être Premier ministre, c'est dire aux gens ce qu'ils doivent entendre, pas seulement ce qu'ils veulent entendre». Il ajoute: «Boris, tu répands un message d'optimisme [...] alors qu'il faut affronter les difficultés pour les surmonter.» Ce bon sens reste inaudible.

Certains essaient de s'attaquer aux écrits de Boris Johnson, sans beaucoup d'effet. Le leader du Parti national écossais à la Chambre des communes, Ian Blackford, le traite ainsi de «raciste» en pleine séance parlementaire car, en août 2018, Johnson a écrit dans *The Telegraph*, à propos des femmes portant une burka, le voile intégral, qu'il trouvait «absolument ridicule que des gens puissent choisir de se promener en ressemblant à des boîtes aux lettres». Cette description est sans nul doute dégradante et guère politiquement correct, mais son texte ne se limitait pas à cela: il visait en fait à s'opposer à l'interdiction totale de la burka, telle qu'elle est imposée au Danemark. Il estimait anormal de «dire à une femme adulte ce qu'elle peut ou ne peut pas porter dans un lieu public, où elle s'occupe de ses affaires». Un message beaucoup plus modéré, et surtout progressiste, que celui retenu et diffusé par ses adversaires.

D'autres passages de ses anciennes chroniques et articles remontent à la surface. En 1997, Boris Johnson avait assez longuement commenté dans un article pour *The Telegraph* l'arrivée de nouvelles élues travaillistes, qu'il qualifiait de «*hot*», et regretté «l'inconstance» du sexe féminin, particulièrement attiré par le pouvoir. Dans son livre *Friends, Voters, Countrymen*, publié en 2001, il se demandait: si le mariage gay est autorisé, alors pourquoi «une union ne pourrait-elle pas être consacrée entre trois hommes, deux hommes ou trois hommes et un chien». Dans un article du *Telegraph* de 2002, il a décrit les gentils «négrillons» présents sur le parcours de la reine lors d'un voyage sur le continent africain. Après les attentats islamistes à Londres en 2005, il a réclamé dans

The Spectator « de casser le premier tabou et d'accepter que le problème, c'est l'islam. L'islam est le problème ».

Face aux accusations de misogynie, d'homophobie, de racisme et d'islamophobie qui suivent la remise en avant de ces écrits, Boris Johnson est obligé de se défendre : « Les gens s'éloignent de nous parce que nous cachons notre langage, nous utilisons des platitudes bureaucratiques, alors qu'ils veulent tout simplement savoir ce que nous pensons. Et si parfois j'utilise des termes qui peinent des gens, j'en suis évidemment désolé. Mais je continuerai à parler aussi directement que je le peux, car je pense que c'est ce que le public britannique veut. » Son franc-parler et son optimisme triomphent encore.

Cela se confirme à l'occasion du seizième et dernier meeting organisé quelques jours plus tard à Londres, dans l'Excel, un ancien site olympique. Survolté, l'ancien maire a retrouvé son énergie et son débit de parole frénétique. Des virgules, des points d'exclamation, jamais de points. Des plaisanteries, de l'optimisme démesuré et des pitreries inimaginables. Le tout agrémenté par une gestuelle exubérante, le poing serré ou les bras écartés, et rythmé par de légers bonds sur place. Pour le plus grand plaisir de la majorité du public.

Dans la salle se trouvent de nombreux militants tories de longue date, comme Susan Wright, la soixantaine passée, qui voit d'un bon œil son arrivée au pouvoir. Elle se souvient que, lors de ses deux mandats de maire de Londres, « il a su déléguer et bien s'entourer, contrairement à Theresa May qui [en tant que Première ministre] n'avait pas confiance en quiconque et a tout décidé seule. Cette différence sera importante pour négocier avec les Européens puis pour gouverner ».

Quant aux élus locaux, ils sont aussi emballés. C'est le cas d'Anjana Patel, conseillère municipale de Harrow, dans la banlieue nord-ouest de Londres. Elle voit surtout en Boris Johnson « l'homme qui a toujours cru dans le Brexit. Contrairement à Jeremy Hunt ou à la Première ministre Theresa May, il n'existe aucun doute sur sa motivation à concrétiser le Brexit, ce qui est capital vu l'impasse actuelle ». L'élue ne craint pas un *no deal*: « Peu importe tant que le Brexit a lieu. »

La position de Boris Johnson sur le Brexit n'est pourtant pas jugée déterminante par la plupart des adhérents du parti. « Même s'il assure que le Brexit aura lieu au plus tard le 31 octobre, contrairement à son adversaire, les deux candidats veulent concrétiser le Brexit et sont prêts à sortir de l'UE sans accord », rappelle Mike Smith, un militant quinquagénaire.

La motivation première et générale est bien résumée par Samuel Morgan, doctorant en sciences politiques et adhérent tory. Il a voté en sa faveur car « Boris Johnson est le mieux placé pour remporter une élection générale face au Labour. Idéologiquement, c'est un politicien de centre droit, dont le message peut plaire à une très large frange de la société. Il peut donc unifier le pays ». Cet argument est répété par tous ses supporters et grandement pris en compte par ceux qui hésitent.

À regarder ce soir-là Boris Johnson, la raison de leur engouement paraît évidente. Plus que jamais, son charisme saute aux yeux. À côté de lui, Jeremy Hunt fait vraiment figure d'enfant sage. Sur l'estrade, l'ancien maire de Londres brandit un hareng fumé sous vide et hurle son indignation contre la législation européenne qui oblige un pêcheur situé sur l'île de Man à le transporter recouvert de glace. Cet exemple provoque l'hilarité des spectateurs. Il révèle pourtant comment Boris Johnson est prêt à travestir la réalité pour s'accorder les faveurs de son électorat: non seulement l'île de Man ne fait pas partie du marché unique ni de l'union douanière, et n'est donc pas concernée par les règlements européens, mais en plus la législation dont se plaint Boris Johnson a été imposée par le parlement de Westminster, pas par celui de Bruxelles. En plein dans le mille sur le plan de la popularité, mais pour ce qui est du sérieux et de la véracité…

Dans la salle, certains ne sont pas dupes. « Boris est un menteur, un charlatan, absolument pas digne de confiance, qui peut avoir une opinion aujourd'hui et l'inverse dans six mois si cela l'arrange », murmure Christine, retraitée. Preuve de l'étrange ambiance dans le parti, aucun des critiques de Boris Johnson n'accepte de donner son nom de famille. On n'étrille pas ouvertement le futur leader et Premier ministre. Cette Londonienne a donc voté « contre Boris », pas pour Jeremy Hunt. Elle estime que « les élus le soutiennent pour garder leur emploi, car ils se disent qu'il leur trouvera un poste de ministre ou leur permettra de remporter une élection. Ils ne prennent pas en considération l'intérêt du pays, mais le leur ».

Christine n'est pas aussi isolée qu'elle l'imagine. D'ailleurs, les applaudissements se révèlent timides à la sortie de scène de Boris Johnson. Malgré le score sans doute écrasant de sa victoire, l'engouement qu'il suscite est limité et son imprédictibilité en inquiète plus d'un.

La grand-messe prévue le 23 juillet pour l'annonce des résultats est organisée au centre de conférence Queen Elizabeth II, en face du Parlement, de Big Ben et de l'abbaye de Westminster. La famille Johnson est au rendez-vous. Rachel, la sœur de Boris, prévient ses frères par SMS : « Je viens avec Ludo [son fils]. Après tout, ce n'est pas tous les jours que l'on voit Jeremy Hunt devenir Premier ministre ! » Chez les Johnson, l'humour est grinçant. En sortant de la station de métro Westminster, d'où l'on aperçoit l'entrée protégée de Downing Street, elle s'ébahit : « C'est complètement surréaliste de se dire que demain, à moins d'une intervention divine, Al entrera par cette porte noire et brillante, et prononcera un discours sur sa vision de l'avenir... » Elle retrouve dans le centre de conférence son frère Joseph et leur père, Stanley. Ils sont positionnés à côté de l'épouse et de la mère de Jeremy Hunt, juste derrière les deux candidats. Le résultat est sans appel : Boris Johnson remporte 92 153 votes, soit 66,4 % des bulletins exprimés.

Il se lève, souriant. Les deux hommes avaient appris le résultat quelques minutes auparavant, dans une arrière-salle. Après avoir répété son slogan « Concrétiser le Brexit, unifier le pays et battre Jeremy Corbyn », Boris Johnson se concentre d'emblée sur le défi du Brexit. Il se déclare partagé entre « le profond désir d'amitié et de libre-échange, le soutien mutuel, la sécurité et la défense entre la Grande-Bretagne et [ses] partenaires européens » et « le désir simultané, tout aussi sincère, d'autonomie démocratique ». Il ajoute une déclaration imagée comme il sait si bien le faire : « Nous allons une fois de plus croire en nous-mêmes et en ce que nous pouvons accomplir, et, comme un géant endormi, nous allons nous lever et nous défaire des liens du doute et de la négativité ! »

Le lendemain, Theresa May se rend au palais de Buckingham pour présenter sa démission à la reine Élisabeth II, vêtue d'une éclatante robe à fleurs bleues. Elle demande à son hôte d'inviter son ancien ministre des Affaires étrangères à former un nouveau gouvernement. Quelques secondes plus tard, Boris Johnson fait son apparition. Il passe trente-six minutes auprès de la souveraine. Pour l'occasion, celle-ci a retardé son départ en vacances dans sa demeure écossaise de Balmoral. Elle lui dit : « Je ne comprends pas pourquoi quelqu'un peut vouloir ce poste. » Elle sait de quoi elle parle, elle qui a nommé avant lui douze Premiers ministres depuis son accession au trône en 1952.

Cette observation royale rappelle celle que Boris Johnson avait faite lors de son apparition à l'émission de radio *Desert Island Discs*, en 2005 : « Les politiciens sont comme des frelons fous dans un pot de confiture, ils sont tous individuellement convaincus qu'ils vont y arriver. » Elle fait aussi écho à ses multiples dénégations sur son ambition d'atteindre ce poste : « Mes chances d'être Premier ministre sont à peu près aussi grandes que celles de trouver Elvis sur Mars, ou de me réincarner en olive », ou encore : « Comme le dit Clint Eastwood dans l'un de ses films, dans *L'Inspecteur Harry*, je crois, un homme doit connaître ses limites. »

À sa sortie du palais de Buckingham, Boris Johnson est pourtant devenu le 55ᵉ Premier ministre britannique.

Chapitre 15

25 juillet 2019 – 17 octobre 2019
C'est un très bon accord

Il est 11 h 44 lorsque les six voitures de la délégation du Premier ministre britannique passent le portail du Thornton Manor, un luxueux hôtel de la grande banlieue de Liverpool. En ce 10 octobre 2019, Boris Johnson a prévu d'y rencontrer dans la plus grande discrétion son homologue irlandais, Leo Varadkar. Celui-ci arrive vingt-deux minutes plus tard. Cette réunion, organisée à mi-chemin entre Londres et Dublin, est capitale : elle seule peut sauver les négociations sur le Brexit.

Leurs deux entrevues préalables n'ont pas duré plus de vingt minutes, signe de leur profond désaccord. Le 9 septembre, à Dublin, Boris Johnson a néanmoins opéré un semblant d'ouverture. « Je veux trouver un accord, assure-t-il à son hôte. Comme vous, j'ai étudié les conséquences pour mon pays et le vôtre d'un *no deal.* Bien sûr, nous pourrions le faire, le Royaume-Uni pourrait s'en sortir, mais ce résultat serait un échec politique dont nous serions tous responsables. »

Cette recherche d'un compromis indique un changement radical de la part de Boris Johnson. Quelques jours plus tôt, le Premier ministre britannique avait en effet affirmé qu'il préférait « crever dans un fossé » que demander à l'Union européenne un recul de la date du Brexit. En réalité, ce double langage est typique de l'approche des Premiers ministres britanniques lorsqu'il s'agit de l'UE : ils commencent par vociférer pour satisfaire les eurosceptiques, avant de calmer leur jeu pour rassurer les Européens.

Pour la première fois, les deux hommes se voient seuls. Suivant un protocole étonnant, ils s'enferment dans l'une des salles de réunion boisées de ce manoir de briques rouges de la fin du XIXe siècle. Ils échangent dans le plus grand secret : il n'y a, dans la pièce, ni conseiller, ni secrétaire pour prendre des notes. Leurs collaborateurs attendent dans une pièce mitoyenne, où l'atmosphère est plutôt détendue. En effet, depuis plus d'une semaine, les deux équipes échangent abondamment mais secrètement. Même si Boris Johnson a rappelé la nécessité pour le pays de se préparer à un *no deal*, il a aussi promis de faire plus que le nécessaire (« *to go the extra thousand miles* ») pour décrocher un accord. Dominic Cummings, l'ancien coresponsable du groupe de campagne Vote Leave et conseiller spécial de Boris Johnson depuis l'accession de celui-ci au pouvoir, a troqué, pour l'occasion, son sweat à capuche et son jean élimé contre un costume-cravate, signe du sérieux de leurs intentions. Malgré sa réputation de caractériel et son habituel dédain des conventions, il entend bien, cette fois, afficher son respect envers ses interlocuteurs ; en leurs mains résident les dernières chances d'un accord.

De prime abord, Leo Varadkar et Boris Johnson paraissent totalement opposés. Le premier renvoie l'image d'un dirigeant politiquement correct, calme et organisé, quand le second multiplie les déclarations tapageuses et paraît représenter la quintessence du capharnaüm qu'est devenu le chemin vers le Brexit. C'est omettre leurs points de vue idéologiques relativement proches: tous deux sont de véritables libéraux, aussi bien dans leur conception du rôle de l'État et de l'économie que des questions sociétales. Au cours des mois précédant cette rencontre, ils ont réussi à se rapprocher grâce à leur amour de la Grèce antique et à leur lien commun avec Trinity College, la plus célèbre université irlandaise: Leo Varadkar en est diplômé, tandis que la fille du Premier ministre britannique y poursuit ses études. Enfin, ils ont en commun une facilité pour le contact humain.

Quarante-cinq minutes après le début de leur rencontre, Boris Johnson ouvre la porte de leur salon. Le niveau d'anxiété monte d'un cran dans la pièce où les collaborateurs attendent. Mais rien à craindre: le Premier ministre britannique n'entend pas quitter les lieux, il demande tout simplement plus de café. Avant de disparaître de nouveau. «À ce moment-là, nous avons compris qu'il était en train de se dérouler autre chose que ce qui était prévu», assure un diplomate irlandais.

Il faudra attendre quarante-cinq minutes supplémentaires pour que les deux hommes réapparaissent. Souriants. Ils se sont mis d'accord. «Le principe du consentement a tout débloqué», explique un diplomate britannique. Cette idée, qui accorde aux Irlandais du Nord un vote tous les quatre ans sur la poursuite ou l'arrêt des mesures exceptionnelles liées au Brexit, n'est pas nouvelle: «Nous l'avions déjà soumise sous Theresa May, mais l'UE l'avait alors rejetée! Pas cette fois.»

Pendant que les conseillers mettent les grandes lignes de leur discussion noir sur blanc, les deux hommes sortent sous l'allée de tilleuls du manoir, un lieu recherché pour les mariages chics de la région. Ils vont ensuite marcher dans l'herbe du parc. Il n'est toutefois pas encore l'heure pour eux de célébrer leur union : sur les photos de cette promenade, ils apparaissent toujours soucieux. Ils savent que tout n'est pas résolu. C'est pourquoi leur communiqué se limite à dire qu'ils perçoivent « un chemin vers un accord ». Boris Johnson et Leo Varadkar doivent désormais convaincre les vingt-sept de la portée de leur avancée.

La chose est d'autant moins aisée que Boris Johnson doit aussi s'inquiéter du rapport de forces à Westminster. Or il a les mains totalement liées par les Communes. La faute lui en incombe en grande partie. En effet, un mois et demi plus tôt, le 28 août, il a imposé la suspension du Parlement de la mi-septembre au 14 octobre. Pour se justifier, il envoie alors une lettre à ses collègues députés, dans laquelle il invoque la durée exceptionnelle de la session parlementaire en cours, la plus longue « depuis près de quatre cents ans ». Il juge qu'il est temps d'« y mettre un terme ».

Pour l'opposition et plusieurs députés de son parti, cette décision de suspendre l'activité parlementaire n'est ni plus ni moins qu'un « scandale constitutionnel », selon les mots de John Bercow, président de la Chambre des communes et à ce titre garant de la conformité des procédures parlementaires. À ses yeux, il est « absolument évident que l'objectif de la suspension est d'empêcher que le Parlement débatte du Brexit et remplisse son devoir de définir une trajectoire pour le pays ». Ce commentaire marque les esprits, dans un État où le Parlement est censé être déterminant en matière de législation. De son côté, le chef du Parti travailliste, Jeremy Corbyn, qualifie la suspension d'« attaque contre [la] démocratie dans le but de forcer le pays vers un *no deal* ». En effet, en raison de la fin précipitée de la session parlementaire, les députés ne pourront a priori pas légiférer pour empêcher un *no deal* avant le Conseil européen des 17 et 18 octobre.

Boris Johnson ne cache qu'à moitié sa véritable motivation. Il accuse ses adversaires de vouloir que «le Premier ministre britannique se rende à une négociation vitale sans le pouvoir de quitter la table» des discussions. Le calvaire vécu par Theresa May l'a marqué. Constamment attaquée par les mécontents du Brexit, sa prédécesseure a en effet passé plus de temps à négocier son approche du Brexit avec les parlementaires britanniques qu'avec les vingt-sept. Surtout, les députés l'ont juridiquement obligée à obtenir leur soutien pour sortir de l'UE, l'empêchant ainsi d'utiliser la menace de son credo initial: «Il vaut mieux pas d'accord qu'un mauvais accord.» Si bien que «la menace d'un *no deal* n'a jamais été prise au sérieux par l'UE», admet un diplomate européen. Pour éviter que sa capacité de négociation ne soit affaiblie de la même manière, Boris Johnson doit donc mettre fin à ce qu'il considère être le pouvoir de nuisance des députés. Même si, pour ce faire, il a sans doute menti à la souveraine Élisabeth II lorsqu'il l'a rencontrée en vue de motiver sa demande de suspension de la session parlementaire.

Le cirque de la Chambre des communes reprend de plus belle. Visiblement, les Britanniques ne s'en lassent pas: la chaîne BBC Parliament bat de nouveaux records d'audience. Il faut dire que le programme est addictif tant les rebondissements semblent incessants. Ainsi, lors des premiers jours de septembre, l'opposition s'organise face au coup de force de Boris Johnson. Elle inflige six défaites au gouvernement à l'occasion de ses six premiers votes aux Communes. Une première historique. Surtout, l'alliance entre les conservateurs rebelles, les travaillistes, les libéraux-démocrates et les indépendantistes écossais a fait adopter au pas de charge une loi anti-*no deal*: Boris Johnson sera dans l'obligation de demander un nouveau recul de la date du Brexit jusqu'au 31 janvier 2020 si aucun accord de Brexit n'a été adopté par la Chambre des communes le 19 octobre, au lendemain du Conseil européen des 17 et 18 octobre.

Affaibli mais déterminé à montrer sa fermeté, le chef conservateur expulse les vingt et un députés de son parti qui ont voté en faveur de ce projet de loi. Quasiment toutes les victimes de cette purge sont d'anciens ministres. Parmi eux, l'ancien responsable des finances Philip Hammond et l'éternel Kenneth Clarke. Ce dernier n'est pas tendre avec Boris Johnson : « Je suis conservateur, bien sûr. Mais je ne me reconnais pas dans les actions de ce dirigeant. C'est le Brexit Party rebaptisé », lance-t-il, dans une allusion à ce parti créé au début de l'année par Nigel Farage. En outre, il dénonce le gouvernement « le plus à droite jamais produit par un Parti conservateur ». « Ils ne contrôlent pas les événements. Le Premier ministre vient nous raconter des bobards. Il prévoit d'organiser une élection générale anticipée rapide et de sortir de l'UE sans accord en accusant le Parlement et l'Europe de cette pagaille. »

Lors de la séance de questions au Premier ministre qui suit, le 4 septembre, Boris Johnson relance son offensive. Il prend pour cible le chef de l'opposition, Jeremy Corbyn. Il le pointe du doigt afin de le mettre mal à l'aise. Il se moque de lui, le qualifie de « poulet au chlore » et de « femmelette », car il serait « effrayé » par la possibilité d'une élection générale anticipée. Il l'accuse d'être « antidémocratique » en bloquant le Brexit et se moque de son penchant marxiste, qui le pousserait à « organiser une grève générale ». Enfin, il reprend l'expression « *shit or bust* », qui signifie habituellement « quitte ou double », mais qu'il utilise là au sens littéral de « merde ou explosion » pour décrire la politique économique du Labour. Il se montre sans pitié. Tout est bon pour détériorer un peu plus l'image du responsable travailliste et le pousser à accepter le principe d'une élection anticipée, qui lui permettra de se sortir de cet embarrassant blocage. Mais Jeremy Corbyn ne tombe pas dans le piège du chef conservateur et préfère laisser la position de Boris Johnson se dégrader d'elle-même.

Pour le Premier ministre, la situation s'annonce mal. Dans les jours qui suivent sa pantalonnade parlementaire, deux membres du gouvernement démissionnent. Écœurée, la ministre du Travail et des Retraites, Amber Rudd, prévient : « L'expulsion de vingt et un membres du parti signifie bien plus que le départ de vingt et un individus. Elle est le signal fort que le Parti conservateur n'accepte plus les gens modérés. » Mais Boris Johnson est, lui, surtout affecté par le départ de son frère Joseph. Il l'avait nommé secrétaire d'État en charge des Universités, de la Science, de la Recherche et de l'Innovation moins de deux mois plus tôt. « Au cours des dernières semaines, j'ai été déchiré entre la loyauté familiale et l'intérêt national, s'explique le cadet des Johnson dans un communiqué. La tension était inextricable. Il est temps pour d'autres d'assumer mes rôles de député et de ministre. » Il annonce son départ de la politique dès l'élection générale suivante, dont la date demeure inconnue.

En attendant, le spectacle parlementaire prend une tournure véritablement théâtrale dans la nuit du 9 au 10 octobre. Lors de la cérémonie de clôture de la session parlementaire, habituellement pittoresque mais ennuyeuse, des députés de l'opposition s'amassent autour de la chaise surélevée du président de la Chambre des communes, John Bercow.

Brandissant des feuilles sur lesquelles ils ont écrit « Réduits au silence », ils prétendent l'obliger à rester dans la salle afin d'empêcher la suspension parlementaire.

Décidé à marquer lui aussi sa désapprobation, John Bercow, qui, très ému, a annoncé quelques heures plus tôt son retrait de la vie politique au plus tard le 31 octobre, rappelle que « ce n'est pas une prorogation normale, typique ou standard. Elle représente, aux yeux de nombreux collègues et de nombreux citoyens, un décret de l'exécutif sans regard pour le processus démocratique ». Il accepte finalement de quitter son siège. Les députés conservateurs qui le suivent se font huer : « Honte à vous ! » entonne l'opposition.

Pour Boris Johnson, cette séquence marque l'effondrement de sa tactique. Le coup fatal advient le 24 septembre, quand la Cour suprême condamne « à l'unanimité de ses onze juges » sa décision de suspendre le Parlement britannique. La présidente de la plus haute instance judiciaire du pays qualifie son action d'« illégale, car elle avait pour effet de frustrer ou d'empêcher la possibilité du Parlement de mener ses fonctions constitutionnelles sans justification raisonnable ». En conclusion : « Le Parlement n'a pas été suspendu. »

John Bercow contacte dans la foulée les chefs des partis. Il annonce la réouverture du Parlement pour le lendemain. La panique est telle que Jeremy Corbyn doit avancer de vingt-quatre heures, pour l'après-midi même, son discours de fin de clôture du congrès travailliste. Le chef du Labour doit absolument être de retour à Londres dans la soirée afin de préparer la suite des affaires.

Dès la reprise de la session parlementaire, le 25 septembre, le procureur général pour l'Angleterre et le Pays de Galles, Geoffrey Cox, s'en prend violemment à l'opposition. « Ce parlement est un parlement mort. Il ne devrait plus siéger. Il n'a aucun droit moral pour siéger sur ces bancs. » Quand Boris Johnson arrive à la Chambre des communes, à 18 h 30, les rangs de l'opposition bouillonnent déjà. Remonté, le Premier ministre accuse « ce parlement » de « saboter les négociations » avec l'UE. Il attaque « la loi de la capitulation » passée par les opposants à un *no deal*. Dès lors, les Communes entrent en éruption. Boris Johnson est vilipendé de toutes parts. Un député de son propre parti va jusqu'à l'accuser d'avoir jeté à lui tout seul la politique britannique dans les bas-fonds à force d'employer à tout-va les termes « capitulation » et « trahison ».

Ces accusations sont fausses. Elles renvoient à une dialectique initialement déployée dans les tabloïds britanniques : celle de l'élite contre le peuple. C'est *The Daily Mail*, vendu quotidiennement à 1,2 million d'exemplaires, qui a tiré le premier. Dès le 12 octobre 2016, ce journal titre en une : « Maudits soient les râleurs anti-Brexit non patriotes et leur complot pour subvertir la volonté du peuple britannique. » Le 4 novembre 2016, il a considéré comme « ennemis du peuple » les trois juges de la Haute Cour de justice ayant déclaré que le Parlement devait entériner l'accord de Brexit. Leur photo est publiée en une du journal. Le 19 avril 2017, il a réclamé à Theresa May d'« écraser les saboteurs » avant de titrer le 29 mars 2019, le jour initialement prévu pour la sortie de l'UE, sur « la trahison du Brexit ».

Pourtant, dans les archives des discours de la Chambre des communes, les termes reprochés à Boris Johnson n'apparaissent nullement dans les débats sur le Brexit. Ce n'est que le 5 septembre 2017 que la notion de « trahison » est utilisée… dans la bouche du député conservateur Simon Clarke, qui demande si le maintien dans le marché unique et sous la juridiction de la Cour de justice de l'Union européenne, voulu par l'opposition, ne « représenterait pas une vaste trahison des électeurs ». Ce mot n'est ensuite que rarement repris. Une personne va se charger d'en généraliser l'usage : la Première ministre Theresa May. Au cours d'une allocution prononcée le 28 février 2018, elle l'utilise quatre fois avec les expressions « trahison du peuple britannique », « trahirait les électeurs » et « trahirait le vote et la confiance des électeurs ».

« Ces éléments "élite contre le peuple" ont toujours été présents au sein de l'idéologie et du langage du Parti conservateur, explique Tim Bale, professeur de sciences politiques à l'université londonienne Queen Mary et auteur de livres sur le Parti conservateur. Pendant toute son histoire, le parti tory s'est présenté comme le parti des électeurs non intéressés par la politique, c'est-à-dire dans un premier temps les fermiers et les brasseurs, puis les gens qui aiment bien profiter de la vie et consommer ; ils s'opposaient aux élites intellectuelles, sérieuses, moralistes et protestantes. » Pour le professeur, Boris Johnson « est typiquement l'un de ces politiciens joviaux, il est l'antithèse des politiciens rabat-joie comme Jeremy Corbyn ».

Coincé au Parlement, Boris Johnson se concentre sur son nouveau plan de Brexit. Ils se penche notamment sur une des questions essentielles : l'Irlande du Nord. Le 2 octobre, il envoie ainsi à Bruxelles ses contre-propositions au *backstop* nord-irlandais, qui a provoqué la chute de Theresa May. Il propose la création d'une frontière virtuelle entre les deux Irlande. L'Irlande du Nord resterait alignée sur la réglementation européenne (et donc celle de la république d'Irlande) en matière de produits agricoles et manufacturiers. En revanche, elle demeurerait au sein de l'union douanière britannique.

Le jour même, il compte bien utiliser son premier discours de clôture du congrès annuel du Parti conservateur, dans l'immense salle du Manchester Central Convention Complex, pour convaincre son propre parti. Afin de montrer qu'il n'est qu'un conservateur parmi d'autres, il arrive par l'entrée centrale, comme l'ensemble des adhérents du parti. Aux cris de « Boris, Boris, Boris », il serre les mains de nombreux militants enthousiastes, qui adorent voir leur homme fort de près, avant de monter les quelques marches vers son pupitre. Cette mise en scène rompt avec la tradition des congrès, qui voyait ses prédécesseurs David Cameron et Theresa May apparaître sur l'estrade principale depuis les coulisses. Grâce à cette intuition géniale, le pari est déjà quasiment gagné.

Au cours de son discours, Boris Johnson expose ses deux visages : d'un côté, l'homme du Brexit ; de l'autre, le conservateur modéré.

Il rappelle d'abord dix fois sa volonté de « concrétiser le Brexit », le slogan de la conférence conservatrice. Au choix, pour « les possibilités que cela ouvrirait », « parce qu'un report serait coûteux et sans motif », « parce que nous devons construire un nouveau partenariat avec l'UE », « parce que nous devons concrétiser les priorités du peuple ». Des arguments parfaits pour motiver ses troupes, lesquelles agitent régulièrement l'*Union Jack*, le drapeau britannique. Il explicite aussi brièvement la proposition qu'il a envoyée le matin même à l'UE pour remplacer le *backstop*. « Nous n'aurons en aucune circonstance de contrôles à la frontière ou près de la frontière de l'Irlande du Nord », assure-t-il. À la place, des contrôles seront organisés des deux côtés de la frontière dans des « centres » situés à une distance de 8 à 16 kilomètres de la frontière. Le maintien de cette frontière virtuelle est capital d'un point de vue symbolique pour le Parti unioniste démocrate (DUP) : elle réduit la possibilité d'une réunification de l'Irlande. Comme nous l'indique un diplomate britannique, « les négociateurs de la Commission pensent que seule la disparition de la frontière nord-sud, entre la république d'Irlande et l'Irlande du Nord, importe pour préserver l'accord de paix irlandais du Vendredi saint[1]. Ils se trompent totalement : l'absence d'une frontière est-ouest, entre l'Irlande du Nord et la Grande-Bretagne, compte tout autant ! Il y a un très fort sentiment unioniste en Irlande du Nord, et des terroristes violents de leur côté. Si vous ne prêtez pas attention aux deux camps, vous pouvez rompre l'accord et mettre fin à la paix » !

Pour détendre un peu la foule, Boris Johnson indique en souriant : « Je sais que certains étudient passionnément les prétendues divisions au sein de ma famille à propos de l'UE. » Il s'arrête, l'air mystérieux : « Je veux que vous sachiez que j'ai gardé un atout dans ma manche : ma mère a voté Leave ! » Son père, Stanley, assis dans la foule aux côtés de Carrie Symonds, est stupéfait. Il chuchote à sa voisine : « Je ne le savais pas ! »

Boris Johnson met ensuite en avant son second visage, celui du conservateur modéré (conservatisme « *one-nation* ») qui a été maire de Londres. « Mettons en place ce gouvernement tory raisonnable et modéré, mais réducteur d'impôts », clame-t-il. Il présente de nombreuses mesures très vagues, destinées à répondre aux neuf années d'austérité déployées par les siens, dont les conséquences se sont souvent révélées très

1. Le 10 avril 1998, les gouvernements de Dublin et de Londres signent, à Belfast, deux accords destinés à mettre fin à trente ans de conflit en Irlande du Nord. Le désarmement volontaire et progressif des milices unionistes et républicaines ainsi que la création d'un parlement nord-irlandais ont permis de pacifier la région.

sévères pour les services publics britanniques et leurs utilisateurs. Outre l'embauche de 20 000 officiers de police, il met l'accent sur des investissements futurs pour l'éducation dans les prisons, la formation professionnelle, le système de santé, l'environnement, l'état des routes et l'extension des réseaux de bus. De quoi quitter la scène sous des applaudissements nourris. En plus de ses blagues, les militants ont apprécié son optimisme.

Cet optimisme est vite douché par Angela Merkel : le 8 octobre, ils ont une conversation téléphonique houleuse. Dès la fin de leur appel, Downing Street fait même savoir aux journalistes britanniques qu'Angela Merkel estime qu'un accord est désormais « hautement improbable ». Le bureau du Premier ministre accuse l'UE d'avoir changé de position, ce qui rendrait tout accord « impossible, non seulement maintenant, mais pour toujours ».

Cette interprétation exaspère les politiciens européens. « Jamais Angela Merkel n'aurait dit qu'un traité était impossible, assure Rudolf G. Adam, diplomate allemand basé à Londres de 2011 à 2014. Elle a sans doute dit qu'il y aurait des difficultés et peut-être que celles-ci ne seraient pas résolues à temps. Mais, au cours de ses années en tant que chancelière, elle ne s'est jamais engagée de manière irrévocable. Lors de toutes ses négociations, Merkel laisse les choses se développer. Tout à la fin, elle lève le doigt pour voir d'où le vent souffle. C'est seulement à ce moment-là qu'elle s'engage. »

Le bureau de la chancelière refuse de s'exprimer sur les commentaires de Downing Street. Son collègue et proche collaborateur Norbert Röttgen, le président de la Commission des affaires étrangères du Parlement allemand, garantit en revanche qu'« il n'y a pas de nouvelle position allemande ou européenne sur le Brexit». Il considère que Boris Johnson «profite de l'appel téléphonique avec la chancelière pour l'accuser» de l'impasse dans laquelle il s'est placé tout seul.

Les commentaires de Downing Street provoquent aussi une onde de choc à Bruxelles. Le président du Conseil européen, Donald Tusk, s'agace sur Twitter: «L'enjeu n'est pas de gagner une stupide compétition de reproches. L'enjeu est l'avenir de l'Europe et du Royaume-Uni, ainsi que la sécurité et les intérêts de nos populations. Vous ne voulez pas d'accord, vous ne voulez pas d'extension, vous ne voulez pas révoquer l'article 50. *Quo vadis*? [Où allez-vous?]»

Voilà Boris Johnson coincé. S'il assure depuis des mois être prêt à un *no deal*, comme l'a confirmé la vaste campagne de publicité gouvernementale lancée début septembre «*Get ready for Brexit*» («Préparez-vous au Brexit»), il veut foncièrement obtenir un accord avec l'UE. «Alors qu'il hésitait sur la direction à prendre, il a choisi l'accord plutôt que le *no deal* pour une raison purement politique, assure un de ses collaborateurs. Une élection générale paraissant inéluctable, il a regardé quelle solution lui permettrait de se faire réélire: il pourrait présenter un accord comme une première victoire, tandis que les conséquences d'un *no deal* paraissaient bien trop périlleuses.»

En effet, deux semaines avant les discussions avec la chancelière, un rapport gouvernemental avait révélé les conséquences désastreuses pour le pays d'une rupture brutale des liens avec l'UE. Les échanges commerciaux entre le Royaume-Uni et les vingt-sept s'en trouveraient gravement perturbés, en particulier pour les médicaments et les produits agricoles. Si une seule personne venait à mourir à cause d'un médicament non livré, Boris Johnson pourrait être perçu comme le principal responsable, en raison de son choix de mener le pays vers un *no deal*. Cela signifierait probablement la fin de sa carrière politique.

Dans ce contexte, l'appel avec Angela Merkel ressemble à un « rendez-vous avec la réalité », comme le qualifie de manière condescendante un diplomate européen. Mais ce soir-là, Boris Johnson reprend contact avec le Premier ministre irlandais, Leo Varadkar. Il est le seul qui soit aussi concerné que lui par la question des frontières irlandaises, le seul qui comprenne véritablement ses enjeux, le seul qui désire autant que lui un accord.

« Les négociateurs européens sont très mauvais pour prendre en compte le fait qu'un pays puisse réellement se soucier de sa population, de la paix et de la stabilité en Irlande du Nord, commente, cinglant, un diplomate britannique sous couvert d'anonymat. Il est donc très frustrant que la Commission donne quotidiennement des leçons sur le fait qu'elle, et seulement elle, sait comment protéger l'accord de paix irlandais du Vendredi saint et que le gouvernement britannique ne s'en soucie pas du tout. Surtout qu'ils ne comprennent qu'une seule des deux variables du conflit, celle des républicains partisans d'une réunification de l'Irlande. Mais ils oublient les unionistes ! » Un observateur européen donne sa version, d'un ton goguenard : « C'est surtout que la république d'Irlande a très bien joué le coup. Les Irlandais veulent, à long terme, la réunification de l'Irlande et ont tout fait pour que l'UE adopte un point de vue qui favoriserait cet objectif. »

Boris Johnson et Leo Varadkar se mettent immédiatement d'accord pour se retrouver deux jours plus tard, le 10 octobre, à Thornton Manor. Comme on l'a vu, les deux hommes parviennent enfin à s'entendre. S'ensuit une intense agitation diplomatique : les négociateurs irlandais et britanniques travaillent d'arrache-pied pour finaliser la solution trouvée par les deux Premiers ministres. Les Irlandais passent ensuite le relais aux négociateurs européens pour leur faire entériner le principe du consentement de la population nord-irlandaise. Les discussions se poursuivent jusqu'à l'aube du 17 octobre, date du début du Conseil européen.

Le soleil s'est levé depuis peu à Londres lorsque Boris Johnson et le président de la Commission européenne, Jean-Claude Juncker, se téléphonent une première fois. Ils discutent « amicalement » pendant une vingtaine de minutes, puis se rappellent deux heures plus tard : l'accord est entériné. L'affaire est officialisée à 10 h 35, heure de Londres, sur le réseau social Twitter, devenu en quelques années le « lieu » d'expression privilégié de nombreux politiciens, qui peuvent y faire instantanément et au plus grand nombre des annonces plus ou moins importantes. Maîtriser la sortie de l'information leur permet aussi de mieux en influencer le traitement par les médias.

Boris Johnson tweete donc : « Nous avons un nouvel accord formidable qui nous redonne le contrôle. Maintenant, le Parlement doit concrétiser le Brexit (dans deux jours) pour que l'on puisse travailler à d'autres priorités, comme le coût de la vie, le système de santé, les crimes violents et notre environnement. »

Moins d'une heure plus tard, Boris Johnson arrive à l'Europa Building, le nouveau bâtiment destiné, depuis janvier 2017, aux Conseils européens. Il vient présenter à ses homologues l'accord de Brexit tout juste entériné par Jean-Claude Juncker et le leur faire adopter formellement. Comme c'était son habitude lorsqu'il était le correspondant bruxellois du *Telegraph*, il arrive le dernier, accompagné d'Angela Merkel, pour être l'objet de l'attention de tous. Comme souvent, on le sent un peu gêné, mais il reprend vite le contrôle de ses émotions et endosse de nouveau son habit d'homme affable et extraverti. Son entrée théâtrale dans la salle S3 multicolore est d'ailleurs remarquée. Après avoir été briefé par la chancelière allemande, il sert la main en souriant à son sauveur, Leo Varadkar, puis au Premier ministre hongrois, Viktor Orbán. Angela Merkel s'approche et plaisante avec eux. Au même moment, le Premier ministre luxembourgeois, Xavier Vettel, qui avait vertement décrié Boris Johnson dans les médias, lui fait une tape dans le dos avant de lui serrer chaleureusement la main et de rire à l'un de ses bons mots.

Toujours affable et souriant, le responsable britannique entame minutieusement un tour de l'énorme table circulaire. Il s'en écarte seulement pour effectuer un salut militaire espiègle à Emmanuel Macron. Les deux hommes se serrent longuement la main d'un air complice, en se rapprochant épaule contre épaule. C'est Angela Merkel, une nouvelle fois blagueuse, qui permet à Boris Johnson de relâcher l'interminable poignée de main du Français. Deux mois plus tôt, une photo de Boris Johnson, le pied sur une table basse de l'Élysée, avait fait le tour des médias. « Impoli », « comme chez lui à l'Élysée », « décontracté », les qualificatifs fleurissent dans la presse française. Une fois de plus, les esprits se sont emballés au sujet de Boris Johnson, alors qu'une vidéo tournée par l'agence Thomson-Reuters montre clairement qu'il n'a fait que mimer ce geste en réaction à une plaisanterie en ce sens de son hôte. Ce que confirment des diplomates français présents.

Le Britannique reprend son tour de table. Il serre notamment la main d'Ursula von der Leyen – qui deviendra, quelques semaines plus tard, présidente du Conseil européen –, avant de taper amicalement l'épaule de Donald Tusk. Il s'assoit enfin, toujours souriant, sous le regard enchanté du Premier ministre néerlandais, Mark Rutte. En quelques minutes, la vedette du jour s'est mis ses homologues européens dans la poche. Et ce, alors qu'il vient de négocier un accord de retrait de l'UE qui brise une dynamique européenne de plus de cinquante ans et que la plupart des dirigeants des vingt-sept le critiquent régulièrement depuis trois ans. C'est un peu comme si ces élèves sages étaient fiers et contents de pouvoir fricoter avec la terreur de la classe…

Il apparaît peu après devant les journalistes, suivi de Stephen Barclay, le ministre en charge du Brexit. Il pose pour les photographes aux côtés de Jean-Claude Juncker et Michel Barnier. Le président de la Commission européenne, qui vit ses derniers jours à son poste, entame la conférence de presse par ces mots : « La bonne nouvelle, c'est que nous avons un accord… La mauvaise nouvelle, c'est que la Grande-Bretagne quittera l'Union européenne. » Jean-Claude Juncker ne cache donc pas ses sentiments contradictoires. Ce n'est pas le cas de Boris Johnson, debout à sa droite, qui confirme, soulagé et le sourire aux lèvres : « Le Conseil européen a entériné l'accord négocié au cours de ces deux derniers mois. Et je les remercie encore vivement. » Il promet que cette solution permettra de « créer un partenariat nouveau et progressif avec [leurs] amis de l'UE » et ajoute : « L'extraction ayant été réalisée, la construction commence […] avec nos amis et partenaires de l'UE. »

La plus grande partie de son discours est destinée aux citoyens et aux députés britanniques. Ainsi, il garantit que cet accord maintient l'unité du pays : « Nous pouvons sortir de l'UE sous la forme d'un royaume uni, l'Angleterre, l'Écosse, le Pays de Galles et l'Irlande du Nord, ensemble. » Surtout, il place la pression sur la Chambre des communes : « Cela fait trois ans que nous travaillons sur cette question et cela n'a pas toujours été une expérience simple pour le Royaume-Uni. Cela a été long, douloureux, et a semé la discorde. L'heure est venue de nous rassembler et, pour nos parlementaires, de concrétiser cette affaire. Je suis convaincu que mes collègues au Parlement voteront en sa faveur après avoir étudié les termes de l'accord. C'est notre chance, en tant que démocrates, de concrétiser le Brexit et de sortir de l'UE le 31 octobre. C'est notre chance de nous concentrer sur nos priorités, les priorités de la population. »

En deux minutes et cinquante secondes, son discours est achevé. « Maintenant, je dois aller déjeuner, je suis en retard, dit-il en scrutant ostensiblement sa montre, un sourire taquin aux lèvres. Il faut que les questions soient courtes. » D'humeur badine, il en accepte pourtant huit, au lieu des quatre prévues. Sans répondre grand-chose d'autre que : « C'est un très bon accord. » Qu'importe. En moins de trois mois, il a réussi ce que Theresa May n'était pas parvenue à réaliser en un an et demi de négociations : décrocher un accord qui puisse être adopté par ses députés. Rares étaient ceux qui pensaient la chose possible. Pour les Européens et les Britanniques qui ne voyaient en lui qu'un politicien populiste aux cheveux hirsutes et aux plaisenteries faciles, il vient de changer de stature.

Chapitre 16

18 octobre 2019 – 31 janvier 2020
Concrétisons le Brexit, mais d'abord concrétisons notre petit déjeuner !

À son entrée, en ce 29 octobre 2019, dans la salle de comité numéro 14 du palais de Westminster, Boris Johnson est accueilli par un raffut infernal. C'est la tradition : les membres du comité 1922, qui rassemble tous les députés conservateurs non membres du gouvernement, tambourinent sur les tables, applaudissent et hurlent à l'arrivée du chef de leur parti. Les ministres représentés sur l'imposant tableau du gouvernement de 1868 de William Ewart Gladstone qui surplombe la pièce savent que ces expressions de soutien peuvent être trompeuses. Elles se répètent quelle que soit la confiance des députés en leur leader. Quelques mois plus tôt, Theresa May y fut ainsi acclamée à chacune de ses défenses de son plan de Brexit. Avec le résultat que l'on sait.

Cette fois, pourtant, il n'y a pas d'arrière-pensées chez les habitués. À leur grand soulagement, Boris Johnson vient d'obtenir le vote de la Chambre des communes en faveur d'une élection générale anticipée six semaines plus tard, le 12 décembre. Le chef du parti galvanise ses troupes. Il sait que tous vont remettre leur poste en jeu et que certains d'entre eux ne seront pas réélus. « C'était un discours incroyable, du genre de celui prononcé par le roi Henri V avant la bataille d'Azincourt, s'enthousiasme le député Robert Halfon. Il a dit qu'il allait attaquer Corbyn en s'appuyant sur sa politique de conservateur modéré et parler des dépenses pour les écoles, les hôpitaux et la police. Tout ne tournera pas autour du Brexit. »

« Il nous a prévenus que tout reste à faire, même si nous sommes en tête dans les sondages, raconte son collègue John Wittingdale. Il a dit avoir poussé pour une élection parce qu'il n'avait pas le choix : le Parlement est bloqué et la seule façon de résoudre ce problème est d'organiser des élections générales. » Déjà, l'angle d'attaque de la campagne conservatrice se dessine : « Il présentera aux électeurs l'accord de Brexit qu'il est parvenu à négocier contre toute attente et nous ferons campagne pour réclamer sa ratification. »

À sa sortie, une fois de plus agrémentée de coups frappés sur les tables, d'applaudissements et de cris, Boris Johnson paraît confiant. Il lance aux journalistes : « Je pense qu'il est temps pour le pays de se rassembler, de concrétiser le Brexit et d'aller de l'avant. Les élections seront difficiles, mais nous ferons de notre mieux. »

Le leader conservateur peut souffler. Il est miraculeusement sorti de l'impasse. Mais à son retour de Bruxelles le 17 octobre, un accord de Brexit en poche, sa confiance et son pedigree de Brexiter ne l'empêchent pas de subir le même sort que sa prédécesseure, Theresa May. Les dix députés du Parti unioniste démocrate (DUP) se déclarent « incapables de soutenir » l'accord qu'il vient de signer avec l'UE, en raison du maintien de l'Irlande du Nord dans le marché unique européen. Et ce, même si l'Irlande du Nord est aussi intégrée à la zone douanière britannique et que les Irlandais du

Nord pourront rejeter l'accord tous les quatre ans s'ils ne leur convient pas. Dès lors, Boris Johnson le sait : l'arithmétique parlementaire n'ayant pas évolué depuis les défaites essuyées par Theresa May, tout se jouera à quelques voix près.

Deux jours plus tard, le moment fatidique arrive. Boris Johnson doit absolument faire adopter son projet de loi de Brexit ce 19 octobre, sans quoi la loi anti-*no deal* adoptée en septembre entrera en vigueur : il serait alors forcé de demander à l'UE une extension de la date du Brexit au 31 janvier 2020.

Dès le début du débat parlementaire, les unionistes, toujours convaincus d'avoir été trahis par le Premier ministre, hurlent leur mécontentement. « Le gouvernement nous avait promis que pas un seul document ne serait nécessaire pour faire passer les biens d'Angleterre en Irlande du Nord, que pas un seul bien ne serait contrôlé : ce sera pourtant le cas avec son nouvel accord, ce qui équivaut à la mise en place d'une frontière dure à l'intérieur du pays », tempête le député Sammy Wilson. Au-delà de la symbolique et du coût de cette exigence administrative, les unionistes craignent que cet accord ne prépare la séparation à terme de l'Irlande du Nord du Royaume-Uni et son intégration à la république d'Irlande. Ils accusent donc Boris Johnson de mettre en danger l'unité du pays, et plus largement l'union, dans le seul but égoïste de se faire passer pour le sauveur des Brexiters.

Boris Johnson fait en outre face à la méfiance des députés de l'opposition. S'ils adoptent le projet de loi gouvernemental, la loi anti-*no deal* adoptée en septembre sera caduque. Boris Johnson aura alors potentiellement les mains libres pour sortir de l'UE sans accord le 31 octobre.

Pour Boris Johnson, l'alliance du DUP, des anti-Brexit et de tous les partis de l'opposition se révèle trop forte. Par

322 voix contre 306, les Communes refusent le processus d'adoption accélérée du projet de loi et réclament un examen minutieux de l'accord de Brexit. Ce résultat annule automatiquement le vote prévu sur le projet de loi de Brexit. Boris Johnson fait grise mine. La législation anti-*no deal* entre automatiquement en vigueur. Il est donc obligé d'envoyer une lettre au président du Conseil européen, Donald Tusk, demandant un report du Brexit.

Ultime bravade, destinée à se faire bien voir des eurosceptiques radicaux et à montrer que sa demande de report du Brexit lui a été imposée par les députés, il prévient les Communes : « Je dirai à mes collègues européens ce que j'ai dit à tout le monde durant les quatre-vingt-huit jours qui se sont écoulés depuis que je suis Premier ministre : un nouveau report serait mauvais pour ce pays, mauvais pour l'UE et mauvais pour la démocratie. » Outre sa demande de recul de la date du Brexit, il fait ainsi parvenir un second courrier à Donald Tusk, qui précise son opposition personnelle au report.

Bruxelles accepte bien évidemment sa demande d'extension. Tout se décante très vite. Alors que le Labour entend laisser pourrir la situation pour voir Boris Johnson perdre sa crédibilité, le Parti national écossais (SNP) et les libéraux-démocrates volent au secours du Premier ministre. Ils acceptent officiellement le principe d'une élection générale : les deux partis pensent pouvoir profiter du chaos actuel. Jeremy Corbyn est obligé de les suivre pour ne pas paraître réticent à affronter les conservateurs. Le 29 octobre, plus des deux tiers des députés votent en faveur de l'organisation d'une élection anticipée. Le Parlement ferme ses portes, Boris Johnson a gagné la partie.

Cependant, la campagne débute mal pour le dirigeant conservateur. Le jour où il aurait dû célébrer le Brexit, le

31 octobre, il visite en catimini un hôpital de la banlieue de Cambridge. Depuis la création en 1948 du NHS, le système de santé public et universel, et plus encore depuis l'arrivée de David Cameron au pouvoir en 2010, les conservateurs sont accusés de vouloir assécher financièrement cette institution pour justifier sa privatisation partielle. Boris Johnson veut donc rassurer les électeurs et montrer sa bienveillance vis-à-vis du secteur, qui a beaucoup souffert de l'austérité imposée par son propre parti depuis neuf ans. Un seul hic, et de poids : le personnel n'a pas été mis au courant de sa visite et surtout il n'est pas autorisé à lui poser des questions. Furieux, des étudiants en médecine huent le Premier ministre, qui doit abréger son passage et repartir sous des sifflets de désapprobation. Une opération de communication pour le moins catastrophique.

La suite ne s'améliore guère pour l'équipe de Boris Johnson. Le Parti conservateur trafique la vidéo d'un entretien donné par Keir Starmer, le député chargé du Brexit au sein du Labour, pour faire croire qu'il ne comprend pas la stratégie de son parti sur le Brexit. La supercherie est découverte en quelques heures. Voilà les Tories pris en flagrant délit de *fake news*, ce dont la twittosphère se gargarise.

Le coup de grâce est porté le 5 novembre par le hara-kiri politique du leader conservateur de la Chambre des communes, Jacob Rees-Mogg. Eurosceptique respecté, c'est un allié de poids de Boris Johnson. Invité dans une émission de radio, il est appelé à commenter les circonstances de l'incendie de la Grenfell Tower de juin 2017. Il se prend sérieusement les pieds dans le tapis : « Si n'importe lequel d'entre nous était pris dans un incendie, il quitterait l'immeuble en feu, quoi qu'en disent les pompiers. C'est juste du bon sens. » Sous-entendu : j'aurais survécu, car je suis plus malin que les soixante-douze victimes, qui sont restées dans leur appartement sur la recommandation des pompiers. Les familles des victimes protestent et qualifient le politicien d'« extraterrestre [...] manquant d'humanité et d'empathie ».

Boris Johnson et son équipe de campagne comprennent vite que cette arrogance et ce sentiment de supériorité passeront mal auprès des électeurs votant traditionnellement pour le Labour, qu'ils doivent convaincre s'ils veulent remporter l'élection. Même si les conservateurs disposent d'une dizaine de points d'avance sur les travaillistes dans les sondages, ils ne peuvent pas se permettre de telles erreurs. « Surtout que ces sondages ne sont pas à prendre au pied de la lettre, explique Anand Menon, professeur de sciences politiques au King's College de Londres. Aucun vote n'est assuré. Durant les élections générales de 2010, 2015 et 2017, 49 % des électeurs ont voté pour des partis différents ! Jamais le résultat d'une élection générale n'a semblé aussi imprévisible. » Jacob Rees-Mogg est donc renvoyé dans sa circonscription. Il ne réapparaîtra pas de toute la campagne nationale.

Le 10 novembre, Boris Johnson se donne une grosse bouffée d'air. Il diffuse sur Twitter une vidéo d'une minute et treize secondes. En gros plan, debout devant une porte blanche, un coquelicot broché à sa veste en mémoire des soldats tués pendant la Première Guerre mondiale, il explique « le type de relations futures » que l'accord permettra de construire avec l'UE. Il l'assure : « Nous obtiendrons un accord de libre-échange franc, qui ne sera pas basé sur un alignement réglementaire. » Il promet également de « ne pas étendre la période de transition au-delà de fin 2020 ».

Le dirigeant conservateur affiche là un objectif très précis : rassurer Nigel Farage pour obtenir son ralliement, au moins partiel. « Les sondages semblent montrer une lente hémorragie du soutien du Brexit Party, a révélé quelques heures plus tôt le sondeur lié au Parti conservateur Michael Ashcroft. Ses supporters sont inquiets de la perspective d'un gouvernement mené par Jeremy Corbyn et ils se disent qu'un demi-Brexit, c'est peut-être mieux que pas de Brexit du tout. » De fait, après avoir atteint 26 % des intentions de vote aux lendemains du scrutin européen de juin, le Brexit Party est crédité de 6 % à 8 % des voix.

Le coup de poker de Boris Johnson fonctionne. Moins de vingt-quatre heures plus tard, Nigel Farage annonce que la vidéo diffusée la veille par le Premier ministre a modifié sa perception des Tories. Dès lors, son organisation « ne présentera pas de candidats dans les 317 circonscriptions remportées par les conservateurs en 2017 ». Il justifie son revirement par les analyses réalisées par son parti : « Elles ont montré que, si nous présentons 600 candidats, du sud-ouest de Londres au sud des Cornouailles, les libéraux-démocrates en bénéficieront. Si les partis favorables au maintien dans l'UE obtiennent 325 sièges au Parlement, il y aura un second référendum sur un faux choix entre rester dans l'UE et une forme de maintien dans l'UE ».

La donne est totalement bouleversée. Le retrait des candidats du Brexit Party dans les 317 circonscriptions défendues par les Tories y écarte la possibilité d'une dispersion du vote pro-Brexit. La machine électorale conservatrice, jusqu'alors forcée de s'éparpiller dans tout le pays, peut désormais consacrer tous ses moyens à la défense de la poignée de sièges sous la menace des libéraux-démocrates et à la prise des sièges travaillistes dans les circonscriptions ayant voté en faveur du Brexit lors du référendum du 23 juin 2016. Le pari n'est pas gagné d'avance : certaines d'entre elles n'ont jamais quitté les mains du Labour depuis son émergence lors de l'élection générale de 1906.

Boris Johnson dispose pourtant des cartes pour réussir l'impossible. Outre ses dix points d'avance dans les sondages (35 % contre 25 % aux travaillistes), le Premier ministre peut compter sur une triple difficulté rencontrée par le Labour : le déficit de popularité de son leader, Jeremy Corbyn, par rapport à lui, son programme budgétaire imprudent et sa position peu claire concernant le Brexit.

En 2017, Jeremy Corbyn avait bénéficié de sa constante comparaison à une Theresa May catastrophique lors de ses interventions publiques ; il était ainsi apparu affable, serein et humain. Outre que son image s'est depuis dégradée en raison d'attaques répétées contre son supposé antisémitisme – une aberration tant l'homme n'a cessé de lutter toute sa vie contre toute forme de discrimination –, la comparaison avec un Boris Johnson au sens du contact très développé s'avère moins flatteuse. D'autant que les stratèges conservateurs tâchent, pendant les quatre dernières semaines de campagne, de remplir les pages de la presse populaire d'articles sur le Premier ministre le montrant proche des préoccupations de la classe ouvrière : un jour il cuit une tourte dans un four à Derby, le lendemain il ficelle une dinde à Exeter ou prépare des saucisses à Bedale. Toujours souriant, parfois mal réveillé, il est chaque fois affublé de la tunique, du tablier ou du couvre-chef adéquat. Comme lors de sa dernière expédition, le 11 décembre, la veille du vote : alors que le soleil n'est pas encore levé, il enfile une veste de livreur de lait par-dessus son costume afin d'approvisionner un couple de Leeds. Il ne s'y rend pas seul : il est entouré de nombreux conseillers, responsables de communication, gardes du corps et journalistes. Les cheveux en bataille, comme toujours, il frappe à une porte noire à laquelle est accrochée une couronne de houx en plastique. Une jeune femme en survêtement lui ouvre.

« Bonjour Mme Monaghan, je viens vous livrer !

— Oh, je ne savais pas qu'il y aurait une vingtaine de personnes ! Je suis contente de vous voir, monsieur le Premier ministre, mais que faites-vous debout si tôt ? »

Des rires retentissent derrière Boris Johnson, qui ne se démonte pas et lui tend son panier sur lequel a été apposé un autocollant « *Get Brexit done* » (« Concrétisons le Brexit »). « Je vous apporte du lait au chocolat, du jus d'orange, du produit vaisselle et… ah, oui, un feuilleté à la viande ! » La jeune femme l'interrompt :

« J'espère que le produit vaisselle est bon pour l'environnement.

— Évidemment, sans plastique ! On va aussi mettre 20 000 policiers supplémentaires dans les rues, ouvrir quarante nouveaux hôpitaux, une loi garantira le versement de milliards de livres en plus dans le NHS chaque année et je concrétiserai le Brexit. Puis-je compter sur votre soutien demain ? »

Retrouvant son sérieux, Debbie Monaghan lui répond : « Assurément. » Et, lui montrant sa toute jeune fille, ajoute : « C'est l'avenir ! » L'impact positif de cette rencontre minutieusement mise en scène aurait pu être ruiné par le choix de Boris Johnson, une vingtaine de minutes plus tôt, de s'enfermer dans le frigidaire industriel du producteur de lait local afin d'éviter les questions en direct des présentateurs vedette de la matinale d'ITV, Piers Morgan et Susanna Reid. Qu'importe, sa tournée de lait, comme sa production de saucisses quelques jours plus tôt, fait son effet ! Surtout que Boris Johnson dispose d'un atout magique : son chien Dilyn, un Jack Russell handicapé adopté en septembre auprès d'une association caritative. Grâce à Dilyn, le contact passe encore plus aisément avec les Britanniques qu'il croise lors de ses sorties médiatiques. Pendant que Jeremy Corbyn arpente le pays en abordant des thématiques sérieuses, BoJo s'est transformé en personnage de téléréalité.

Sur le plan économique et budgétaire, Boris Johnson a également coincé ses adversaires : il s'est engagé à investir de manière conséquente dans les services publics et les infrastructures, rompant ainsi avec la stratégie habituelle du Parti conservateur, qui depuis les années 1970 promeut surtout la baisse des dépenses publiques. Ce changement pousse l'équipe de Jeremy Corbyn à la surenchère. Cela tombe bien : la direction travailliste estime que le parti a perdu l'élection de 2017 à cause de sa trop grande prudence budgétaire. Le chef travailliste dévoile donc des dizaines de milliards de livres de dépenses destinées à des nationalisations et à l'amélioration des services publics. L'erreur de diagnostic est de taille : de nombreux électeurs avaient soutenu Jeremy Corbyn en raison de sa modération budgétaire. En quelques semaines, le Labour redevient donc, aux yeux du grand public, un parti « socialiste » – terme extrêmement connoté depuis les années Thatcher – et perd une crédibilité financière lentement acquise. Deux handicaps majeurs au regard de l'instabilité engendrée par la sortie de l'Union européenne.

Enfin, le principal message de Boris Johnson concerne le Brexit et peut être résumé par le slogan affiché sur le panier livré à Debbie Monaghan : « *Get Brexit done.* » Adoptée après avoir été testée sur un échantillon représentatif de la population, cette formule fonctionne auprès des Brexiters agacés que le résultat du référendum ne soit toujours pas concrétisé, mais aussi auprès des électeurs impatients d'en finir avec un sujet qui monopolise l'actualité depuis plus de trois ans et méfiants face aux promesses électorales des candidats, qu'ils considèrent tous comme des menteurs.

Le slogan simplissime et accrocheur se révèle d'autant plus efficace que la position du Labour n'est, au contraire, pas clarifiée. En 2017, le parti s'était engagé, sous l'impulsion de Jeremy Corbyn, à « respecter le résultat du référendum ». Un an et demi plus tard, le chef travailliste a dû plier sous la pression de l'immense majorité de ses députés, menés par Keir Starmer, son responsable en charge du suivi du Brexit. Désormais, en cas de victoire, le parti entend retourner négocier un accord de Brexit avec les vingt-sept. Il vise un maintien dans une union douanière avec l'UE et dans le marché unique. Il proposera ensuite un second référendum : les Britanniques auront le choix entre ce nouvel accord et le maintien au sein de l'UE. Le chef du Labour prévient qu'il ne donnera pas de consigne de vote pendant ce référendum, car il estime que les électeurs sont assez mûrs et informés, après quatre années de débat intense, pour avoir leur propre idée sur la question. Les travaillistes les plus anti-Brexit ne sont pas satisfaits de cette position : Keir Starmer et ses acolytes déclarent qu'ils recommanderont aux électeurs de voter contre l'accord que le Labour aura tout juste négocié avec l'UE. Du grand n'importe quoi.

Sur le terrain, la combinaison de ces trois ingrédients se révèle dévastatrice. Le plus grave : les électeurs travaillistes traditionnels favorables au Brexit se sentent trahis. C'est le cas à Dudley, ancienne ville phare de la révolution industrielle située dans le centre de l'Angleterre, qui a voté à 67,6 % pour le Leave lors du référendum. Lors de ses séances de distribution de tracts au porte-à-porte, tradition électorale britannique, la candidate travailliste Melanie Dudley se fait régulièrement insulter, malgré son slogan « Dudley pour Dudley ». « Jamais je ne voterai pour ce traître, ce sac à merde », hurle un homme d'une trentaine d'années en lui faisant un doigt d'honneur. Quelques portes plus loin, une femme d'une cinquantaine d'années lui claque la porte au nez en lui assénant, le regard noir : « Non, sûrement pas ! » Alors que la candidate recule, un peu sonnée, la femme entrouvre de nouveau la porte et lui grogne : « Sûrement pas avec un dirigeant aussi stupide ! » Melanie Dudley raconte : « Les gens me disent qu'ils n'aiment pas Jeremy Corbyn. En dehors de la position du parti sur le Brexit, perçue comme une trahison, ils ne savent pas pourquoi, si ce n'est qu'il promet bien trop. C'est émotionnel et irrationnel à la fois, puisqu'ils disent aussi se sentir négligés. Pour eux, les Midlands sont oubliés entre Londres et le Nord. Ils veulent plus de services publics… »

La promesse d'investissements modérés de Boris Johnson fonctionne d'autant mieux que les plaies de la société britannique n'ont pas été pansées depuis l'élection générale de 2017 – elles se sont même encore un peu plus ouvertes. Selon l'OCDE, le Royaume-Uni est le seul de ses membres, avec la Grèce et le Mexique, où les revenus réels des habitants demeuraient en 2017 inférieurs à leur niveau de 2007. Parallèlement, le rapporteur spécial des Nations unies sur l'extrême pauvreté, Philip Alston, a indiqué dans un rapport publié début 2019 que les coupes budgétaires « idéologiques » dans les services publics avaient eu « des conséquences tragiques ». « La colle qui a maintenu la société britannique unie depuis la Seconde Guerre mondiale a été délibérément retirée et remplacée. » Cela a engendré un « appauvrissement systématique » d'une partie de la population. Il compare cette situation à l'Angleterre décrite par l'écrivain Charles Dickens.

Les engagements en faveur d'une concrétisation immédiate du Brexit et d'investissements imminents cachent pourtant le vide du programme de Boris Johnson. Pour éviter les questions trop poussées sur le contenu de son accord de retrait, les négociations commerciales à venir avec l'UE ou même le détail de ses investissements publics, par exemple, le chef du Parti conservateur refuse de se soumettre aux habituels entretiens politiques. Une courte vidéo diffusée sur les réseaux sociaux par l'intervieweur de la BBC Andrew Neil, celui-là même qui avait poussé Boris Johnson à démissionner du *Spectator* en 2005, fait le buzz : « Il reste bien évidemment encore un entretien à réaliser : Boris Johnson, le Premier ministre. Nous lui demandons depuis des semaines de nous donner une date, une heure, un endroit. Pour le moment, rien n'a été calé, s'agace le journaliste, réputé pour être un intervieweur tenace mais aussi un conservateur et un Brexiter convaincu. Aucune télévision ne peut obliger un politicien à être interrogé, mais les entretiens de dirigeants politiques sont une part essentielle de la couverture électorale de la BBC depuis des décennies. Nous le faisons en votre nom, pour interroger et demander à ceux qui nous gouvernent de rendre des comptes. Tous. Jusqu'à celui-là. » La polémique est d'autant plus forte que Boris Johnson n'a pas répondu non plus à l'invitation de Julie Etchingham, journaliste vedette de la chaîne ITV. Et qu'il fuit Piers Morgan et Susanna Reid…

Il ne faut pas sous-estimer la portée de ces refus. Jusqu'à l'élection générale de 2010, les débats organisés entre les principaux candidats n'existaient pas, au Royaume-Uni. Leur passage sur le grill par des journalistes préparés et pugnaces servait d'étape déterminante pour les électeurs, la seule où leur politique et leurs mesures étaient questionnées dans un esprit d'indépendance. En s'y soustrayant, le Premier ministre remet tout simplement en cause les habitudes démocratiques nationales et refuse toute réelle supervision de son travail passé et de ses promesses.

Boris Johnson ne se rend pas non plus à un débat organisé avec les dirigeants des principaux partis nationaux sur le climat. Pour lui, le sujet est en effet délicat : il n'a jamais été un fervent promoteur de la lutte contre le changement climatique. Pendant qu'il était maire de Londres, la municipalité a d'ailleurs été condamnée pour son niveau catastrophique d'émissions de CO_2. Outre que ses adversaires ressortiront ces faits contre lui, il ne veut pas être obligé de s'engager sur des mesures environnementales qui pourraient compliquer l'obtention d'accords de libre-échange avec des pays moins regardants en matière de pollution. Au premier rang desquels, les États-Unis.

Pour ne pas paraître fuir son adversaire, une erreur fatale commise par Theresa May, Boris Johnson participe tout de même à deux débats avec Jeremy Corbyn, le 19 novembre à Salford et le 6 décembre à Southampton. Au petit jeu des réponses limitées à 45 secondes, il se révèle très habile sur la question du Brexit. Il répète autant que possible le slogan de sa campagne et attaque son adversaire sur son principal point faible : « Nous ne savons toujours pas quel camp il soutiendra au cas où le second référendum voulu par son parti aurait lieu ! »

Et c'est tout. En dehors de cette thématique, le néant, ou presque. Le Premier ministre tente de tout rattacher au Brexit, au point de se faire recadrer par la modératrice de l'un des débats : « Je sais que vous voulez revenir sur le sujet du Brexit, mais là nous parlons du NHS, le système de santé ! » Un système de santé en faveur duquel il s'était engagé, pendant la campagne du référendum, à verser des milliards de livres une fois le Brexit effectif… Il se fait ainsi huer par des spectateurs lassés par ses esquives et son obsession de tout ramener au Brexit. Une partie du public s'esclaffe même lorsque Johnson, connu pour sa relation ambiguë avec la vérité, répond par l'affirmative à la question : « La vérité est-elle importante ? » Même réaction lorsqu'il assure, presque la main sur le cœur, qu'avec son accord de Brexit l'Irlande du Nord bénéficiera du même statut que le reste du pays.

La médiocrité des prestations de Boris Johnson n'a qu'un impact limité. « Le Parti conservateur mène une campagne très disciplinée, autour d'un message simple, qu'il saupoudre d'une dose de mesures sur la police, explique Ian Warren, le directeur du centre de réflexion Centre For Towns. Contrairement à sa prédécesseure Theresa May, Boris Johnson n'évoque pas aux électeurs du nord de l'Angleterre l'expérience désastreuse que fut pour eux la politique menée par Margaret Thatcher, qui avait ravagé leurs industries. » Tous les ingrédients pour une recette victorieuse sont donc réunis.

Après avoir voté dans la matinée du 12 décembre 2019, avec Dilyn dans les bras, Boris Johnson suit la diffusion de la soirée électorale depuis le 10 Downing Street. Assis à la grande table ronde de son bureau, il s'abreuve de thé et grignote des bonbons, des biscuits apéritifs et du jambon sec sous vide en attendant la publication du sondage de sortie des urnes à 22 heures. À ses côtés se trouvent sa compagne, Carrie Symonds, et son équipe rapprochée, dont son conseiller Dominic Cummings, assis à un bureau derrière lui. Tous sont toisés par une Margaret Thatcher au regard sombre, dont le portrait, accroché au-dessus de la cheminée, veille sur la pièce.

Lorsqu'arrive l'heure fatidique, Boris Johnson, dans un mouvement de pure exaltation et de soulagement, bondit de sa chaise les poings en l'air en hurlant : les instituts de sondage lui accordent une majorité très confortable. Son pari semble avoir fonctionné. Il suit les premières analyses, Dilyn recroquevillé sur ses genoux. Son regard alterne entre l'écran de télévision et celui de son téléphone portable, où affluent les SMS de proches. Après l'annonce des premiers résultats locaux, il file avec Carrie Symonds vers sa circonscription d'Uxbridge et South Ruislip, dans la lointaine banlieue ouest de Londres. Il y est accueilli en héros par les militants.

Dans la matinée du 13 décembre, les résultats définitifs sont déclarés. Avec 365 sièges, 13,9 millions de votes, soit 43,6 % des suffrages exprimés, le leader conservateur dispose d'une majorité de quatre-vingt sièges. Des niveaux que son parti n'avait plus atteints depuis Margaret Thatcher. Sous les cris d'encouragement et de joie de ses supporters, Boris Johnson grimpe sur la scène du Queen Elizabeth II Centre, où il a été investi chef du parti quelques mois plus tôt. Derrière lui, un large panneau : « Le gouvernement du peuple. » « Nous l'avons fait ! claironne-t-il. Nous sommes sortis de l'impasse, nous avons cassé le barrage ! Une aube nouvelle se lève sur un nouveau gouvernement. Avec ce mandat et cette majorité, nous pourrons… » Il s'interrompt et tend l'oreille, telle une popstar en plein concert : « … *get Brexit done* », hurle la foule. « Vous suivez, c'est bien ! sourit Boris Johnson. Cette élection signifie que concrétiser le Brexit est l'irréfutable et irrésistible décision du peuple britannique. Nous avons mis fin à toutes les misérables menaces d'un second référendum. » Après un discours concis sur sa promesse d'une politique d'ouverture, il quitte la scène en lançant : « Concrétisons le Brexit, mais d'abord concrétisons notre petit déjeuner ! »

Le résultat des élections a des répercussions immédiates en Europe. Coïncidence, les dirigeants des vingt-sept se retrouvent le matin même pour un Conseil européen. Après avoir félicité Boris Johnson depuis Bruxelles « pour sa très nette victoire électorale », Emmanuel Macron estime « le temps de la clarté » venu et souhaite une ratification « au plus vite » de l'accord de retrait négocié en octobre pour une sortie au 31 janvier.

La plupart des Européens regardent déjà au-delà de cette date. Le Premier ministre irlandais, Leo Varadkar, qui a finalisé à lui seul l'accord de retrait avec Boris Johnson, se dit soulagé de pouvoir « passer à la prochaine étape : négocier un nouveau et formidable partenariat économique entre l'UE et le Royaume-Uni ». La chancelière allemande Angela Merkel prévient pourtant : « Nous aurons un compétiteur à notre porte. Le Royaume-Uni devra donc bien peser les avantages et inconvénients de quitter les normes décidées par l'UE. » Déjà, les négociations commerciales sont dans l'esprit de chacun à Bruxelles. « Beaucoup de personnes dans le parti tory estiment que l'UE est un tigre de papier, mais lorsqu'il faut défendre ses intérêts vitaux – et l'intégrité du marché unique est l'un d'entre eux –, l'UE ne fera pas de compromis », promet le député européen belge Philippe Lamberts, membre du groupe de pilotage du Parlement européen sur le Brexit.

Sur le sol britannique, Boris Johnson ne perd pas de temps. Il compte bien profiter de son état de grâce. Il se rend dans les jours suivant à Sedgefield, la circonscription représentée entre 1983 et 2007 par l'ancien Premier ministre travailliste Tony Blair, passée le 12 décembre aux mains des conservateurs pour la première fois depuis 1935. Dans cette ancienne zone industrielle du nord-est de l'Angleterre, il reconnaît devoir son élection à sa capacité à attirer à lui des électeurs « qui ont voté pour la première fois en faveur des conservateurs modérés », qui ne s'imaginent « peut-être pas comme des Tories naturels » et ont « peut-être tremblé au-dessus du bulletin de vote avant de mettre [leur] croix dans la case conservatrice ». Pour les remercier et les convaincre de rester auprès de lui, le Premier ministre promet un recentrage idéologique du Parti conservateur, qui passe notamment par des investissements importants dans les services publics et les infrastructures. Son message est clair : il entend se présenter, à l'image de son prédécesseur, comme l'élu de « toute la nation ». Il veut en quelque sorte devenir le Tony Blair de droite.

Ces nouveaux soutiens, majoritairement Brexiters, encouragent également Boris Johnson à accélérer le processus de Brexit. Le 19 décembre, pour la réouverture du Parlement, il est virevoltant. Tel le Joker dans la série *Batman*, son sourire est quasiment figé, comme s'il était incapable de le réprimer. Il le sait : l'adoption du projet de loi de retrait de l'UE ne sera qu'une formalité. Et, de fait, après plus d'un an de discussions, il est adopté le jour même, en deuxième lecture, par 358 voix contre 234. Une fois les amendements des Lords rejetés, après la coupure de fin d'année, il fait force de loi le 23 janvier 2020. « Cette signature est un moment fantastique qui concrétise enfin le résultat du référendum de 2016 et met fin à bien trop d'années de débats et de divisions, soutient-il. Nous pouvons maintenant aller de l'avant, unis. »

Six jours plus tard, le Parlement européen ratifie le traité de retrait sur les modalités du divorce européen. Le leader du Brexit Party, Nigel Farage, ne cache pas sa joie : « Ça fait vingt ans que j'essaie de perdre mon travail, et cela arrive enfin ! » se réjouit-il dans l'hémicycle bruxellois. À côté de lui, nombre de ses collègues sont en pleurs. Parmi eux, le député travailliste Richard Corbett, élu pour la première fois au Parlement européen en 1999 et qui naviguait déjà dans les institutions européennes depuis le début des années 1980. « Il y a une grande tristesse à l'idée de dire au revoir à mes collègues, employés et amis, soupire-t-il. Les larmes ne coulent pas seulement sur les joues des Britanniques, mais sur celles de nombreux autres collègues européens. » Depuis plusieurs jours, son bureau est rempli de cartons et de piles de papiers destinés à être triés et rangés. « Voilà ce que signifie concrètement le Brexit pour moi et les autres députés européens britanniques. » Si certains émettent la possibilité que le Royaume-Uni rejoigne un jour l'UE, Richard Corbett, lui, n'imagine pas de retour en arrière. « Une fois que nous serons sortis, il nous sera très compliqué de relancer le débat en faveur d'un retour dans l'Union européenne. Surtout qu'il faudra négocier un traité tout neuf avec des pays qui risquent d'être très circonspects. La possibilité n'est pas exclue, d'autant que les jeunes ont voté à une immense majorité pour demeurer dans l'UE, mais la bataille s'annonce très difficile. » Au ton de sa voix, elle paraît même impossible à gagner.

Le 31 janvier 2020, le Royaume-Uni sort enfin officiellement de l'Union européenne. Ursula von der Leyen, Charles Michel et David Sassoli, les nouveaux présidents respectivement du Conseil, de la Commission et du Parlement européens, se fendent d'une lettre ouverte dégoulinant de pathos intitulée « L'Europe à l'aube d'une ère nouvelle ». Son entame semble tout droit sortie d'un mauvais roman de gare : « Lorsque viendra la nuit ce soir, le soleil se couchera sur plus de quarante-cinq années d'appartenance du Royaume-Uni à l'Union européenne. Pour nous, les présidents des trois principales institutions de l'UE, comme pour tant d'autres personnes, cette journée sera inévitablement empreinte de réflexion et d'émotions mélangées. » Malgré les déceptions, « demain, sera aussi l'aube d'une ère nouvelle pour l'Europe », assurent-ils. Ils rappellent que seule l'unité « des citoyens, des nations et des institutions » permettra à l'UE de poursuivre son œuvre. Et cela, « dès que le soleil se lèvera demain matin ».

De l'autre côté de la mer du Nord, Boris Johnson a mis les petits plats dans les grands pour ne pas décevoir ses fidèles. Une pièce commémorative de 50 *pence* est mise en circulation le jour du Brexit, ornée des mots : « Paix, prospérité et amitié avec toutes les nations. » L'*Union Jack*, le drapeau britannique, flotte sur tous les mâts porte-drapeaux de la place du Parlement et de The Mall, l'avenue qui relie le palais de Buckingham, résidence de la reine Élisabeth II, à la fameuse place Trafalgar Square, sur laquelle trône une sculpture de l'amiral Nelson, héros militaire britannique qui s'était illustré face à l'envahisseur français Napoléon Bonaparte.

Les partisans du Brexit se retrouvent sur Parliament Square, l'esplanade située devant le Parlement. Des dizaines d'*Union Jack* se dressent vers le ciel pour la « célébration du Brexit », selon le texte projeté sur l'écran géant. Très exactement 1 318 jours après le référendum, les Brexiters viennent fêter le respect de son résultat. Il pleut, il fait froid, la bière coule à flots.

L'événement étant organisé par le Brexit Party de Nigel Farage, le film officiel tourné par Boris Johnson n'y est pas retransmis. À la place, les fêtards ont droit, à partir de 21 h 30, à une courte vidéo sur l'historique de la relation entre les pays européens et le Royaume-Uni. L'apparition sur l'écran de l'ancien Premier ministre Tony Blair provoque des vociférations de désapprobation, tandis que celles de Margaret Thatcher et surtout de Nigel Farage suscitent des acclamations nourries. Avant que le héros de tous ces célébrants, pour certains emmaillotés dans un *Union Jack*, n'apparaisse en chair et en os. Le leader du Brexit Party se félicite que, « pour la première fois de l'histoire, les gens [aient] vaincu l'*establishment*, [que] le vrai vainqueur [soit] la démocratie » !

Trente secondes avant 23 heures, un décompte apparaît à l'écran. Pourquoi pas minuit ? Car l'heure du Brexit est fixée à minuit… heure de Bruxelles. Un signal pour le moins contradictoire pour un pays aspirant à reprendre le contrôle de sa destinée. La foule retient son souffle alors que retentit un enregistrement des coups de Big Ben, l'horloge qui veille sur le Parlement, arrêtée depuis plusieurs mois pour travaux. Voilà, « *We are out* » (« Nous sommes dehors »), indique un des écrans. La liesse finit en eau de boudin : en raison du froid et de l'heure tardive, chacun s'empresse de se diriger vers les trains et les métros encore ouverts. Rapidement, seuls quelques rares drapeaux persistent sur la pelouse, transformée par la pluie en pataugeoire. Une image sordide pour le lancement de ce que Boris Johnson et les Brexiters estiment être une nouvelle ère porteuse d'optimisme et de grandeur recouvrée.

Chapitre 17

1er février 2020 – décembre 2020
Nous ne pouvons pas compromettre la nature même du Brexit

«Au cours de cet après-midi, la condition du Premier ministre a empiré et, sur les conseils de son équipe médicale, il a été placé dans l'unité de soins intensifs.» Il est 20 h 10 en ce 6 avril 2020, lorsque le service de communication du 10 Downing Street rend publique la gravité de l'état physique de Boris Johnson.

Sa maladie est connue depuis le 27 mars. «J'ai développé des symptômes bénins du coronavirus, c'est-à-dire de la température et une toux persistante, explique-t-il ce jour-là dans une vidéo postée sur le réseau social Twitter. J'ai été testé sur les conseils de l'officier médical du gouvernement et je suis positif. Je travaille donc de la maison.» Un sacré coup du sort pour un Premier ministre qui, pendant les semaines ayant suivi l'irruption du virus en Italie au mois de février, s'était fait une fierté de continuer à serrer la main de son entourage professionnel et à ne pas porter de masque. Son ministre de la Santé, Matt Hancock, et son conseiller spécial Dominic Cummings sont également contrôlés positifs.

Même si Boris Johnson s'isole, il assure toujours « communiquer avec toute [son] équipe pour mener [leur] contre-attaque face au coronavirus ». Il tient également à remercier vivement « les employés du NHS » (le système national de santé) et plus largement « l'énorme effort du service public et des 600 000 citoyens qui se sont portés volontaires pour prendre part au grand effort national afin de protéger la population des conséquences du coronavirus ».

Les jours suivants, Boris Johnson tient à rester optimiste. Le 2 avril, son service de communication assure qu'il ne laisse entrevoir que des « symptômes bénins » en plus de sa fièvre persistante. Le 3 avril, il diffuse une vidéo tournée à l'aide de son téléphone portable. Il assure « se sentir mieux », même s'il a « encore un des symptômes, un symptôme modéré, de la température ». Son visage dit pourtant tout autre chose : transpirant, il apparaît totalement épuisé.

Le lendemain, sa compagne Carrie Symonds révèle également sur Twitter « avoir passé la semaine [précédente] avec les principaux symptômes du coronavirus ». Dans le message suivant, elle se déclare inquiète pour sa grossesse, qu'elle a dévoilée le 29 février, en même temps que ses fiançailles avec Boris Johnson.

Le 5 avril, la condition physique de Boris Johnson se dégrade. C'est un moment clé du coronavirus : les médecins ont déjà remarqué que c'est au cours de la deuxième semaine que les malades se remettent ou au contraire chutent plus sévèrement. Boris Johnson semble emprunter ce chemin. Il est envoyé dans la soirée à l'hôpital St Thomas, situé en face du Parlement, sur l'autre rive de la Tamise. Cet établissement s'est spécialisé dans le traitement des cas de coronavirus les plus graves de la capitale et dispose de certains des meilleurs spécialistes du pays. Le service de communication du 10 Downing Street assure pourtant que « ce n'est pas une admission en urgence » et que le Premier ministre n'a pas dû avoir recours à une ambulance pour se rendre à l'hôpital.

Le 6 avril, le dirigeant britannique indique à 13 h 20 sur son compte Twitter être « de bonne humeur ». Il précise qu'il s'est rendu à l'hôpital « pour des examens de routine, parce [qu'il a] toujours des symptômes du coronavirus ». C'est-à-dire une forte fièvre et une toux persistante. Quelques heures plus tard, il est envoyé en soins intensifs.

Sa communication assure qu'il est conscient et qu'il a été envoyé dans cette unité spéciale au cas où il aurait besoin d'être placé sous système de ventilation. Son état est néanmoins inquiétant, car 46 % des Britanniques de cinquante à soixante-neuf ans ayant intégré les soins intensifs à cause du coronavirus sont décédés, selon des données médicales publiées quelques jours plus tôt. Le risque est d'autant plus grand que Boris Johnson figure parmi les populations à risque : même s'il n'a que cinquante-cinq ans, il n'a pas une hygiène de vie des plus saines. Il avait indiqué en décembre 2018 peser 105 kilos, ce qui le classait parmi les personnes obèses. Il a depuis perdu beaucoup de poids grâce à l'intervention de sa compagne, et il a déclaré avoir fortement réduit sa consommation d'alcool. Il suit également des cours de yoga, de Pilates et d'aérobic, à défaut de faire régulièrement du vélo comme lorsqu'il était maire de Londres.

L'hôpital St Thomas se transforme en bunker après l'admission du Premier ministre. Les entrées sont surveillées par de nombreux policiers et il n'est désormais possible de pénétrer dans l'enceinte de l'hôpital que sur rendez-vous. L'administration gouvernementale s'organise également.

Mark Sewill, le responsable de la fonction publique, met en place un plan B pour parer à son éventuel décès. « La continuité du gouvernement est bien sûr l'un des principes clés de la constitution de n'importe quel pays, expliquera-t-il plus tard. Nous nous sommes donc assurés que les mesures nécessaires étaient en place. Nous lui en avons parlé avant qu'il n'entre en soins intensifs. Dominic Raab, le premier secrétaire d'État, a alors assumé la plupart des responsabilités du Premier ministre ».

Dehors, l'inquiétude grandit. La BBC se prépare à la diffusion d'émissions spéciales sur le décès de Boris Johnson et sur la crise constitutionnelle à venir. Sur Twitter, les messages de soutien affluent. L'ancien Premier ministre conservateur David Cameron écrit : « Je pense à Boris Johnson et à sa famille ce soir. Remets-toi bien vite. Tu es entre de bonnes mains et nous te voulons tous sain et de retour au 10 Downing Street. » Ses adversaires politiques ne sont pas en reste. Keir Starmer, qui a été élu trois jours plus tôt chef du Labour en remplacement de Jeremy Corbyn, se dit remué par « cette nouvelle terriblement triste. Toutes les pensées du pays vont au Premier ministre et à sa famille pendant ce moment terriblement difficile ». L'ambiance générale est résumée par Alastair Campbell, l'ancien bras droit du Premier ministre travailliste Tony Blair : « Je l'ai souvent critiqué, lui et sa politique, mais j'espère sincèrement qu'il s'en remettra et pourra revenir diriger le pays à travers cette crise. » Sur les réseaux sociaux, les citoyens britanniques de tous bords politiques lui transmettent leurs souhaits de bonne santé, ainsi qu'à sa compagne Carrie Symonds. Même si, sans surprise, quelques dérapages ont lieu, certains internautes le qualifiant de « crétin » et même de « salopard ».

Finalement, Boris Johnson quitte les soins intensifs dans la soirée du 9 avril. Le 12, il annonce par vidéo sa sortie de l'hôpital. Visiblement fatigué, le visage rougi et marqué, il remercie les infirmiers qu'il a côtoyés, notamment Jenny la Néo-Zélandaise et Luis le Portugais, restés à ses côtés « quand les choses auraient pu basculer d'un côté ou de l'autre ». « Si mon corps a recommencé à avoir assez d'oxygène, c'est parce qu'ils m'ont suivi, ont fait attention à moi chaque seconde pendant la nuit et ont réalisé les interventions dont j'avais besoin. » Il reconnaît que le NHS lui a, « sans le moindre doute, sauvé la vie ». Il annonce qu'il se retire en convalescence dans sa maison de campagne officielle de Chequers. Surtout, il « remercie tout le monde au Royaume-Uni pour les efforts et les sacrifices [que les habitants font], les millions de personnes qui ont fidèlement et patiemment traversé la difficulté de l'auto-isolement pour le bien des autres et d'eux-mêmes ».

Malgré leurs réticences initiales, Boris Johnson et son équipe ont en effet imposé un confinement relativement strict à toute la population à partir du 23 mars. Pendant quelques jours en mars, ils ont misé sur « l'immunité collective » : laisser la maladie se propager au plus grand nombre tout en protégeant les plus faibles, afin d'immuniser progressivement 60 % à 80 % de la population et empêcher ainsi un retour violent du virus. Le 12 mars, Patrick Vallance, le conseiller scientifique du gouvernement, explique ainsi que, si un confinement est mis en place « dès maintenant, la plupart des gens n'attraperont pas le coronavirus et ils ne seront donc pas immunisés à l'avenir. Il faudra donc tout recommencer à chaque vague de l'épidémie ». C'est pourquoi il conseille le déploiement d'un confinement strict de « treize à quatorze semaines » autour du pic de l'épidémie, prévu au Royaume-Uni entre fin mai et fin juin. Cette franchise expose un décalage flagrant avec les annonces du président français Emmanuel Macron, qui ne parle initialement que d'un confinement de « deux semaines au moins ».

Le gouvernement britannique fait marche arrière dans les jours qui suivent. Le 16 mars, l'équipe de chercheurs d'Imperial College en charge de la réponse à l'épidémie Covid-19, qui a aidé à établir la stratégie gouvernementale, publie un rapport dans lequel elle dit avoir changé d'avis « ces derniers jours ». En étudiant la propagation du virus en Italie et au Royaume-Uni, ces spécialistes se sont aperçus qu'ils avaient sous-estimé de 50 % le nombre de lits requis pour les soins intensifs des malades. Leur rapport indique donc qu'« une mise sous contrôle ne sera probablement pas réalisable sans que les limites de capacité des systèmes de santé britanniques [...] ne soient dépassées de multiples fois ». D'après leur calcul, la stratégie de mitigation du gouvernement engendrera « environ 250 000 morts au Royaume-Uni ». Sans le moindre confinement, jusqu'à 550 000 Britanniques trouveraient la mort au cours des deux années à venir.

Boris Johnson prend donc le taureau par les cornes. Le jour même, il réclame aux Britanniques de limiter au strict minimum leurs déplacements hors de chez eux et « aux personnes âgées et aux personnes avec des antécédents médicaux de ne pas sortir de chez elles [...] pendant douze semaines ». Ce libertarien dans l'âme a du mal à imposer des restrictions plus fortes à ses concitoyens. Face à la pression médiatique, et malgré l'assurance des autorités médicales que l'expansion de la maladie est en retard d'une à deux semaines par rapport à la France, il est forcé de s'aligner sur les choix de ses voisins européens. Il ordonne un confinement beaucoup plus strict à partir du 23 mars. Désormais, le Premier ministre autorise les Britanniques à ne sortir de chez eux que pour acheter de la nourriture, faire un exercice physique une fois par jour, pour un besoin médical ou pour se rendre au travail.

C'est moins d'une semaine plus tard qu'il est déclaré positif. Durant les deux semaines écoulées entre l'annonce de sa maladie et sa sortie d'hôpital, l'épidémie devient totalement incontrôlée. Le 29 mars, le pays recense 3 178 décès liés au coronavirus ; le 12 avril, 15 466. Le Royaume-Uni a ainsi déjà dépassé le nombre de décès en France et n'est plus devancé en Europe que par l'Italie et l'Espagne, qu'il va doubler quelques semaines plus tard.

Pourquoi cette explosion de décès ? Plusieurs facteurs semblent avoir convergé. Tirant les leçons des cas chinois et italien, le gouvernement a visiblement pensé que la création d'« hôpitaux de campagne » comme dans la ville chinoise de Wuhan permettrait de limiter le nombre de morts. Il en a donc créé trois à Londres, Birmingham et Manchester, et en a prévu une dizaine d'autres dans le reste du pays. Pourtant, aucun d'entre eux n'a reçu de patients dans les premiers temps, car le système médical n'a pas été débordé. Et c'est bien là que réside le nœud du problème. La situation est, de fait, inextricable pour les dirigeants conservateurs : accusés depuis des décennies d'affaiblir le NHS pour pouvoir le privatiser, ils auraient été jugés responsables d'un débordement des hôpitaux, en raison de leurs sous-investissements antérieurs. D'où le slogan gouvernemental « *Stay Home, Protect the NHS, Save Lives* » (« Restez à la maison, protégez le système de santé, sauvez des vies »). Celui-ci a cependant été pris trop au pied de la lettre par les responsables locaux du NHS, chargés de l'application concrète des mesures gouvernementales : ils ne dirigent les malades vers les hôpitaux qu'une fois leur état de santé bien trop dégradé.

Le NHS est bien protégé, mais au prix de vies sacrifiées.

Le séjour de Boris Johnson à l'hôpital lui profite politiquement. Malgré l'explosion du nombre de décès et le manque d'accès aux tests et aux masques par la population, la popularité de Johnson demeure très élevée. Le 13 avril, lendemain de sa sortie de l'hôpital, 66 % des Britanniques estiment qu'il remplit bien sa fonction de Premier ministre et seulement 26 % perçoivent son action négativement. Il doit certainement cette popularité en partie à l'annonce de la naissance prématurée de son enfant le 29 avril, un fils nommé Wilfred, en l'honneur de son grand-père. Carrie Symonds a d'ailleurs indiqué que son troisième prénom, Nicholas, avait été choisi en l'honneur des « deux médecins qui ont sauvé la vie de Boris le mois [précédent] ».

La sollicitude des Britanniques va pourtant s'effriter un mois et demi plus tard. Le 22 mai, *The Mirror* et *The Guardian* révèlent que Dominic Cummings n'a pas respecté le confinement lorsqu'il est tombé malade. Il a en effet conduit jusqu'à la ville de Durham, dans le nord-est de l'Angleterre, pour se réfugier dans la résidence de ses parents afin de leur permettre de garder son fils pendant que lui et son épouse se remettaient de leur maladie. L'affaire prend une ampleur considérable lorsqu'un témoin assure avoir vu Dominic Cummings dans le parc d'un château local, Barnard Castle, avant la fin de son confinement officiel.

Le lendemain, *The Daily Mail* titre : « Sur quelle planète vivent-ils ? », avec en photo le Premier ministre et son conseiller. À la télévision, Boris Johnson a en effet pris la défense de son collaborateur, estimant qu'« il a agi de manière responsable, en suivant les règles et avec intégrité ». Le feu est tellement nourri que Dominic Cummings est forcé d'organiser une conférence de presse dans les jardins de Downing Street pour se justifier. « Je ne regrette pas ce que j'ai fait, déclare-t-il. Des gens peuvent ne pas être d'accord mais, au regard des circonstances, je pense m'être comporté de manière raisonnable. Les règles disent clairement que si de jeunes enfants sont en jeu il peut y avoir des circonstances exceptionnelles. » Il justifie sa courte excursion à Barnard Castle par la nécessité de tester sa vue avant de reprendre la voiture pour Londres le lendemain. Les Britanniques ont la légère impression d'être pris pour des imbéciles...

Ces explications, et leur traitement par des médias remontés, ne satisfont pas les détracteurs du gouvernement. Ils réclament la démission de Dominic Cummings. Ces appels reflètent bien la haine suscitée par ce conseiller spécial d'un bout à l'autre de l'échiquier politique. Maître d'œuvre de Vote Leave, l'organisation officielle pro-Brexit pendant la campagne du référendum, il est détesté par tous les partisans du maintien dans l'UE – au premier rang desquels le nouveau leader travailliste, Keir Starmer. « Si j'étais Premier ministre, j'aurais viré Cummings, affirme celui-ci. Boris Johnson a envoyé un message : il y a une règle pour mon conseiller, une règle pour tous les autres. Il a affaibli la confiance dans ses propres règles. » Le conseiller spécial du Premier ministre est aussi détesté au sein du Parti conservateur. Il n'a jamais caché son mépris pour les élus tories et refuse donc de les consulter ou de s'appuyer sur les instances du parti pour gouverner. Du coup, les voix dissonantes se font également entendre au sein du Parti conservateur. Le député Brexiter Steve Baker insiste : « Dominic Cummings doit partir avant de faire encore plus de dommages au Royaume-Uni, au gouvernement, au Premier ministre, à nos institutions ou au Parti conservateur. » Finalement, Douglas Ross, le vice-ministre à l'Écosse, démissionne en raison du mécontentement de ses administrés : « Certains de mes administrés n'ont pas pu dire au revoir à des êtres chers, d'autres n'ont pas rendu visite à des proches malades parce qu'ils suivaient les recommandations gouvernementales, explique-t-il. Je ne peux pas leur dire de bonne foi qu'ils ont eu tort et qu'un conseiller du gouvernement avait raison. » Il est intéressant de noter qu'ils n'accusent pas le conseiller spécial d'avoir enfreint les règles ; la perception et le mécontentement populaires justifient à leurs yeux son immolation.

Boris Johnson tient pourtant bon. Outre qu'il entend marquer son territoire, sans doute estime-t-il avoir encore besoin de Dominic Cummings, car son mandat de cinq ans débute à peine. Et puis, les risques sont limités : la prochaine élection générale n'aura normalement pas lieu avant 2024. Il aura tout le temps de faire sauter son fusible pour améliorer son image, endommagée par cette affaire.

Pour cela, encore faut-il que l'économie du pays ne s'effondre pas totalement et que Boris Johnson soit en mesure de développer sa politique économique, centrée notamment sur des investissements dans les infrastructures et les services publics. Il compte en effet sur cela pour recoller les morceaux d'un pays en pleine déconfiture. Avant son élection à la tête du Parti conservateur un an plus tôt, il s'était engagé à « faire pour le Royaume-Uni ce [qu'il a] réalisé à Londres : essayer d'unir [la] société et de la rassembler ».

Ces enjeux ramènent progressivement le sujet du Brexit à la surface. Après avoir monopolisé l'actualité pendant cinq ans, il semble s'être évaporé. Le terme a même été « banni » par Boris Johnson, comme celui-ci l'explique, en plaisantant à moitié, lors d'une conférence de presse. Il sait que le mot « Brexit » est nocif. Une enquête sortie quelques mois plus tôt a révélé que 44 % des Britanniques estiment que leur vote lors du référendum les caractérise personnellement, alors que seulement 11 % ne s'y identifient pas. Quand on leur demande s'ils accepteraient d'avoir un ami qui n'a pas voté comme eux lors du référendum, 80 % des partisans du Brexit répondent « oui », contre seulement 61 % des opposants au Brexit. Alors que 75 % des Brexiters accepteraient que leur enfant ait une relation avec une personne de l'autre camp, seulement 53 % des Remainers y consentiraient. Le clivage persiste, surtout du côté des perdants.

Adieu le mot « Brexit », interdit au sein du gouvernement et de l'administration, selon la presse britannique. Seule l'expression « négociations commerciales avec l'UE » y est désormais autorisée. Le Premier ministre et son entourage comptent en effet sur la technicité des discussions commerciales pour anesthésier l'opinion publique et ainsi se donner plus de latitude dans ces pourparlers.

Le Royaume-Uni et les vingt-sept doivent s'entendre pour signer un accord de libre-échange. Ces négociations sont exceptionnelles. Un accord de libre-échange vise normalement à rapprocher deux économies régies par des règlements différents afin d'accroître leur commerce. Là, au contraire, il devra entériner la divergence partielle de deux économies complètement alignées réglementairement, interconnectées et ayant de hauts niveaux d'échanges commerciaux, tout en tâchant de ne pas trop affecter leurs interactions. Ce saut dans l'inconnu requiert de savoir ce à quoi l'un et l'autre aspirent. Or, pour des raisons idéologiques, Boris Johnson avait indiqué dès fin 2019 que la période de transition, ou plutôt d'adaptation au Brexit, ne serait pas prolongée au-delà du 31 décembre 2020. Il avait ainsi limité le temps nécessaire aux deux partenaires pour se comprendre. La nouvelle présidente de la Commission européenne, Ursula von der Leyen, avait ainsi déclaré, fin décembre 2019 : « Je suis très inquiète devant le peu de temps dont nous disposons. Il ne s'agit pas seulement de négocier un accord de libre-échange, mais de nombreux autres sujets. [...] Il me semble que, des deux côtés, nous devrions nous demander sérieusement si toutes ces négociations sont faisables en si peu de temps. » Mi-décembre, le négociateur en chef européen, Michel Barnier, avait quant à lui averti : « Sans extension des discussions, nous aurons plusieurs mois pour aboutir à ce que je décrirais comme le minimum nécessaire pour l'économie et la sécurité, ou nous préparer à une sortie brutale. »

La pandémie complique encore les négociations, qui « impliquent au moins six personnes de chaque partie ». « Une négociation via vidéo serait chaotique, explique Dmitry Grozoubinski, un ancien diplomate australien, devenu consultant et commentateur averti des négociations sur l'accord commercial européano-britannique. Surtout que de nombreuses avancées ont lieu en dehors des sessions, lors des pauses-café ou dans les couloirs. Et n'oublions pas que chaque mot est pesé par les officiels de différents ministères, qui ont aujourd'hui d'autres choses importantes à surveiller. »

Les discussions avancent d'autant moins vite que le 19 mars Michel Barnier poste une vidéo sur son fil Twitter. Vêtu d'un pull rouge et d'une chemise claire, le négociateur européen explique : « Bonjour et merci de votre attention à ce message assez inhabituel et très personnel dans cette crise très grave, qui touche le monde entier et l'Europe en particulier, du coronavirus. Je veux simplement vous dire personnellement que j'ai été testé positif hier au Covid-19. Je me trouve aussi bien que possible, confiné strictement à mon domicile. » Voilà les négociations suspendues. Et le lendemain, David Frost, le négociateur en chef de la partie britannique, annonce à son tour ressentir les symptômes de la maladie.

Qu'importe, Boris Johnson rappelle fin mars, juste avant de tomber malade, son refus de prolonger les discussions au-delà du 31 décembre. Son séjour en soins intensifs ne modifie pas sa position. Le 16 avril, David Frost le répète une énième fois, de manière très officielle. Il se justifie ensuite sur son compte Twitter: « Une prolongation de la période dédiée aux discussions ne ferait que rallonger les négociations, créerait encore plus d'incertitudes, nous rendrait juridiquement redevables de payer plus à l'UE à l'avenir et nous garderait liés à l'évolution des lois décidée par l'UE, à un moment où nous devons contrôler nos propres affaires. En bref, ce n'est pas dans l'intérêt du Royaume-Uni de prolonger la période des discussions. »

La colère monte alors au sein des entreprises. Elles assurent d'une seule voix qu'elles ne seront pas en mesure de se préparer pour le Brexit alors que le coronavirus perturbe déjà sensiblement leurs opérations et menace leurs finances. Comme l'explique un diplomate britannique, « le souci actuellement est que si vous n'êtes pas un *believer* [un croyant] du Brexit, vos idées sont écartées d'emblée, vous n'avez pas le droit à la parole. Nous voilà donc avec des politiciens et des diplomates pour qui la bonne volonté et l'enthousiasme peuvent à eux seuls soulever des montagnes. David Frost fait indéniablement partie de ceux-là. »

Preuve de ce dogmatisme, le directeur des services diplomatiques, Simon McDonald, indique lors d'un comité parlementaire organisé le 21 avril que la non-participation du Royaume-Uni à une commande groupée de systèmes de ventilation organisée par l'UE « était une décision politique ». Le gouvernement a refusé de postuler car: « Nous avions quitté l'UE le 31 janvier. » La rétractation du diplomate quelques heures plus tard ne trompe personne. Même si le matériel n'a alors pas encore été livré aux pays de l'UE, savoir que les dirigeants britanniques choisissent de faire passer leur idéologie brexitienne avant la protection de la vie de leurs concitoyens choque l'opinion. Les Britanniques commencent ainsi à découvrir que derrière l'attitude détendue et les plaisanteries de Boris Johnson se cache un cynisme politique glacial. À moins que ce dogmatisme ne provienne de Dominic Cummings…

Il est en tout cas partagé. L'ancien ministre en charge du Brexit David Davis n'hésite pas à se féliciter de la pandémie dans un entretien au *Financial Times*, car elle pourrait rendre un *no deal* imperceptible : « Les événements malheureux de la Covid-19 signifient que les flux interfrontaliers vont diminuer et que les douanes seront davantage capables de gérer la circulation » en cas de *no deal*.

Les mois s'écoulent, les discussions avancent peu, malgré leur intensification pendant les mois de juillet et août. La promesse faite le 20 juillet 2017 par le ministre du Commerce international, Liam Fox – « L'accord de libre-échange que nous allons conclure avec l'Union européenne devrait être l'un des plus faciles de l'histoire de l'humanité » – paraît un lointain souvenir. Les négociateurs accrochent sur trois domaines : la pêche, la concurrence réglementaire loyale et le mode de règlement des conflits commerciaux. Michel Barnier est une fois de plus pointé du doigt par les Britanniques pour sa dureté et son refus du compromis. « Le coronavirus a réellement influé sur les négociations : les dirigeants des vingt-sept ayant été très occupés de leur côté, ils n'ont pas pu porter l'attention nécessaire aux négociations, nous assure un diplomate. Michel Barnier s'est retrouvé avec plus de pouvoir décisionnaire qu'avant. »

Chez les Européens, on admet que « Michel Barnier, avec son côté français un peu hautain et supérieur, [puisse] agacer. Mais il n'est pas forcément plus dur que les dirigeants, dont il suit la ligne de conduite ». C'est même lui qui, le premier, a admis à demi-mot que la position de l'UE sur la pêche est radicale : les vingt-sept, sous l'impulsion de la France, refusent d'envisager une réduction du tonnage de poisson pêché dans les eaux territoriales britanniques et une limitation de l'accès à cette zone pour les navires européens. En clair, les dirigeants européens répètent à l'envi que les Britanniques doivent accepter le fait que leur sortie de l'UE a tout changé quant à leur accès au marché unique, mais refusent eux-mêmes de modifier les dispositions existantes qui les arrangent…

Le 7 septembre, Boris Johnson donne un premier coup de pied dans la fourmilière. « Il doit y avoir un accord avec nos amis européens avant le début du Conseil européen du 15 octobre, prévient-il dans un communiqué au ton très sec. Si nous ne pouvons pas nous entendre avant cette date, je ne pense pas qu'il y aura d'accord de libre-échange entre nous. Nous devrions tous l'accepter et aller de l'avant. » Dans ce cas-là, le Royaume-Uni disposerait selon lui d'un « arrangement commercial du même type que celui de l'UE avec l'Australie ». Il l'assure : « Ce serait une bonne issue pour le Royaume-Uni. »

Mais cela est trompeur : il n'existe pas d'accord de libre-échange, ni même d'accord commercial étendu, entre le Royaume-Uni et l'Australie, et les deux pays commercent donc au gré des règles de l'Organisation mondiale du commerce (OMC). Concrètement, sans nouvel accord, les dispositions existant entre le Royaume-Uni et l'UE prendraient fin ; des contrôles douaniers poussés et des droits de douanes entreraient donc en vigueur.

Au même moment, *The Financial Times* provoque une poussée d'urticaire aux dirigeants européens en annonçant que Londres compte se dégager de certaines des obligations de l'accord de retrait liées à l'Irlande du Nord si aucun accord de libre-échange n'est signé. Le gouvernement britannique aurait donc l'intention de revenir sur un accord signé en janvier à grand renfort de publicité. Le 8 septembre, le ministre en charge de l'Irlande du Nord admet même que l'Internal Market Bill (le projet de loi sur le marché intérieur), la nouvelle législation imaginée par le gouvernement britannique, « rompt la loi internationale de manière spécifique et limitée ». Les Communes s'embrasent, y compris dans les rangs conservateurs.

Le lendemain, Boris Johnson se justifie devant les députés : « Je suis chargé de maintenir [...] le processus de paix nord-irlandais et l'accord du Vendredi saint. Pour ce faire, nous avons besoin d'un filet de sécurité juridique afin de protéger notre pays contre des interprétations extrêmes et irrationnelles du protocole, qui pourraient mener à la mise en place d'une frontière dans la mer d'Irlande. »

Le porte-parole du 10 Downing Street légitime de son côté ce retour en arrière par le fait que l'accord de Brexit « avait été accepté rapidement dans les circonstances politiques les plus difficiles qui soient ». Des conséquences « imprévues » sont apparues lors des négociations commerciales avec les Européens. Selon le quotidien *The Sun*, ces derniers auraient également menacé d'interdire l'accès de la nourriture britannique à l'Irlande du Nord.

Outre qu'elles ne donnent guère une image professionnelle du gouvernement britannique, ces justifications ne sont rien moins que mensongères et erronées. Les conséquences de l'accord sur l'Irlande du Nord avaient été largement présentées après l'officialisation de celui-ci, en particulier de la part du Parti unioniste démocrate (DUP). Surtout, la décision de l'exécutif est symboliquement lourde de sens. Boris Johnson a visiblement oublié la phrase forte prononcée par son héroïne Margaret Thatcher pendant la campagne du référendum de 1975 : « Le Royaume-Uni ne brise pas les traités. Ce serait mauvais pour le Royaume-Uni, mauvais pour les relations avec le reste du monde et mauvais pour tout futur traité que nous pourrions avoir à négocier. » Une fois encore, après la suspension du Parlement de l'année précédente, il joue dangereusement avec le concept d'État de droit. Une notion capitale qui sépare les États respectables et fiables des État voyous et imprévisibles. Le Royaume-Uni, sous Boris Johnson et Dominic Cummings, est en train de glisser de la première catégorie vers la seconde.

Que s'est-il passé dans la tête des décideurs du 10 Downing Street ? « Difficile de le savoir, selon un diplomate averti qui ne veut pas être nommé. Autant le gouvernement de Theresa May était la proie de perpetuelles fuites d'informations, tant il était miné par une guerre des clans, autant il est très compliqué d'avoir des informations sur ce qu'il se passe au sein du gouvernement Johnson. » Il signale toutefois un point notable concernant la composition de ce gouvernement : « Ce sont avant tout des gens très bons en campagne électorale, mais pas forcément pour gérer des ministères au quotidien. Un remaniement était prévu au début du printemps, mais le coronavirus a tout bloqué. »

Si les politiciens britanniques sont choqués par cette tactique, qui provoque notamment une levée de boucliers des cinq anciens Premiers ministres encore en vie, travaillistes comme conservateurs, leurs homologues européens le sont encore plus. « Le problème n'est pas de savoir si le gouvernement britannique va faire adopter et appliquer l'Internal Market Bill, prévient le député européen belge Philippe Lamberts, membre du groupe de pilotage du Parlement européen sur le Brexit jusqu'à sa dissolution le 31 janvier 2020. Le fait que le gouvernement actuel du Royaume-Uni envisage l'option de ne pas respecter ses engagements a suffi à faire exploser la confiance. »

Cela a également renforcé l'opinion des responsables européens sur le Premier ministre britannique. « Boris Johnson est unanimement perçu de manière détestable au niveau de l'Union, comme un type sans principe, sans foi ni loi, absolument pas digne de confiance, poursuit le député européen. Pour Johnson, la politique est un jeu où tous les coups sont permis et où le seul critère déterminant est l'opportunité politique. »

Plus encore, cet étrange moyen d'aller au clash – rouvrir le dossier nord-irlandais, qui semblait réglé avec la capitulation des unionistes du DUP – se révèle totalement contre-productif. « C'est une erreur de négociation majeure, estime Alexandre Holroyd, député La République en marche pour les Français de l'étranger de la circonscription Europe du Nord, qui comprend le Royaume-Uni, et chargé de suivre pour son parti les négociations liées au Brexit. Les Britanniques ont complètement sous-estimé l'impact de ce projet de loi sur l'unité de l'Union européenne. Cela a mis fin à toute chance que les Européens se désunissent sous la pression. Au contraire, la partie européenne peut maintenant clamer la nécessité d'un mécanisme de suspension unilatérale de l'accord. »

Boris Johnson vient de réduire à néant son appel à la confiance et à la compréhension. Depuis des mois, les Britanniques interpellent leurs collègues de l'UE : pourquoi craignez-vous que nous subventionnions nos industries, alors que nous le faisons moins que vous, ou que nous ne respections pas nos engagements climatiques, alors que nous sommes plus avancés dans notre transition énergétique que les Français et les Allemands ? « S'ils ont raison sur ces arguments, ce narratif flambe avec l'Internal Market Bill, car ils ont mis en place des dispositifs pour ne pas respecter leurs engagements internationaux, pointe Alexandre Holroyd. Comment, dès lors, veulent-ils que nous leur fassions confiance sur ces points-là ? »

Les négociations perdent alors leur intensité. Les rouages sont enrayés, même si Boris Johnson assure, lors d'un court entretien vidéo diffusé par la chaîne ITV : « J'ai toujours été enthousiasmé par l'idée d'un accord commercial avec nos amis et nos partenaires européens. Un accord peut être réalisé, les grandes lignes sont clarifiées, il nous reste juste à le conclure. »

Outre cette méfiance plus réciproque que jamais, la deuxième vague du coronavirus et l'incapacité des vingt-sept à adopter un budget commun relèguent les négociations avec le Royaume-Uni au dernier rang de leurs préoccupations.

Du côté de Londres, Boris Johnson prend conscience que la dévolution déployée depuis les années Tony Blair fait de lui le Premier ministre de l'Angleterre, essentiellement : l'Écosse et le Pays de Galles disposent des pouvoirs nécessaires pour décider leur propre stratégie de confinement et de lutte contre la propagation du virus. Boris Johnson laisse même échapper, lors d'une vidéoconférence avec les députés conservateurs du nord de l'Angleterre, que « la dévolution a été un désastre au nord de la frontière anglaise », tant elle a fait le jeu des nationalistes écossais. La période est ainsi difficile pour tous ces dirigeants, en particulier pour Boris Johnson et Emmanuel Macron, qui ont vu leur popularité s'effondrer ; aucun d'entre eux ne veut donner l'impression de céder face aux demandes adverses.

Pourtant, la relation entre les deux dirigeants « n'a pas été rompue par ce dérapage législatif britannique », assure fin novembre un diplomate français. « Le président et le Premier ministre s'apprécient. Ils se parlent d'ailleurs très régulièrement au téléphone depuis le début de la pandémie. Peut-être pas chaque jour, mais pas loin. À tel point que certains appels passés sans qu'ils aient prévenu leur administration, et donc sans prise de notes, posent problème, car leurs interprétations respectives diffèrent parfois… »

Est-ce surprenant ? Non, les deux pays sont très proches en matière de démographie, de diplomatie, de taille de marché, de taille de la fonction publique, de taille de l'économie, etc.

Dans la dernière ligne droite, les dirigeants européens préviennent Michel Barnier de ne pas trop céder aux Britanniques. Ironiquement, en indiquant que « la France n'acceptera pas un accord qui ne respecterait pas nos intérêts dans la durée », Emmanuel Macron sous-entend que, pour la France, « pas d'accord vaut mieux qu'un mauvais accord », le slogan phare, et fortement moqué, de Theresa May. Cette réaction révèle également un étonnant retournement idéologique. Alors que les dirigeants européens ont toujours clamé que le Royaume-Uni s'affaiblirait fortement en quittant l'UE, ils affirment désormais qu'un simple accord de libre-échange avec Londres menace la viabilité du marché unique.

La détermination des vingt-sept est d'autant plus grande qu'ils estiment que la conjoncture poussera Boris Johnson à accepter un compromis. Ils analysent d'ailleurs le renvoi soudain de Dominic Cummings, le 13 novembre, comme la preuve de son changement d'approche. À leurs yeux, la défaite de Donald Trump lors de l'élection présidentielle américaine du 3 novembre marque un revers pour le locataire du 10 Downing Street. Ils n'ont pas perçu que, malgré ses amabilités envers l'hôte de la Maison-Blanche, Boris Johnson s'est politiquement montré intraitable avec lui. Il a imposé une taxe de 2 % sur les plateformes de ventes numériques. Celle-là même que l'Union européenne n'a jamais eu le courage de déployer. Il a autorisé l'équipementier chinois Huawei à participer à l'installation de son infrastructure 5G en plein au milieu de la polémique initiée par Washington, à l'heure où les Européens suivaient la même de ligne de conduite que les Américains. Enfin, leurs désaccords diplomatiques étaient tels que Donald Trump n'a pas prévenu son allié lors de ses plus importantes décisions militaires concernant le Moyen-Orient. L'élection de Joe Biden, un Américain d'origine irlandaise attentif au respect de l'accord du Vendredi saint, ne change rien : Boris Johnson ne compte pas mettre en danger la paix sur son propre territoire !

Autre argument massue des Européens : pour l'économie britannique, la différence entre un accord de libre-échange et l'absence d'accord correspond à une deuxième crise du coronavirus. Les dégâts seraient donc considérables. Surtout qu'un *no deal* serait bien plus néfaste pour le Royaume-Uni que pour l'UE : en 2019, le Royaume-Uni a réalisé 47 % de ses exportations et 50 % de ses importations avec l'UE, alors qu'il ne représente que 4 % des exportations des vingt-sept et 6 % de leurs importations. « Les Européens font encore l'erreur de penser que tout le monde réfléchit comme eux », analyse un observateur européen. En effet, toutes les études réalisées avant le référendum assuraient que le pays souffrirait économiquement du Brexit, preuve que l'économie n'est pas la priorité des Brexiters.

Alors que les craintes des Britanniques sur l'immigration se sont quasiment évaporées par la simple annonce de la fin de la liberté de circulation, les Brexiters sont désormais principalement motivés par la volonté de recouvrer leur souveraineté, comme leur slogan « *Take Back Control* » l'avait si bien résumé pendant la campagne du référendum.

Lors d'un discours le 17 février à l'Université libre de Bruxelles, David Frost avait précisé sa définition (qui est aussi celle du Premier ministre, selon l'un de leurs collaborateurs) du terme aujourd'hui présent sur toutes les bouches : « La souveraineté concerne la capacité à établir correctement nos propres règles pour qu'elles conviennent à nos propres conditions. » Dix mois plus tard, Boris Johnson a maintenu cette ligne de conduite. Résolu, serein et semblant enfin remis du coronavirus – des témoignages persistants ont indiqué qu'il n'avait jusqu'alors pas récupéré toutes ses capacités intellectuelles –, il assure le 9 décembre à la Chambre des communes : « Nos amis de l'UE insistent qu'à l'avenir, après avoir adopté une nouvelle loi, ils pourront disposer du droit automatique de nous punir et d'exercer des représailles si nous, dans ce pays, ne la respectons pas ou ne la suivons pas. Deuxièmement, ils disent que le Royaume-Uni devrait être le seul pays au monde à ne pas avoir de contrôle souverain sur ses eaux de pêche. Je ne pense pas qu'un Premier ministre britannique doive accepter ces conditions. » Le 13 décembre, il refuse de « compromettre la nature même du Brexit, c'est-à-dire notre capacité à contrôler nos lois et notre pêche ».

Cette notion de souveraineté se révèle pourtant à géométrie variable. Un *no deal* forcerait le pays à commercer avec l'UE selon les principes de l'OMC. En cas de rupture de ces règles, des mesures de rétorsion sont prévues. Mais, contrairement aux dispositions envisagées par l'UE dans le cadre d'un accord commercial, celles-ci semblent parfaitement acceptées par le gouvernement. Cette différence de réaction permet de comprendre que les Brexiters les plus radicaux sont mus par une telle animosité envers l'UE qu'ils refusent par principe de lui accorder les concessions nécessaires à la signature d'un accord commercial.

En fin de compte, tout repose sur l'acceptation par Boris Johnson de la réalité de tout accord commercial, surtout aussi déséquilibré que celui-ci, où un pays de 67 millions d'habitants tente d'obtenir l'accès à un marché de 450 millions de personnes : le pays demandeur et en position de faiblesse doit accepter des compromis. Pour quels compromis Boris Johnson optera-t-il ?

Sur le long terme, le Royaume-Uni est solidement ancré en Europe – qu'un accord commercial ait été trouvé entre les deux voisins ou non. Il ne s'éloignera pas du modèle propre aux pays européens : une fonction publique importante, une présence de l'État considérable dans l'économie, notamment à travers les investissements, une protection sociale solide, via une retraite universelle, une couverture médicale de base et une scolarité de qualité proposées gratuitement, des droits du travail non négligeables, etc. Signe que la géographie est décidément têtue, ses vacanciers continueront sans doute à voyager massivement au sein de l'UE et son commerce demeurera aussi intimement lié à ses voisins.

En revanche, les choix de Boris Johnson détermineront l'histoire future du premier État à avoir quitté l'organisation européenne et rétabli ses frontières : comment se définira-t-il ? comment sera-t-il transformé ? L'UE devra aussi réfléchir à sa propre mue. Les deux pourront-ils prospérer simultanément ? Les responsables de l'UE, les dirigeants des vingt-sept et ceux du Royaume-Uni savent bien qu'ils entrent dans une période d'incertitudes et de profonde remise en question.

Épilogue

À l'heure de la rupture entre le Royaume-Uni et l'Union européenne, les Brexiters sont pointés du doigt, coupables d'avoir impulsivement mis fin à une romance dramatique de quarante-six ans. Leur maestro, Boris Johnson, fait figure d'anti-héros européen. Il restera dans l'histoire du Royaume-Uni comme le Premier ministre qui a fait sortir le pays de l'UE.

Sur le papier, Boris Johnson avait pourtant tout pour devenir l'un des principaux champions de l'UE. Il a toujours clamé qu'il se sentait profondément européen. Un Européen viscéral, au sens propre du terme, jusque dans ses tripes. Il est né dans un milieu cosmopolite. Il a grandi dans les bruissements de l'adhésion puis de l'intégration graduelle du Royaume-Uni à la Communauté économique européenne. L'écho de cette transformation politique a été démultiplié par l'activité professionnelle de son père, fonctionnaire à la Commission dès 1973 puis député au Parlement européen. Adolescent, il a vécu deux ans à Bruxelles, avant d'y retourner, plus tard, en tant que journaliste. Érudit, il ne peut s'empêcher de citer du grec ou du latin dans chacun de ses discours, une marque de fabrique appréciée de ses fans et moquée par ses détracteurs.

En raison de ce bagage familial et culturel, sa décision de soutenir le Brexit a conforté ses contempteurs dans l'idée qu'il est avant tout un opportuniste. Qu'il a toujours calculé ses coups, tel un joueur d'échecs surdoué. Ces mêmes critiques qui, quelques mois plus tôt, le considéraient comme un clown sans avenir... Effectivement, l'option choisie par Boris Johnson est celle qui favorise le plus sa carrière. Sans remords, il n'hésite d'ailleurs pas à attaquer, parfois malhonnêtement, ses alliés d'hier pour se mettre en avant pendant la campagne du référendum. Il n'en reste pas moins que le soutien au Leave est aussi l'option qui lui tient le plus à cœur. Et qu'il est tourmenté au moment de faire son choix.

Boris Johnson est en effet un Européen contrarié, loin du « bon petit Européen » espéré par son père. Il s'est confronté à la politique menée par les dirigeants britanniques successifs vis-à-vis de l'organisation européenne. Il a été fortement influencé par cette Europe britannique, avant de peser lui-même sur sa direction.

En 1973, le Royaume-Uni a rejoint la CEE pour soutenir sa croissance économique et sa position internationale. Les dirigeants britanniques des années 1960 et 1970 ont donc surtout une vision utilitariste de l'organisation, telle que l'avait promue Robert Schuman lors de son discours du 9 mai 1950, annonciateur de la création de la Communauté européenne du charbon et de l'acier, ancêtre de la CEE et de l'UE. Mais, contrairement à cet éminent ministre français des Affaires étrangères, aucun dirigeant britannique n'a jamais foncièrement fait la promotion d'un projet politique européen destiné à agréger ses membres pour perpétuer la paix, à l'exception de Winston Churchill, dans l'immédiat après-guerre.

À la suite de l'entrée dans la CEE, les Premiers ministres britanniques successifs ont des comportements disparates. La fierté d'une Margaret Thatcher, figure de proue du camp pro-CEE, avant qu'elle ne devienne l'une de ses contestatrices. Les contrariétés de John Major, entouré de « salopards » eurosceptiques et dont Boris Johnson s'amuse à savonner la planche. L'ambivalence du plus proeuropéen des Premiers ministres britanniques, Tony Blair, dont le jeune député conservateur s'est inspiré. La suspicion de Gordon Brown, pourfendeur de l'adoption de la monnaie unique puis sauveur de la zone euro. L'aveuglement et le dogmatisme de David Cameron, principal décideur de la tenue du référendum pour des motivations démocratiques et politiques. Enfin, le manque de discernement et l'entêtement de Theresa May, dont le vote Remain pendant le référendum a paradoxalement favorisé la vision radicale du Brexit.

Malgré leurs divergences, parfois profondes, une vraie cohérence se dessine : tous sont perturbés par le changement de nature de l'organisation impulsé par les dirigeants et les hauts fonctionnaires européens. Boris Johnson a la même perception qu'eux. Il l'a d'ailleurs rappelé le 21 février 2016, jour où il s'est prononcé en faveur du Brexit : « Ce n'est pas nous, dans ce pays, qui avons changé. C'est l'UE. »

Il en va de la politique et de la diplomatie comme du couple : chacun est garant de la bonne tenue des relations. Ce divorce ne fait pas exception. L'UE porte ainsi sa part de responsabilité, bien trop souvent omise, dans la déliquescence des rapports anglo-européens.

D'emblée, l'entente des six États fondateurs de la CEE avec les Britanniques a reposé sur des fondations peu solides. En 1972, les responsables de la CEE profitent de la position de faiblesse du Royaume-Uni après les deux vetos du président français Charles de Gaulle pour lui imposer des conditions financières d'entrée défavorables. Ce choix a initié plus d'une décennie de tensions et de défiance, et éclaire d'un jour nouveau le fameux « *We want our money back* » de Margaret Thatcher (devenu dans l'imaginaire populaire « *I want my money back* », bien plus vindicatif et égoïste).

Comment les Britanniques pouvaient-ils envisager la soudaine accélération du projet européen vers toujours plus d'intégration politique, plus d'uniformisation réglementaire, eux qui avaient rejoint un projet avant tout économique ? D'autant que l'élargissement bouleverse sa gouvernance. Adieu le principe du veto des États membres, incompatible avec la gestion cohérente d'une organisation dont les adhérents sont toujours plus nombreux. Pour fonctionner à plus de neuf, il devient également nécessaire, aux yeux de ses promoteurs, de renforcer les pouvoirs de Bruxelles. Ces évolutions se révèlent considérables pour les partisans d'une plus grande souveraineté nationale, qui refusent d'imaginer la dilution de la voix et de l'influence de leur pays.

Boris Johnson aurait néanmoins pu se rallier à la vision continentale de l'UE. Encore aurait-il fallu que les présidents français et les chanceliers allemands successifs accordent à leurs homologues britanniques la place qui leur était naturellement due, au regard du poids économique, démographique et historique du Royaume-Uni. Il n'en a pourtant jamais été question, à part pendant une courte période en 2001 et 2002. Paris et Bonn/Berlin ont toujours voulu préserver leur prééminence.

De nombreux politiciens et diplomates britanniques le déplorent : si le couple franco-allemand avait laissé leur allié conduire le projet européen à leurs côtés, l'impression générale de leurs compatriotes aurait sans aucun doute évolué vers une meilleure acceptation de celui-ci. Leur méfiance aurait progressivement disparu. Le slogan de campagne de William Hague, leader conservateur entre 1997 et 2001, « Être dans l'Europe, pas dirigé par l'Europe », n'aurait pas eu lieu d'être. L'obstination franco-allemande lui a au contraire permis de s'ancrer lentement mais sûrement dans l'esprit des Britanniques. Et de Boris Johnson.

Celui-ci s'éloigne ainsi progressivement du projet européen. Le dogmatisme et l'autoritarisme de ses promoteurs continentaux, qui organisent sans coup férir l'UE autour des intérêts de la zone euro, se heurtent de plein fouet à la fierté des Britanniques, qui refusent de ne pas faire partie du wagon de tête d'une UE à plusieurs vitesses, et au jeu politique de Premiers ministres, qui se présentent plus que de raison comme le dernier rempart face aux ambitions expansionnistes de l'organisation européenne. Correspondant à Bruxelles à partir de 1989, Boris Johnson a été le premier journaliste à remettre systématiquement en cause la parole européenne depuis les coulisses de l'Union. Pendant cinq ans, il a attisé les braises eurosceptiques, qui ont fini par consumer son propre parti. Initialement destinées à favoriser sa carrière journalistique, ses critiques opportunistes se sont transformées au fil des années en convictions. Et si le reste de sa carrière s'est révélé d'une rare diversité – journaliste dans un quotidien, directeur de la rédaction d'un magazine, documentariste, écrivain, député, maire, ministre – ses critiques récurrentes de l'organisation européenne et de la monnaie unique ne se sont jamais éteintes. À tel point qu'à ses yeux l'intérêt du maintien dans l'UE finit par n'être qu'économique. Jusqu'à ce que cet argument cède face à son exaltation du patriotisme. Surtout que le rapprochement bilatéral de Londres et de Paris sur les questions de défense et de diplomatie laisse entrevoir d'autres moyens de coopération étroite.

Boris Johnson opte donc en 2016 pour la sortie de l'organisation européenne. Habitué à vouloir le beurre et l'argent du beurre – «*I want to have my cake and eat it*», répète-t-il à plusieurs moments clés de sa carrière –, il imagine un Royaume-Uni bénéficiant des avantages de l'adhésion à l'UE, sans en subir les inconvénients. «Si cela nous profite autant qu'à l'UE, pourquoi y renoncer?» dit-il à son entourage.

Considère-t-il le coût d'un départ de l'UE comme négligeable par rapport aux gains à venir en matière de souveraineté? A-t-il surestimé les gains économiques engendrés par des accords commerciaux avec le reste du monde? A-t-il mal perçu l'influence considérable dont disposait son pays au sein de l'Union? Ment-il, activement et par omission, pendant la campagne du référendum, sur les véritables conséquences d'un Brexit? Assurément. Il a aussi méjugé la volonté de Bruxelles de compliquer la vie du Royaume-Uni hors de l'organisation, quitte à se pénaliser elle-même. L'UE entend bien, en effet, empêcher l'apparition d'un compétiteur à sa porte, et surtout faire passer l'envie à d'autres États membres de suivre l'exemple britannique.

Qu'importe. Si Boris Johnson a été le dernier Premier ministre du Royaume-Uni membre de l'Union européenne, il ne sera pas le dernier à entretenir une relation rapprochée avec elle et à préserver «l'européanité» du pays. Malgré le Brexit et son slogan «Global Britain» («la Grande-Bretagne mondiale»), le Royaume-Uni ne peut échapper à sa géographie, à son histoire, ni à sa culture. À son tour, Boris Johnson trace le chemin de cette Europe britannique.

Remerciements

Ce livre n'aurait pas vu le jour sans ceux qui ont accepté de me parler, en personne ou – confinement oblige – au téléphone ou en vidéo-conférence : Rudolf G. Adam, Alastair Campbell, Richard Corbett, Jon Cunliffe, Denzil Davidson, Hugo Dixon, David Edgerton, Matthew Elliott, Jonathan Faull, David Goodhart, Charles Grant, David Hannay, Jon Henley, Alexandre Holroyd, Rachel Johnson, William Keegan, Neil Kinnock, Philippe Lamberts, Michael Leigh, David Lidington, Denis MacShane, John Peet, Charles Powell, Jonathan Powell, Sonia Purnell, Theresa Reintke, Peter Ricketts, Paul Taylor, Nick Timothy, Gawain Towler, Tony Travers, Stephen Wall, Ian Warren, Stewart Wood, ainsi que tous ceux qui ont préféré que leur nom ne soit pas cité. Leur apparition est parfois brève, mais leur contribution m'a été essentielle pour saisir leur époque, la relation entre le Royaume-Uni et l'organisation européenne, et bien évidemment Boris Johnson.

Depuis des années, la disponibilité des professeurs Tim Bale et Anand Menon, ainsi que de Georgina Wright, m'a donné des pistes essentielles pour comprendre la politique et l'histoire du Royaume-Uni. Mes amis Jane Macartney et Alan Wheatley m'ont également été d'un précieux secours sur ces questions.

Grâce aux échanges très réguliers avec Olivier Le Bussy, de *La Libre Belgique*, j'ai suivi les méandres européens du Brexit sans trop m'y perdre. Enfin, les discussions et les débats avec mes collègues basés à Londres au cours de ces quelques années, en particulier Alexandre, Ashley, Éric, Florentin, Katryn, Michael, Sonia et Vincent, m'ont permis d'affûter mon point de vue sur le Brexit. C'est évidemment aussi le cas avec mes amis non journalistes.

L'écriture de ce livre a été grandement aidée par les conseils de Fabien Perrie r, et ceux d'Aude Chevrillon, Alice Peuvot et de Constance Roche aux Éditions François Bourrin ; les suggestions avisées d'Aude de Bourbon-Parme, de Shira de Bourbon-Parme et de Cécile Maréchaux ; la relecture intégrale et le décorticage de Michael Mélinard.

Merci à mes parents, Laurence et Rémy, et mon frère Raphaël, pour leur soutien moral indéfectible.

Talma, ta sagacité et ta patience, Imri, tes sourires constants, m'ont permis d'achever ce livre.

Bibliographie

Rudolf G. ADAM, *Brexit, Causes and Consequences*, Springer, 2020

Tim BALE, *The Conservative Party: From Thatcher to Cameron*, Polity, 2011

Tony BLAIR, *Mémoires*, Albin Michel, 2010

Gordon BROWN, *My Life, Our Times*, The Bodley Head, 2017

David CAMERON, *For the Record*, William Collins, 2019

Alastair CAMPBELL, *The Burden of Power: Countdown to Iraq. The Alastair Campbell Diaries*, Hutchinson, 2012

David EDGERTON, *The Rise and Fall of The British Nation*, Allen Lane, 2018

Kate FALL, *The Gatekeeper*, HQ, 2020

Andrew GIMSON, *Boris. The Rise of Boris Johnson*, Simon & Schuster, 2006

Boris JOHNSON, *Friends, Voters, Countrymen*, HarperCollins, 2002

Boris JOHNSON, *Lend Me Your Ears*, HarperCollins, 2003

Rachel JOHNSON, *Rake's Progress, My Political Midlife Crisis*, Simon & Schuster, 2020

Stanley JOHNSON, *Stanley I Presume*, Fourth Estate, 2009

Felix Klos, *Churchill on Europe. The Untold Story of Churchill's European Project*, I.B. Taurus, 2016

Craig Oliver, *Unleashing Demons. The Inside Story of Brexit*, Hodder & Stoughton, 2016

Sonia Purnell, *Just Boris. The Irresistible Rise of a Political Celebrity*, Aurum, 2011

Nick Timothy, *Remaking One Nation. The Future of Conservatism*, Polity, 2020

Table des matières

Derniers essais parus aux Éditions François Bourin

Les territoires du vivant. Un manifeste biorégionaliste, Mathias Rollot

Travailler là où nous voulons vivre, Jean-Christophe Fromantin

Du chômage à la French Tech. Réussir en France sans diplôme, sans argent, sans réseau, Fabrice Zerah

Éoliennes : chronique d'un naufrage annoncé, Pierre Dumont, Denis de Kergorlay

La Révolution expliquée à Marianne, Jean-Marc Schiappa

Une brève histoire économique d'un long XXe siècle. 1913-2018, Philippe Chalmin

De l'art de faire dire du bien de soi par les autres, Élisabeth Coutureau, Éric Giuily

Face aux migrants : le silence et le regard. Pour une Europe de la compassion, Vincenzo Sorrentino

J'ai mal au travail. Parcours en quête de sens, Catherine Mieg

Le nageur et ses démons, Gilles Bornais

Casse-tête à la chinoise : mari ou carrière ? Le dilemme des femmes de l'Empire du Milieu, Roseann Lake

Guerre des langues. Le français n'a pas dit son dernier mot, Frédéric Pennel

Démocratie ! Hic et Nunc, Jean-François Bouthors, Jean-Luc Nancy

Alexis Tsipras. Une histoire grecque, Fabien Perrier

Une histoire des banlieues françaises, Erwan Ruty

Sri Aurobindo. Le rebelle et le sage, Luc Venet

Climat. Parlons vrai, Jean Jouzel et Baptiste Denis

Vive l'incommunication. Les victoires de l'Europe, Dominique Wolton

Les patrons face aux crises. Cent ans d'histoire du patronat français, François Roche

Les routes du cachemire. Enquête sur une filière cousue d'or, Victor Chevrillon

Mon Vendée Globe. Dans les coulisses d'une course de légende, Denis Horeau

Ma petite entreprise a (encore) connu la crise, Nicolas Doucerain

Imprimé en France par CPI en décembre 2020
sur du papier Enso Classic pour l'intérieur
et Rives tradition blanc naturel pour la couverture.
Ces papiers sont issus de forêts gérées durablement
et de sources contrôlées.

Dépôt légal : janvier 2021
N° d'impression : 2054928
ISBN : 979-10-252-0513-6